관광도시 활성화를 위한

부동산
공·사법과 명도

이우도·설훈구·이진수 공저

B (주)백산출판사

머리말

선진화된 기술을 활용하여 생산시설을 합리적인 가격에 취득해서 경제성장을 이루는 것이 기업의 당연한 입장이다. 기업은 이윤 극대화를 위해 생산에 필요한 취득 물건을 '최유효이용'하도록 해야 한다. 부동산경기가 후퇴기나 하강기일 때 부동산 취득활동에서 일반적인 시중 거래가격보다 부동산 및 준부동산을 저가로 취득하여, 수익성 제고와 더불어 매각에 이르기까지 최유효이용이 되도록 노력해야 한다. 더 나아가 부동산 관련 취득세·등록면허세, 보유세, 양도세 등 조세법적으로 접근하여 절세하는 요령도 필수적이다. 기업은 부동산과 준부동산에 대한 취득, 보유 및 처분까지 현명한 경제적 의사결정을 해야만 한다.

실무적 수단으로서 부동산학을 법학, 경영경제학, 기술공학을 망라한 '종합과학'이라 할 수 있다. 본 책은 부동산학의 종합적인 이론과 개별적·실무적 법리를 연결하여 이 분야들이 피드백되어 양면적 활용이 가능하도록 구성하였다.

매매를 중계하거나 경매나 공매를 통해 부동산을 거래하는 자는 이론적인 '권리분석'을 할 수 있어야 한다. 권리분석은 실체법인 민법과 절차법인 부동산등기법, 민사집행법, 국세징수법 등 민사법뿐만 아니라, 부동산공법 영역의 지식 또한 필요한바, 이를 간과하고 쉽게 접근했다가 고충을 겪는 경우도 허다하다.

시중의 부동산 관련 기본서나 교재들이 이론과 실무를 겸할 수 있지만 너무 두꺼운 책들이 대부분이다. 이러한 책들을 접하면서, 좀 더 쉬우면서도 한 권에 꼭 필요한 부동산 관련 법과 실무를 이해할 수 있는 기본서는 없을까 고민하던 중에 "부동산 공·사법과 명도"라는 제목의 기본서를 저술할 필요성을 느꼈다. 본 책만으로도 부동산을 쉽고 간결하게 이해할 수 있도록 저술 의도에 맞추어 편집하였다.

필자들은 민법, 민사소송실무, 권리분석, 부동산공법, 명도소송, 호텔개발과 같은 부동산 관련 과목을 대학에서, 대학원에서, 또는 평생교육원에서 강의하면서 강의에 필요한 기본교재의 필요성을 절실히 느껴 그동안의 강의 노트 자료들을 토대로 이 책을 만들게 되었다.

부동산 실체법을 배운 후 집행법 등 절차법에 대한 이론을 연구하는 대학생과 대학원생, 강의하시는 교원, 변호사·법무사·행정사 등 전문자격을 보유하면서 공익을 추구하는 사무실에서 실무용 참고서가 필요하신 분들, 그리고 경공매 중심의 '권리분석'을 배워 부동산 관련 사업에 임하거나, 부동산을 주로 한 재산관리를 하고자 하는 분들에게 도움이 되고자 본서를 저술하였다. 본서를 접하시는 분들이 효율적·효과적으로 활용하여 큰 도움이 되었으면 한다.

본서의 출간에 수고해 주신 모든 분들과, 동학하며 질문과 함께 자료를 제공해 주신 학생들과 동료들께도 감사드린다. 아직은 부족한 부분이 있다고 생각한다. 부족한 부분은 보완하여 개정도 고려하고 있다.

2024년 7월
연구실에서 저자 일동

차례

부동산 공·사법의 구성

01 부동산 공·사법의 구성

1. 공법과 사법의 구분

부동산 거래 및 소유, 유지, 관리를 위해서는 부동산과 관련한 법규에 익숙해야 한다. 부동산과 관련한 법규를 설명하기 위해 부동산 관련 법을 공법과 사법으로 나누어 접근할 필요가 있다.

공법의 목적은 공익의 보호를 위해 있으며 사법의 목적은 개인의 사익 보호에 있다. 공법의 성질은 형법에서처럼 특정 행위에 대한 국가가 상위에서 처벌을 주도하는 형태와 같은 불평등적 특성이 있으나 사법은 개인 간의 자유로운 계약을 기반으로 하는 민법에서와 같이 개인 간의 평등의 성격이 있다. 공법의 주체는 국가 또는 공공단체와 개인 간이 되지만 사법의 주체는 개인과 개인 간이 주체가 된다.

공법은 국민의 생활관계를 규율하는 법이지만 사법은 개인 간의 생활관계를 규율한다. 공법의 대표적 사례는 헌법, 행정법, 형법, 국제법, 형사소송법, 민사소송법 등이고 사법의 대표적 사례는 민법과 상법이다.

▶ 공법과 사법의 구별

구분	공법	사법
목적	공익의 보호	사익의 보호
성질	불평등	평등
주체	국가, 공공단체 또는 그들과 개인 간	개인 상호 간
생활관계	국민의 생활관계 규율	개인 간의 생활관계 규율
종류	헌법, 행정법, 형법, 국제법, 형사소송법, 민사소송법 등 각종 소송법	민법, 상법

2. 부동산 관련 공법과 사법의 구성

(1) 부동산 공법

1) 국토계획법

국토계획법(국토의 계획 및 이용에 관한 법률)은 국토의 이용·개발과 보전을 위한 계획의 수립 및 집행 등에 필요한 사항을 정하여 공공복리를 증진시키고 국민의 삶의 질을 향상시키는 것을 목적으로 하고 있다.

2) 농지법

농지법은 농지의 소유·이용 및 보전 등에 필요한 사항을 정함으로써 농지를 효율적으로 이용하고 관리하여 농업인의 경영 안정과 농업 생산성 향상을 바탕으로 농업 경쟁력 강화와 국민경제의 균형 있는 발전 및 국토 환경 보전에 이바지하는 것을 목적으로 한다.

3) 산지법

산지법(산지관리법)은 산지를 합리적으로 보전하고 이용하여 임업의 발전과 산림의 다양한 공익 기능의 증진을 도모함으로써 국민경제의 건전한 발전과 국토환경의 보전에 이바지함을 목적으로 한다.

4) 공시법

공시법은 크게 공간정보법과 부동산 등기법으로 나눌 수 있다. 공간정보법은 토지대장과 관련한 법으로 지목을 이해하는 데 도움이 된다. 부동산 등기법은 토지 및 건물에 대한 권리를 표시하는 등기부와 관련한 법으로 부동산 등기를 이해하는 데 도움이 된다.

5) 건축법

건축법의 목적은 건축을 위한 다양하고도 최소한의 기술적인 기준을 규정하여, 보다 나은 공간환경을 만들고 나아가 건전한 삶을 영위할 수 있도록 하는 것이다.

6) 민사집행법

민사집행법(경매법)은 강제집행, 담보권 실행을 위한 경매(민사집행), 민법 및 상법, 그 밖의 법률의 규정에 의한 경매 및 보전처분의 절차를 규정함을 목적으로 하는 법이다.

(2) 부동산 사법

1) 민법

민법은 계약 자유와 신의 성실을 원칙으로 민법총칙, 재산법, 가족법으로 크게 나누어 설명할 수 있다.

① 민법총칙

민법총칙은 민법 전체에 걸치는 통칙적인 규정으로서 신의 성실과 자유계약을 원칙으로 한다. 권리의 주체에 해당하는 자연인과 법인, 권리의 객체에 해당하는 물건, 권리변동의 원인으로서 법률행위, 그리고 기간과 소멸시효를 규정하고 있다. 법률행위 부분은 구체적으로 총칙, 의사표시, 대리, 무효와 취소, 조건과 기한으로 구성되어 있다.

② 재산법 : 물권법과 채권법

물권법은 채권법과 더불어 재산법의 일부를 이루고 있으며, 총칙, 기본적 물권으로서 점유권과 소유권, 용익물권인 지상권, 지역권, 전세권, 그리고 담보물권인 유치권, 질권, 저당권으로 구성되어 있다.

채권법은 물권법과 달리 자유계약 원칙에 의한 사적 자치가 널리 허용되기 때문에 대부분의 규정이 임의규정성을 띠고 있다. 물권법이 배타적 지배권을 본질로 하여 제3자에게 직접적으로 영향을 끼칠 수 있는 반면, 채권법은 당사자 간의 상대적인 관계만을 규율하여 제3자에게 영향을 끼칠 수 없기 때문이다. 채권법은 총칙, 계약, 사무관리, 부당이득, 불법행위로 구성되어 있으며, 가장 중요한 계약 부분은 14종의 전형계약이 있다.

③ 가족법 : 친족법과 상속법

가족법은 신분상의 생활관계를 규율하는 법으로서 재산법과는 구별된다. 부부와 친자관계를 중심으로 하는 가족적 공동생활의 법률관계를 규율하는 친족적 공동생활의 법률관계를 규율하는 친족법과 자연인의 사망에 의하여 발생하는 재산의 승계관계를 규율하는 상속법으로 나누어진다.

2) 민사특별법 : 주택임대차보호법과 상가건물임대차보호법

주택임대차보호법은 주택에 대한 임대인과 임차인 모두의 권리와 의무를 보호하며, 임대시장을 안정시키는 데 목적이 있다. 상가건물임대차보호법은 상가에 대한 임대인과 임차인 모두의 권리와 의무를 보호하며, 임대 시장을 안정시키는 데 목적이 있다.

부동산 공법(不動産公法) : 국토계획법(國土計劃法), 공시법(公示法)

02 국토계획법, 공시법

토지는 건축물과 달리 개량(improvement)이 필요한 부동산으로서, 거래 단위규모가 크고 수익이 조속히 발생하지 않고, 현금(cash)으로의 환금성(換金性)도 낮다. 그러나 토지 투자는 다른 용도의 부동산보다 가장 큰 개발이익을 창출할 수 있다. 그러나 현재 경매에 나와 있는 토지는 거의 공유지분 형태이거나 개발에 어려움이 있는 부동산일 가능성이 높다. 따라서 건축물이 있는 토지보다 더 철저한 조사와 분석이 요구되는 것이 토지이다. 그 규제는 '토지공법' 내지 '부동산공법'에 의해 좌우된다. 따라서 부동산공법이 가장 중요한 취득 후의 검토사항이다.

I 국토계획법 : 부동산의 용도 및 규모 제한(Zoning System)

1. 용도 지역·지구·구역제(Zoning System)

용도 지역·지구·구역제는 「국토의 계획 및 이용에 관한 법률」에서 마련한 토지의 용도나 기능을 계획원칙에 부합하도록 용도와 규모를 법률에 의하여 규제하는 것으로 현행 우리나라 지역 지구제는 지역·지구뿐 아니라 구역까지 포함한다. 여기서는 경·공매를 함에 있어 필수적으로 알아야 할 내용을 표로 요약하여 살펴본다.

(1) 용도지역

1) 의의 및 지정권자

① 의의 : 서로 중복되지 아니하게 도시·군관리계획으로 결정하는 지역이다.

② 지정권자 : 국토교통부장관, 시·도지사·대도시시장

2) 용도지역의 종류 및 세분

도시지역			지정목적
주거지역	전용주거지역	1종	단독주택 중심의 양호한 주거환경을 보호하기 위하여 필요한 지역
		2종	공동주택 중심의 양호한 주거환경을 보호하기 위하여 필요한 지역
	일반주거지역	1종	저층주택(4층 이하) 중심의 편리한 주거환경을 조성하기 위한 지역
		2종	중층주택을 중심으로 편리한 주거환경을 조성하기 위하여 필요한 지역
		3종	중·고층주택을 중심으로 편리한 주거환경을 조성하기 위하여 필요한 지역
	준주거지역		주거기능 위주로 이를 지원하는 일부 상업·업무기능 보완이 필요한 지역
상업지역	중심상업지역		도심·부도심의 업무 및 상업기능의 확충을 위하여 필요한 지역
	일반상업지역		일반적인 상업 및 업무기능을 담당하게 하기 위하여 필요한 지역
	유통상업지역		도시 내 및 지역 간 유통기능의 증진을 위하여 필요한 지역
	근린상업지역		근린지역에서의 일용품 및 서비스의 공급을 위하여 필요한 지역
공업지역	전용공업지역		주로 중화학공업·공해성공업 등을 수용하기 위하여 필요한 지역
	일반공업지역		환경을 저해하지 아니하는 공업의 배치를 위하여 필요한 지역
	준공업지역		경공업 기타 공업을 수용하되, 주거·상업·업무기능 보완 지역
녹지지역	보전녹지지역		도시의 자연환경·경관·산림 및 녹지공간의 보전이 필요한 지역
	생산녹지지역		주로 농업적 생산을 위하여 개발을 유보할 필요가 있는 지역
	자연녹지지역		도시 녹지공간의 확보, 도시확산의 방지, 장래 도시용지의 공급 등을 위하여 보전할 필요가 있는 지역으로서 불가피한 경우에 한하여 제한적인 개발이 허용되는 지역

관리지역	지정목적
보전관리지역	자연환경보전지역으로 지정하여 관리하기가 곤란한 지역
생산관리지역	농림지역으로 지정하여 관리하기가 곤란한 지역
계획관리지역	도시지역으로의 편입이 예상되는 지역이나 자연환경을 고려하여 제한적인 이용·개발을 하려는 지역으로서 계획적·체계적인 관리가 필요한 지역
농림지역	도시지역에 속하지 아니하는 「농지법」에 의한 농업진흥지역 또는 「산지관리법」에 의한 보전산지 등으로서 농림업의 진흥과 산림의 보전을 위하여 필요한 지역이다.
자연환경보전지역	자연환경·수자원·해안·생태계·상수원 및 문화재의 보전과 수산자원의 보호·육성 등을 위하여 필요한 지역이다.

3) 용도지역별 건폐율 및 용적률

용도지역				건폐율		용적률	
				법	대통령령	법	대통령령
도시지역	주거지역	전용주거지역	1종	70% 이하	50% 이하	500% 이하	100% 이하
			2종		50% 이하		150% 이하
		일반주거지역	1종		60% 이하		200% 이하
			2종		60% 이하		250% 이하
			3종		50% 이하		300% 이하
		준주거지역			70% 이하		500% 이하
	상업지역	중심상업지역		90% 이하	90% 이하	1,500% 이하	1,500% 이하
		일반상업지역			80% 이하		1,300% 이하
		유통상업지역			80% 이하		1,100% 이하
		근린상업지역			70% 이하		900% 이하
	공업지역	전용공업지역		70% 이하	70% 이하	400% 이하	300% 이하
		일반공업지역					350% 이하
		준공업지역					400% 이하
	녹지지역	보전녹지지역		20% 이하	20% 이하	100% 이하	80% 이하
		생산녹지지역					100% 이하
		자연녹지지역					100% 이하
관리지역		보전관리지역		40% 이하	20% 이하	80% 이하	80% 이하
		생산관리지역			20% 이하	80% 이하	80% 이하
		계획관리지역			40% 이하	100% 이하	100% 이하
농림지역				20% 이하	20% 이하	80% 이하	80% 이하
자연환경보전지역				20% 이하	20% 이하	80% 이하	80% 이하

4) 건폐율 및 용적률의 특별규정

특별규정 지역		건폐율	용적률
개발진흥지구	도시지역 외의 지역	40% 이하	100% 이하
	자연녹지지역	30% 이하	-
수산자원보호구역		40% 이하	80%이하
취락지구		60% 이하	-
자연공원		60% 이하	100% 이하
농공단지		70% 이하	150% 이하(도시지역 외의 지역)
공업지역에 있는 국가산업단지, 일반산업단지, 도시첨단산업단지, 준산업단지 : 건폐율 80% 이하			

(2) 용도지구

1) 의의 및 지정권자

① 의의 : 용도지역의 제한을 강화 또는 완화하여 적용함으로써 용도지역의 기능을 증진시키는 등 도시 · 군관리계획으로 결정되는 지역을 말한다.

② 지정권자 : 국토교통부장관, 시 · 도지사 · 대도시시장

2) 용도지구의 종류

① 법률에 의한 지정(변경) 및 대통령령에 의한 세분

② 조례에 의한 세분 및 신설

ㄱ 세분 : 경관지구를 추가적으로 세분(특화경관지구의 세분 포함)하거나 중요 시설물보호지구 및 특정용도제한지구를 세분하여 지정할 수 있다.

ㄴ 신설 : 용도지구 외의 지구의 지정(변경)을 도시 · 군관리계획으로 결정할 수 있다.

1. 법에서 정하고 있는 지역 · 지구만으로는 효율적인 토지이용을 달성할 수 없는 부득이한 사유가 있는 경우에 한할 것
2. 행위제한은 그 지정목적 달성에 필요한 최소한도에 그치도록 할 것
3. 용도지역 또는 용도지구의 행위제한을 완화하는 용도지구를 신설하지 아니할 것

③ 리모델링 완화 : 경관지구, 고도지구에서 리모델링이 필요한 건축물

④ 방재지구의 의무적 지정 : 연안침식이 진행 중이거나 우려되는 지역에 대해서는 방재지구의 지정(변경)을 도시 · 군관리계획으로 결정하여야 한다. 이 경우 도시 · 군관리계획의 내용에는 방재지구의 재해저감대책을 포함하여야 한다.

⑤ 복합용도지구의 지정

ㄱ 지정대상 지역 : 일반주거지역, 일반공업지역, 계획관리지역

ㄴ 지정기준

1. 해당 용도지역의 건축제한만을 완화하는 것이 적합한 경우에 지정할 것
2. 토지를 효율적으로 활용할 필요가 있는 지역에 지정할 것
3. 해당 용도지역 전체 면적의 3분의 1 이하의 범위에서 지정할 것
4. 지정 대상지가 국토교통부장관이 정하여 고시하는 기준에 적합할 것

3) 용도지구 안에서의 행위제한

① 원칙 : 도시·군계획조례(위반 시 2년 이하의 징역 또는 2천만 원 이하의 벌금)

② 예외

> 1. 고도지구 : 도시·군관리계획으로 정하는 높이를 초과하거나 미달하는 건축물을 건축할 수 없다.
> 2. 취락지구
> ① 자연취락지구 : 대통령령으로 정한다.(4층 이하의 건축물에 한한다)
> ② 집단취락지구 : 개발제한구역의 지정 및 관리에 관한 특별조치법령이 정하는 바에 의한다.
> 3. 개발진흥지구 : 지구단위계획 또는 개발계획에 위반하여 건축물을 건축할 수 없다. 다만, 지구단위계획 또는 개발계획이 수립되기 전에는 도시·군계획조례로 정하는 건축물을 건축할 수 있다.

용도지구		지 정 목 적
경관지구	경관의 보전·관리 및 형성을 위하여 필요한 지구	
	자연경관지구	산지·구릉지 등 자연경관을 보호하거나 유지하기 위하여 필요한 지구
	시가지경관지구	지역 내 주거지, 중심지 등 시가지의 경관을 보호 또는 유지하거나 형성하기 위하여 필요한 지구
	특화경관지구	지역 내 주요 수계의 수변 또는 문화적 보존가치가 큰 건축물 주변의 경관 등 특별한 경관을 보호 또는 유지하기 위하여 필요한 지구
방재지구	풍수해, 산사태, 지반의 붕괴, 그 밖의 재해를 예방하기 위하여 필요한 지구	
	자연방재지구	토지의 이용도가 낮은 해안변, 하천변, 급경사지 주변 등의 지역으로서 건축 제한 등을 통하여 재해 예방이 필요한 지구
	시가지방재지구	건축물·인구가 밀집되어 있는 지역으로서 시설 개선 등을 통하여 재해 예방이 필요한 지구
보호지구	문화재, 중요시설물(항만, 공항 등 대통령령으로 정하는 시설물을 말한다) 및 문화적·생태적으로 보존가치가 큰 지역의 보호와 보존을 위하여 필요한 지구	
	역사문화환경보호지구	문화재·전통사찰 등 역사·문화적으로 보존가치가 큰 시설 및 지역의 보호와 보존을 위하여 필요한 지구
	중요시설물보호지구	중요시설물(항만, 공항, 공용시설, 교정시설·군사시설을 말한다)의 보호와 기능의 유지 및 증진 등을 위하여 필요한 지구
	생태계보호지구	야생동식물서식처 등 생태적으로 보존가치가 큰 지역의 보호와 보존을 위하여 필요한 지구
취락지구	녹지지역·관리지역·농림지역·자연환경보전지역·개발제한구역 또는 도시자연공원구역의 취락을 정비하기 위한 지구	
	자연취락지구	녹지지역·관리지역·농림지역 또는 자연환경보전지역 안의 취락을 정비하기 위하여 필요한 지구
	집단취락지구	개발제한구역 안의 취락을 정비하기 위하여 필요한 지구

용도지구		지 정 목 적
개발진흥지구		주거기능 · 상업기능 · 공업기능 · 유통물류기능 · 관광기능 · 휴양기능 등을 집중적으로 개발 · 정비할 필요가 있는 지구
	관광 · 휴양개발진흥지구	관광 · 휴양기능을 중심으로 개발 · 정비할 필요가 있는 지구
	산업 · 유통개발진흥지구	공업기능 및 유통 · 물류기능을 중심으로 개발 · 정비할 필요가 있는 지구
	주거개발진흥지구	주거기능을 중심으로 개발 · 정비할 필요가 있는 지구
	복합개발진흥지구	주거기능, 공업기능, 유통 · 물류기능 및 관광 · 휴양기능 중 2 이상의 기능을 중심으로 개발 · 정비할 필요가 있는 지구
	특정개발진흥지구	주거기능, 공업기능, 유통 · 물류기능 및 관광 · 휴양기능 외의 기능을 중심으로 특정한 목적을 위하여 개발 · 정비할 필요가 있는 지구
고도지구		쾌적한 환경 조성 및 토지의 효율적 이용을 위하여 건축물 높이의 최고한도를 규제할 필요가 있는 지구
방화지구		화재의 위험을 예방하기 위하여 필요한 지구
특정용도제한지구		주거 및 교육환경 보호나 청소년 보호 등의 목적으로 오염물질 배출시설, 청소년 유해시설 등 특정시설의 입지를 제한할 필요가 있는 지구
복합용도지구		지역의 토지이용상황, 개발수요 및 주변 여건 등을 고려하여 효율적이고 복합적인 토지이용을 도모하기 위하여 특정시설의 입지를 완화할 필요가 있는 지구

(3) 용도구역

1) 의의

용도지역 및 용도지구의 제한을 강화 또는 완화하여 따로 정함으로써 시가지의 무질서한 확산방지, 계획적이고 단계적인 토지이용의 도모 등을 위하여 도시 · 군관리계획으로 결정하는 지역을 말한다.

2) 용도구역의 종류

① 개발제한구역

  ㉠ 지정권자 : 국토교통부장관

  ㉮ 도시의 무질서한 확산을 방지하고 도시주변의 자연환경을 보전하여 도시민의 건전한 생활환경을 확보하기 위하여 도시의 개발을 제한할 필요가 있는 경우

  ㉯ 국방부장관의 요청이 있어 보안상 도시의 개발을 제한할 필요가 있다고 인정되는 경우

ⓛ 개발제한구역에서의 행위제한 : 따로 법률로 정한다.

② **시가화조정구역**

㉠ 지정권자 : 시·도지사(국가계획과 연계 : 국토교통부장관)

㉮ 직접 또는 관계 행정기관의 장의 요청

㉯ 도시지역과 그 주변지역의 무질서한 시가화를 방지하고 계획적·단계적인 개발을 도모하기 위하여 시가화를 유보할 필요가 있는 경우

㉡ 시가화 유보기간

㉮ 5년 이상 20년 이내

㉯ 시가화유보기간이 끝난 날의 다음 날부터 실효 → 관보나 공보에 고시

㉢ 시가화조정구역에서의 행위제한

㉮ 도시·군계획사업 : 국방상 또는 공익상 사업시행이 불가피한 것으로서 관계 중앙행정기관의 장의 요청에 의하여 국토교통부장관이 인정하는 경우

㉯ 비도시·군계획사업 : 특별시장·광역시장·특별자치시장·특별자치도지사·시장·군수의 허가(다음의 어느 하나에 해당하는 행위에 한정)

ⓐ 농업·임업 또는 어업용의 건축물

ⓑ 주택의 증축 및 부속건축물의 건축

1. 주택의 증축 : 기존주택의 면적을 포함하여 100㎡ 이하
2. 부속건축물의 건축 : 기존건축물의 면적을 포함하여 33㎡ 이하에 해당하는 면적의 신축·증축·재축·대수선

ⓒ 마을공동시설의 설치(새마을회관 등)

ⓓ 공익시설·공용시설·공공시설의 설치

ⓔ 기존 건축물의 동일한 용도 및 규모 안에서의 개축·재축 및 대수선

ⓕ 종교시설의 증축 : 연면적의 200%를 초과할 수 없다.

㉣ 행위허가의 기준

㉮ 조경 등 필요한 조치를 할 것을 조건으로 허가할 수 있다.

㉯ 도시·군계획사업의 시행에 지장을 주는지의 여부에 관하여 도시·군계획사업 시행자의 의견을 들어야 한다.

　　　　ⓜ 허가를 거부할 수 없는 행위

　　　　　　㉮ 경미한 행위, 건축법령상 건축신고로서 건축허가를 갈음하는 행위

　　　　　　㉯ 축사의 설치(1가구당 기존축사의 면적을 포함하여 300㎡ 이하), 퇴비사의
　　　　　　　　설치(1가구당 기존퇴비사의 면적을 포함하여 100㎡ 이하), 잠실의 설치,
　　　　　　　　창고의 설치, 관리용 건축물의 설치

　　　　ⓗ 허가의제

> 1. 「산지관리법」에 의한 산지전용허가 및 산지전용신고
> 2. 「산림자원의 조성 및 관리에 관한 법률」에 의한 입목벌채 등의 허가·신고

　　　　ⓢ 허가위반

　　　　　　㉮ 원상회복명령 및 행정대집행

　　　　　　㉯ 3년 이하의 징역 또는 3천만 원 이하의 벌금

　　③ **수산자원보호구역**

　　　　㉠ 지정권자 : 해양수산부장관

　　　　　　㉮ 직접 또는 관계 행정기관의 장의 요청

　　　　　　㉯ 수산자원을 보호·육성하기 위하여 필요한 공유수면이나 그에 인접한 토지

　　　　㉡ 수산자원보호구역에서의 건축제한 : 「수산자원관리법」에서 정하는 바에 의한다.

　　④ **도시자연공원구역**

　　　　㉠ 지정권자 : 시·도지사 또는 대도시시장

　　　　　　도시의 자연환경 및 경관을 보호하고 도시민에게 건전한 여가·휴식공간을
　　　　　　제공하기 위하여 도시지역 안에서 식생이 양호한 산지의 개발을 제한할 필
　　　　　　요가 있다고 인정하는 경우

　　　　㉡ 도시자연공원구역에서의 행위제한 : 따로 법률로 정한다.

　　⑤ **입지규제최소구역**

　　　　㉠ 지정권자 : 시·도지사 또는 대도시시장

　　　　㉡ 지정목적 : 도시지역에서 복합적인 토지이용을 증진시켜 도시정비를 촉진하
　　　　　　고 지역 거점을 육성할 필요가 있다고 인정되는 경우

ⓒ 대상지역

1. 도심·부도심 또는 생활권의 중심지역
2. 철도역사, 터미널, 항만, 공공청사, 문화시설 등의 기반시설 중 지역의 거점 역할을 수행하는 시설을 중심으로 주변지역을 집중적으로 정비할 필요가 있는 지역
3. 3개 이상의 노선이 교차하는 대중교통 결절지로부터 1㎞ 이내에 위치한 지역
4. 노후·불량 건축물이 밀집한 주거지역 또는 공업지역으로 정비가 시급한 지역
5. 도시재생활성화 지역 중 도시경제기반형 활성화계획을 수립하는 지역

ⓓ 도시·군관리계획을 결정하기 위해 관계 행정기관의 장과 협의 : 10일 이내
ⓔ 적용하지 아니할 수 있는 법률 규정

1. 주택의 배치, 부대시설·복리시설의 설치기준 및 대지조성 기준
2. 부설주차장의 설치
3. 건축물에 대한 미술작품의 설치

ⓕ 입지규제최소구역과 입지규제최소구역계획의 수립기준 : 국토교통부장관이 정하여 고시한다.
ⓖ 입지규제최소구역으로 지정된 지역은 특별건축구역으로 지정된 것으로 본다.

Ⅱ 공시법에 의한 지목

1. 지목의 구분

「공간정보의 구축 및 관리 등에 관한 법률」(약칭 : 공간정보관리법)에 근거한 "지목"이란 토지의 주된 용도에 따라 토지의 종류를 구분하여 지적공부에 등록한 것을 말한다. 동법상 지목의 종류에는 위 농지의 지목인 전·답·과수원과 목장용지·임야·광천지·염전·대(垈)·공장용지·학교용지·주차장·주유소용지·창고용지·도로·철도용지·제방(堤防)·하천·구거(溝渠)·유지(溜池)·양어장·수도용지·공원·체육용지·유원지·종교용지·사적지·묘지·잡종지로 구분하여 정하고 있다.

지목의 구분 및 설정방법 등에 필요한 사항은 동법 시행령 제58조에서 다음과 같이 규정하고 있다.

1) 전 : 물을 상시적으로 이용하지 않고 곡물·원예작물(과수류는 제외한다)·약초·뽕나무·닥나무·묘목·관상수 등의 식물을 주로 재배하는 토지와 식용(食用)으로 죽순을 재배하는 토지

2) 답 : 물을 상시적으로 직접 이용하여 벼·연(蓮)·미나리·왕골 등의 식물을 주로 재배하는 토지

3) 과수원 : 사과·배·밤·호두·귤나무 등 과수류를 집단적으로 재배하는 토지와 이에 접속된 저장고 등 부속시설물의 부지. 다만, 주거용 건축물의 부지는 "대"로 한다.

4) 목장용지 : 다음 각 목의 토지. 다만, 주거용 건축물의 부지는 "대"로 한다.

　　가. 축산업 및 낙농업을 하기 위하여 초지를 조성한 토지

　　나. 「축산법」 제2조제1호에 따른 가축을 사육하는 축사 등의 부지

　　다. 가목 및 나목의 토지와 접속된 부속시설물의 부지

5) 임야 : 산림 및 원야(原野)를 이루고 있는 수림지(樹林地)·죽림지·암석지·자갈땅·모래땅·습지·황무지 등의 토지

　①　"토지의 소유권은 정당한 이익 있는 범위 내에서 토지의 상하에 미친다"고 민법에서 토지 소유권의 범위를 입체적으로 규정하고 있다.

　②　지하에 매장된 미채굴의 광물(광업법 제3조)은 광업권과 조광권의 객체로서 토지소유권이 미치지 않는다.

6) 광천지 : 지하에서 온수·약수·석유류 등이 용출되는 용출구(湧出口)와 그 유지(維持)에 사용되는 부지. 다만, 온수·약수·석유류 등을 일정한 장소로 운송하는 송수관·송유관 및 저장시설의 부지는 제외한다.

7) 염전 : 바닷물을 끌어들여 소금을 채취하기 위하여 조성된 토지와 이에 접속된 제염장(製鹽場) 등 부속시설물의 부지. 다만, 천일제염 방식으로 하지 아니하고 동력으로 바닷물을 끌어들여 소금을 제조하는 공장시설물의 부지는 제외한다.

8) 대지

　　가. 영구적 건축물 중 주거·사무실·점포와 박물관·극장·미술관 등 문화시설

과 이에 접속된 정원 및 부속시설물의 부지

나. 「국토의 계획 및 이용에 관한 법률」 등 관계 법령에 따른 택지조성공사가 준공된 토지

9) 공장용지

가. 제조업을 하고 있는 공장시설물의 부지

나. 「산업집적활성화 및 공장설립에 관한 법률」 등 관계 법령에 따른 공장부지 조성공사가 준공된 토지

다. 가목 및 나목의 토지와 같은 구역에 있는 의료시설 등 부속시설물의 부지

10) 학교용지

학교의 교사(校舍)와 이에 접속된 체육장 등 부속시설물의 부지

11) 주차장 : 자동차 등의 주차에 필요한 독립적인 시설을 갖춘 부지와 주차전용 건축물 및 이에 접속된 부속시설물의 부지. 다만, 다음 각 목의 어느 하나에 해당하는 시설의 부지는 제외한다.

가. 「주차장법」 제2조제1호가목 및 다목에 따른 노상주차장 및 부설주차장(「주차장법」 제19조제4항에 따라 시설물의 부지 인근에 설치된 부설주차장은 제외한다)

나. 자동차 등의 판매 목적으로 설치된 물류장 및 야외전시장

12) 주유소용지 : 다음 각 목의 토지. 다만, 자동차·선박·기차 등의 제작 또는 정비공장 안에 설치된 급유·송유시설 등의 부지는 제외한다.

가. 석유·석유제품 또는 액화석유가스 등의 판매를 위하여 일정한 설비를 갖춘 시설물의 부지

나. 저유소(貯油所) 및 원유저장소의 부지와 이에 접속된 부속시설물의 부지

13) 창고용지 : 물건 등을 보관하거나 저장하기 위하여 독립적으로 설치된 보관시설물의 부지와 이에 접속된 부속시설물의 부지

14) 도로 : 다음 각 목의 토지. 다만, 아파트·공장 등 단일 용도의 일정한 단지 안에 설치된 통로 등은 제외한다.

가. 일반 공중(公衆)의 교통 운수를 위하여 보행이나 차량운행에 필요한 일정한 설비 또는 형태를 갖추어 이용되는 토지

나. 「도로법」 등 관계 법령에 따라 도로로 개설된 토지

다. 고속도로의 휴게소 부지

라. 2필지 이상에 진입하는 통로로 이용되는 토지

15) 철도용지 : 교통 운수를 위하여 일정한 궤도 등의 설비와 형태를 갖추어 이용되는 토지와 이에 접속된 역사(驛舍)·차고·발전시설 및 공작창(工作廠) 등 부속시설물의 부지

16) 제방 : 조수·자연유수(自然流水)·모래·바람 등을 막기 위하여 설치된 방조제·방수제·방사제·방파제 등의 부지

17) 하천 : 자연의 유수(流水)가 있거나 있을 것으로 예상되는 토지

18) 구거 : 용수(用水) 또는 배수(排水)를 위하여 일정한 형태를 갖춘 인공적인 수로·둑 및 그 부속시설물의 부지와 자연의 유수(流水)가 있거나 있을 것으로 예상되는 소규모 수로부지

19) 유지(溜池) : 물이 고이거나 상시적으로 물을 저장하고 있는 댐·저수지·소류지(沼溜地)·호수·연못 등의 토지와 연·왕골 등이 자생하는 배수가 잘 되지 아니하는 토지

20) 양어장 : 육상에 인공으로 조성된 수산생물의 번식 또는 양식을 위한 시설을 갖춘 부지와 이에 접속된 부속시설물의 부지

21) 수도용지 : 물을 정수하여 공급하기 위한 취수·저수·도수(導水)·정수·송수 및 배수 시설의 부지 및 이에 접속된 부속시설물의 부지

22) 공원 : 일반 공중의 보건·휴양 및 정서생활에 이용하기 위한 시설을 갖춘 토지로서 「국토의 계획 및 이용에 관한 법률」에 따라 공원 또는 녹지로 결정·고시된 토지

23) 체육용지 : 국민의 건강증진 등을 위한 체육활동에 적합한 시설과 형태를 갖춘 종합운동장·실내체육관·야구장·골프장·스키장·승마장·경륜장 등 체육시설의 토지와 이에 접속된 부속시설물의 부지. 다만, 체육시설로서의 영속성과 독립성이 미흡한 정구장·골프연습장·실내수영장 및 체육도장, 유수(流水)를 이용한 요트장 및 카누장, 산림 안의 야영장 등의 토지는 제외한다.

24) 유원지 : 일반 공중의 위락·휴양 등에 적합한 시설물을 종합적으로 갖춘 수영장·유선장(遊船場)·낚시터·어린이놀이터·동물원·식물원·민속촌·경마장 등의 토지와 이에 접속된 부속시설물의 부지. 다만, 이들 시설과의 거리 등으로 보아 독립적인 것으로 인정되는 숙식시설 및 유기장(遊技場)의 부지와 하천·구거 또는 유지[공유(公有)인 것으로 한정한다]로 분류되는 것은 제외한다.

25) 종교용지 : 일반 공중의 종교의식을 위하여 예배·법요·설교·제사 등을 하기 위한 교회·사찰·향교 등 건축물의 부지와 이에 접속된 부속시설물의 부지

26) 사적지 : 문화재로 지정된 역사적인 유적·고적·기념물 등을 보존하기 위하여 구획된 토지. 다만, 학교용지·공원·종교용지 등 다른 지목으로 된 토지에 있는 유적·고적·기념물 등을 보호하기 위하여 구획된 토지는 제외한다.

27) 묘지 : 사람의 시체나 유골이 매장된 토지, 「도시공원 및 녹지 등에 관한 법률」에 따른 묘지공원으로 결정·고시된 토지 및 「장사 등에 관한 법률」 제2조제9호에 따른 봉안시설과 이에 접속된 부속시설물의 부지. 다만, 묘지의 관리를 위한 건축물의 부지는 "대"로 한다.

28) 잡종지 : 다음 각 목의 토지. 다만, 원상회복을 조건으로 돌을 캐내는 곳 또는 흙을 파내는 곳으로 허가된 토지는 제외한다.

　　가. 갈대밭, 실외에 물건을 쌓아두는 곳, 돌을 캐내는 곳, 흙을 파내는 곳, 야외시장, 비행장, 공동우물

　　나. 영구적 건축물 중 변전소, 송신소, 수신소, 송유시설, 도축장, 자동차운전학원, 쓰레기 및 오물처리장 등의 부지

　　다. 다른 지목에 속하지 않는 토지

03

부동산 공법(不動産公法) :
농지법(農地法), 산지법(山地法)

03 농지법, 산지법

농지나 산지에 펜션이나 전원주택, 리조트, 골프장 등과 같은 시설들의 개발이 가능하다. 농지와 산지는 여건에 따라 건축물을 올릴 수 있는 대지로도 활용이 가능하기 때문에 가장 큰 개발이익을 남길 수 있다.

그러나 거래 단위 규모가 크고 수익이 조속히 발생하지 않으며, 환금성(換金性)도 낮다. 또한 분묘들이 많고 여러 명의 지분 형태에 의한 소유 형태로 개발 여건이 좋지 않은 농지와 산지도 많다. 이러한 여건들을 극복하고 개발이 가능하다면 매력적인 토지로 볼 수 있을 것이다.

농지법의 목적은 농지의 소유, 이용 및 보전에 관한 규정에 있다. 산지법의 목적은 산지의 소유, 이용 및 보전에 관한 규정에 있다.

I 농지 취득 절차

1. 농지의 분류와 개발 여건

국가는 '농업 경영자 취득의 원칙(종전; 경자유전(耕者有田)의 원칙)'을 세워 경작을 목적으로 하지 않고 투기를 하는 자에게는 농지를 취득할 수 없도록 하기 위하여 만든

제도이나(농지법 §3① 참조), 농지매매 자체를 규제하는 것은 현재 및 장래의 농민들의 재산권 행사를 과도하게 제한하는 것으로서 현재는 어느 정도 개선한 결과이다.

취득에서부터 규제가 가해지는 지목은 '농지'이다. 농지에 관한 규제는 「농지법」으로 일원화되어 있다. 농지는 원칙적으로 농업경영에 이용하거나 이용할 자가 아니면 소유하지 못하도록 하고 있으므로(농지법 §6① 참조), 영농 중에 있거나 영농할 의사와 능력이 있는 사람은 누구든지 농지를 취득할 수 있다.

농지는 농업보호지역을 말하는데 농업보호지역은 농업진흥구역과 농업보호구역으로 나눌 수 있다. 농업진흥구역은 집단화·구획화되어 있어 흔히 말하는 절대농지로 개발행위가 불가능하다. 농업보호구역은 농업진흥구역의 용수원 확보 및 수질 보전 등 농업 환경을 보호하기 위해 필요한 구역이다. 농업보호구역은 현재 및 장래의 농민들의 재산권 행사를 과도하게 규제하지 않도록 하기 위해 펜션, 농가주택, 전원주택, 식당, 카페, 리조트, 수목원, 주말농장 등을 개발할 수 있어 대지로 활용할 여지가 있는 농지이다.

2. 농업경영 주체의 범위

(1) 농업인

"농업인"이란 농업에 종사하는 개인으로서 다음 각 호의 어느 하나에 해당하는 자를 말한다(농지법 §2-2).

1. 1,000㎡ 이상의 농지에서 농작물 또는 다년생식물을 경작 또는 재배하거나 1년 중 90일 이상 농업에 종사하는 자
2. 농지에 330㎡ 이상의 고정식온실·버섯재배사·비닐하우스, 그 밖의 농림축산식품부령으로 정하는 농업생산에 필요한 시설을 설치하여 농작물 또는 다년생식물을 경작 또는 재배하는 자
3. 대가축 2두, 중가축 10두, 소가축 100두, 가금(家禽 : 집에서 기르는 날짐승) 1천 수 또는 꿀벌 10군 이상을 사육하거나 1년 중 120일 이상 축산업에 종사하는 자
4. 농업경영을 통한 농산물의 연간 판매액이 120만 원 이상인 자

(2) 농업법인

"농업법인"이란 「농어업경영체 육성 및 지원에 관한 법률」 제16조에 따라 설립된 '영농조합법인'과 같은 법 제19조에 따라 설립되고 업무집행권을 가진 자 중 3분의 1 이상이 농업인인 '농업회사법인'을 말한다.

3. 농지의 신규 취득요건

① 신규로 농지를 취득할 때 1,000㎡ 이상이어야 한다. 단, 주말농장은 예외.

② 등기에 필요한 서류인 농지취득자격증명을 받아야 한다.

③ 2005년부터는 전 세대 1년 전 전입을 하여야 한다.

④ 본인이 자경(自耕)을 하여야 한다. 본인이 1년 동안 자경을 하면 그해 12월 읍·면사무소 농지담당자의 확인하에 본인이 직접 농업에 종사한 것이 확인되면 농지원부가 작성된다.

4. 농지취득 자격증명

'농지취득 자격증명'이란 농지를 취득하려는 자는 농지가 소재하고 있는 시·구·읍·면사무소에서 발급하는 농지취득자격증명을 발급받아야 하는바, 증명을 발급받으려면 당해 농지 소재지 시·구·읍·면사무소 담당계에서 신청서에 확인날인을 받아 아래의 서류를 첨부하여 신청을 한다. 현재 농지소재지 지역에 전 가족 1년 이상 거주하는 자만 발급대상이 되고 있다. 그러나 법원경매와 국세징수법에 의한 압류재산공매 시에는 거주제한이 없다. 그러나 이 경우에도 산지(임야)와 달리 농지는 취득자격증명은 꼭 받아야 한다(농지법 §8).

(1) 농지취득자격증명

제 호	농지취득자격증명			
농지 취득자 (신청인)	① 성명 (명칭)		② 주민등록번호 (법인등록번호)	
	③ 주소	시 구 동 도·시·군 읍·면 리 번지		
	④ 연락처		⑤ 전화번호	
취득 농지의 표시	⑥ 소재지	⑦ 지 번	⑧ 지 목	⑨ 면 적(㎡)
	계			
⑩ 증명발급 또는 신청서 반려				
⑪ 신청서 반려 이유				
⑫ 취득 목적				

귀하의 농지취득자격증명신청에 대하여 농지법 제8조 및 동법 시행령 제10조 제2항의 규정에 의하여 위와 같이
농지취득자격   □ 증명을 발급합니다.
                              □ 증명을 반려합니다.

년   월   일
시장 · 구청장 · 읍장 · 면장

〈유의사항〉
○ 귀하께서 당해 농지의 취득과 관련하여 허위 기타 부정한 방법에 의하여 이 증명서를 발급받은 사실이 판명되
   면 농지법 제61조의 규정에 따라 3년 이하의 징역이나 1천만원 이하의 벌금에 처해질 수 있습니다.
○ 귀하께서 취득한 당해 농지를 취득목적대로 이용하지 아니할 경우에는 농지법 제11조 제1항 및 제65조의 규정
   에 따라 당해 농지의 처분명령 및 이행강제금이 부과될 수 있습니다.

(2) 농지취득자격증명 발급절차도(농지법 §8)

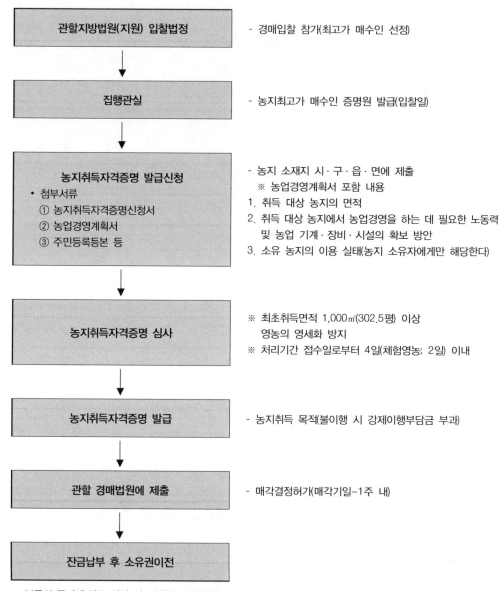

| 관할지방법원(지원) 입찰법정 | - 경매입찰 참가(최고가 매수인 선정) |

집행관실 — 농지최고가 매수인 증명원 발급(입찰일)

농지취득자격증명 발급신청
• 첨부서류
① 농지취득자격증명신청서
② 농업경영계획서
③ 주민등록등본 등

- 농지 소재지 시·구·읍·면에 제출
  ※ 농업경영계획서 포함 내용
1. 취득 대상 농지의 면적
2. 취득 대상 농지에서 농업경영을 하는 데 필요한 노동력 및 농업 기계·장비·시설의 확보 방안
3. 소유 농지의 이용 실태(농지 소유자에게만 해당한다)

농지취득자격증명 심사

※ 최초취득면적 1,000㎡(302.5평) 이상 영농의 영세화 방지
※ 처리기간 접수일로부터 4일(체험영농; 2일) 이내

농지취득자격증명 발급 — 농지취득 목적(불이행 시 강제이행부담금 부과)

관할 경매법원에 제출 — 매각결정허가(매각기일~1주 내)

잔금납부 후 소유권이전

※ 부동산 등기에 필요 서면 : 농지취득자격증명을 발급받아 농지를 취득하는 자가 그 소유권에 관한 등기를 신청할 때에는 농지취득자격증명을 첨부하여야 한다(동법 §8④).

1. 제6조제2항제1호·제4호·제6호·제8호 또는 제10호(같은 호 바목은 제외한다)에 따라 농지를 취득하는 경우
2. 농업법인의 합병으로 농지를 취득하는 경우

(3) 농지취득자격증명 없이 농지취득이 허용되는 경우(농지법 §8① 단서)

제6조제2항제1호	국가나 지방자치단체가 농지를 소유하는 경우
제6조제2항제4호	상속(상속인에게 한 유증(遺贈)을 포함)에 의한 취득
제6조제2항제6호	담보농지의 취득 : 2회 이상 매수인이 없는 경우 경매에 응한 담보권 실행자(농·축·수협, 농어촌진흥공사 및 은행법에 따라 설립된 금융기관)가 취득할 수 있도록 예외 인정
제6조제2항제8호	농지전용협의를 마친 농지를 소유하는 경우
제6조제2항제10호	가. 「한국농어촌공사 및 농지관리기금법」에 따라 한국농어촌공사가 농지를 취득하여 소유하는 경우 나. 「농어촌정비법」 제16조·제25조·제43조·제82조 또는 제100조에 따라 농지를 취득하여 소유하는 경우 다. 「공유수면 관리 및 매립에 관한 법률」에 따라 매립농지를 취득하여 소유하는 경우 라. 토지수용으로 농지를 취득하여 소유하는 경우 마. 농림축산식품부장관과 협의를 마치고 「공익사업을 위한 토지 등의 취득 및 보상에 관한 법률」에 따라 농지를 취득하여 소유하는 경우
제8조제2항제2호	농업법인의 합병으로 농지를 취득하는 경우
제8조제2항제3호	3. 공유 농지의 분할이나 그 밖에 대통령령으로 정하는 원인으로 농지를 취득하는 경우

5. 주말체험영농

(1) 의의

'주말체험영농'이란 농업인이 아닌 개인이 주말 등을 이용하여 취미생활이나 여가활동으로 농작물을 경작하거나 다년생식물을 재배하는 것을 말한다(농지법 §6②-3). 농지법상 농업인이 아닌 경우에도 농지의 취득요건을 완화하기 위하여 2003.1.1.부터 시행되었으며, 세대별 1,000㎡ 미만으로 그 면적을 제한하고 있다.

(2) 주말농장과 농지취득자격증명

주말체험영농 목적의 농지인 경우에도 농지 소재지 읍면장 등으로부터 농지취득자격증명을 발급받아야 소유권이전이 가능하다(농지법 제8조).

주말체험영농 목적의 농지는 근거리인 경우 가능하므로 입찰참가 전 본인이 농지취득자격증명을 발급받을 수 있는 자격이 되는지 여부를 물건소재지 관할 시, 구, 읍, 면사무소 농지취득발급담당자에게 문의하여야 한다.

(3) 주말체험영농을 위한 농지취득자격증명 취득요령

① 일단 농지를 매매나 경매로 취득한 경우 농지소재지의 시·구·읍·면의 부동산 관리계로 간다.

② 신청서와 경작확인서 등을 작성하여 제출하면 시·구·읍·면의 장은 그 신청을 받은 날부터 4일(본 주말체험영농의 경우 등 농지법 제8조제2항 단서에 따라 농업경영계획서를 작성하지 아니하고 농지취득자격증명의 발급신청을 할 수 있는 경우에는 2일) 이내에 농지를 답사하고 이 농지가 영농에 합당하거나 농지 소유주가 자경할 것이라는 등의 요건에 적합한지 여부가 확인되는 경우에는 신청인에게 농지취득자격증명을 발급하여야 한다.

③ 농지취득자격증명 발급 수수료는 1,000원이다. 공무원이 어디까지나 주관적인 판단으로 발급해 주는 것이기 때문에 담당공무원이 까다롭게 하면 불가능하다.

④ 해당 농지에 불법건축물 또는 토사매립, 쓰레기매립 등이 되어 있으면 오히려 고소를 당할 수 있으니 확인하여야 한다.

(4) 양도소득세에서 사업용 토지로 볼 수 있는 주말영농체험농장의 기준

① 면적은 1,000㎡ 미만

② 2003년 1월 1일 이후 취득

③ 주말농장용으로 농지취득자격증명을 받아서 취득한 농지

④ 거리 제한 없음(재촌 의무 없음)

⑤ 연간 30일 이상을 경작해야 한다.

⑥ 주말농장용 농지를 양도하고자 하는 경우 중과세를 피하기 위해서는 최소 2년은 보유해야 한다.

⑦ 농지소재지 또는 인접지역에 거주하면 이를 사업용 토지로 본다.

○○지방법원 ○○지원 20**타경3256(5차 : 41%)

6. 농지원부의 작성 · 비치

농지원부(農地原簿)는 다음 각 호의 어느 하나에 해당하는 농업인(2인 이상인 경우에는 그 세대) · 농업법인 또는 준농업법인별로 작성한다(농지법 §49조①, 시행령 §70).

1. 1천제곱미터 이상의 농지에서 농작물을 경작하거나 다년생식물을 재배하는 자
2. 농지에 330제곱미터 이상의 고정식온실 등 농업용 시설을 설치하여 농작물을 경작하거나 다년생식물을 재배하는 자

준농업법인은 직접 농지에 농작물을 경작하거나 다년생식물을 재배하는 국가기관 · 지방자치단체 · 학교 · 공공단체 · 농업생산자단체 · 농업연구기관 또는 농업기자재를 생산하는 자 등으로 한다.

신규로 본인이 농지를 구입하여 1년 동안 농업에 직접 종사하면 그해 12월에 '농지원부'가 작성된다.

농지원부가 작성되면 그때부터 농업인이 된다. 농업인이 되면 전국 어느 지역이든 상관없이 농지를 구입할 수 있으며 또한 1,000㎡(302.5평) 이하의 농지라도 구입할 수 있다.

농업인 · 농업법인 또는 준농업법인에 대한 농지원부(별지 제58호서식)는 농업인의 주소지(법인은 주사무소 소재지)를 기준으로 하여 작성하되, 해당 시 · 구 · 읍 또는 면의 관할구역 밖에 있는 농지를 포함하여 작성 · 비치하여야 한다(동법 시행규칙 제55조).

II 목장용지

1. 목장용지

(1) 법적 근거

목장용지는 「초지법」의 적용을 받는다.

(2) 용어의 정의

1. "초지"란 다년생개량목초(多年生改良牧草)의 재배에 이용되는 토지 및 사료작물 재배지와 목장도로·진입도로·축사 및 농림축산식품부령으로 정하는 부대시설을 위한 토지를 말한다.
2. "초지의 전용"이란 초지의 형질을 변경하거나 초지의 이용에 장해가 되는 시설 또는 구조물을 설치하는 등 초지를 초지 외의 목적으로 사용하는 것을 말한다.

(3) 경공매 취득 후 초지에서의 행위제한과 전용허가

초지를 조성하려는 경우 해당 토지의 소재지를 관할하는 시장·군수·구청장에게 초지조성허가를 신청하여야 하는바, 시장·군수·구청장은 그 신청이 표고, 경사도와 토지성질 등 해당 토지의 입지조건이 초지조성 및 이용에 부적합하다고 판단되는 경우를 제외하고는 허가를 하여야 한다. 이에 대하여 본서에서는 경공매 취득 후 초지에서의 행위제한을 살펴본다.

초지에서는 토지의 형질변경 및 인공구조물의 설치·분묘(墳墓)의 설치·토석의 채취 및 반출 그 밖에 초지의 이용에 지장을 주는 행위는 시장·군수·구청장의 허가를 받아야 한다.

초지의 전용 또한 중요 산업·공익·주거 또는 관광을 위한 시설의 용지나, 농업인이 건축하는 주택의 용지, 농수산물의 처리·가공·보관 시설 및 농수산시설의 용지, 농작물재배용지로 전용하는 경우로 한정(다만, 과수용지 외의 용지로 전용하는 경우에는 경사도 15도 이내의 초지만 해당)하여 시장·군수·구청장의 허가를 받아야 한다. 다만, 초지조성이 완료된 날부터 25년이 지난 초지를 전용하려는 경우에는 시장·군수·구청장에게 신고하여야 한다.

한편, 조성된 초지를 「축산법」에 따른 가축을 기르기 위한 축사의 용지로 사용하려는 경우에는 초지전용의 허가를 받지 아니하거나 신고를 하지 아니하고 초지를 전용할 수 있다.

아래의 목장용지는 묘지로 쓰고 있는 예이다.

2019-01635-003			입찰시간 : 2020-04-20 10:00~2020-04-22 17:00		
물건용도	토지	**감정가**	8,100,000	**최저입찰가**	4,050,000
집행기관	한국자산관리공사	**담당부서**	부산지역본부	**담당자**	조세정리팀(☎ 1588-5321)
위임기관	기장군청	**처분방식**	매각	**물건상태**	입찰준비중

▶ 물건 정보

소재지	부산광역시 기장군 장안읍 오리 1023-2 지도보기 도로명주소검색		
재산종류	압류재산(캠코)	**물건용도** 토지	**세부용도** 목장용지
토지면적	150	**건물면적** 0	**배분요구종기** 2019-07-15

위치 및 부근현황	기호 1, 2, 3 교통사정은 대부분 불편하며, 임야 및 농경지대에 위치함
이용현황	임야, 분묘, 잡종지
기타	해당사항 없음

▶ 입찰 정보(인터넷 입찰)

명도책임	매수인
부대조건	

이용현황	회/차	대금납부(기한)	입찰시작 일시~입찰마감 일시	개찰일시/매각결정일시	최저입찰가
0039	015/001	일시불(30일)	20.04.20:10:00~20.04.22 17:00	20.04.23 11:00/20.04.27 10:00	4,050,000

「국토의 계획 및 이용에 관한 법률」에 따른 지역·지구 등은 자연녹지지역이며, 다른 법령 등에 따른 지역·지구 등은 가축사육제한구역(2015-03-04) 「가축분뇨의 관리 및 이용에 관한 법률」에 속한다.

III 산지와 산림

1. 산지와 산림의 구별

'산지'는 땅을 의미하고, '산림'은 나무를 의미한다. 종전의 「산림법」에 의한 일원화 체계는 「산지관리법」과 「산림자원법」으로 이원화되었다. 산지는 농지와는 달리 취득 행위에서부터 처분행위까지 자유롭다. 따라서 취득자격 증명이 필요없다. 다만, 산지 와 산림의 특성은 살펴보아 경공매의 대상으로 삼아야 한다.

(1) 경계선의 정확성

임야는 경계를 정확하게 특정하기가 어렵기 때문에 해당 시·군·구에서 임야도와 지형도를 확인하여 능선과 계곡을 중심으로 구분하고, 이때 주변의 건축물이나 지상 축조물 등을 참고한다. 특히 정확한 위치를 찾기 어려운 경우 해당 이장 등에게 문의 하면 쉽게 찾을 수도 있고 목적물에 대한 기타 정보도 얻을 수 있다.

(2) 경사도

임야를 다른 용도로 전용할 것을 고려한다면 경사가 급한 것보다는 완만한 것이 비용이나 전용허가를 받는 데 유리하다.

(3) 진입로 개설

진입도로는 있는지 임야가 도로와 접해 있다면 문제가 없으나 통행 도로가 없는 경우는 주변 토지를 매입해야 하는 등 통행로 확보에 추가비용이 소요된다. 물론 임야를 방치하거나 묘지로 사용하면 큰 문제가 없으나 다른 용도로 활용하는 경우에는 매우 중요한 주의사항이다.

(4) 법정지상권의 여부 확인

묘지관리대장과 등기소의 입목등기부를 확인하여 분묘나 등기된 수목의 여부를 확인하여야 한다.

(5) 시세조사

임야는 거래가 잘되지 아니하여 정확한 시세파악이 어렵다. 따라서 공시지가와 인근의 농지나 대지의 가격 또는 인근 중개업소의 매물가격 등을 조사하여 비교 판단한다.

(6) 이용목적에 적합

현황 조사 시 가장 중점을 둘 사항으로서 토지이용계획확인서를 발급받아 용도지역을 확인하고 취득 목적에 적합한지를 충분히 검토하여야 한다.

2. 산지의 분류

'산지'는 보전산지와 준보전산지로 나눌 수 있다. 보전산지는 산지전용제한지역 산지, 공익용 산지, 임업용 산지로 나눌 수 있는데 산지전용제한지역은 공익증진을 위해 특히 보전이 필요한 지역을 의미하고, 공익용 산지는 임업생산과 수원보호 생태계 보전, 국민 보건 휴양 등의 공익기능이 필요한 지역을 의미하며 임업용 산지는 임업생산(송이, 장뇌삼 등)기능 증진이 필요한 지역으로 소수의 수요자에게만 가치가 존재한다. 일반적으로 보전산지는 규제가 심해 개발이 용이하지 않다.

준보전산지는 개발의 목적으로 일정한 신림지역을 지정 개발지역으로 정할 수 있다. 준보전산지에는 펜션과 같은 건축물을 지을 수 있다. 즉 보전산지에 대지로의 용도 변경도 가능하다. 준보전산지는 일반개발지역과 특수개발지역으로 나눌 수 있다.

3. 분묘기지권

　분묘기지권은 분묘를 수호하고 봉제사하는 목적을 달성하는 데 필요한 범위 내에서 타인 소유의 토지를 사용할 수 있고 토지 소유자나 제3자의 방해를 배제할 수 있는 판례상 인정되는 관습상의 물권이다. 여기에서 분묘란 그 내부에 사람의 유골, 유해, 유발 등 시신을 매장[평장(平葬)·암장(暗葬)의 형태는 제외]하여 사자(死者)를 안장한 장소를 말한다. 대법원은 오랜 기간 동안 다음 세 경우 중 어느 하나에 해당하면 즉, ① 토지소유자의 승낙을 얻어 그 토지에 분묘를 설치한 경우 ② 토지소유자의 승낙을 받지 않았더라도 분묘를 설치하고 20년 동안 평온·공연하게 점유함으로써 시효로 인하여 취득한 경우 ③ 자기소유의 토지에 분묘를 설치한 자가 그 분묘를 이장한다는 별도의 특약이 없이 토지만을 타인에게 처분한 경우(이런 경우 대부분 묘가 있는 토지를 낙찰받을 경우임)에는 분묘기지권을 인정하고 있다. 이러한 법적 규범은 장사법(법률 제6158호) 시행일인 2001.1.13. 이전에 설치된 분묘에 관하여 현재까지 유지되고 있다고 보아야 한다(2013다17292). 이런 문제점들 때문에 위 2001년부터 시행된 장사법은 신설된 묘지에 대해 분묘기지권을 인정하지 않는다. 장사법에 따라 자신 소유 토지에 개인 묘지를 조성하더라도 지자체장 등에게 신고해야 한다. 문제는 그 이전에 설치된 묘지다. 자신의 소유 토지에서 2001년 이전 설치된 남의 분묘를 뒤늦게 발견한 경우에는 20년의 시효완성이 되기 전에 해당 분묘의 관계자를 찾아 시효를 중단시켜야 한다. 따라서 임야, 목장용지 등을 낙찰받을 경우 지상에 묘지가 있는지를 반드시 확인하여야 한다.

　그리고 분묘기지권은 분묘가 설치되는 기지에 국한되는 것이 아니고 분묘의 보호 및 제사에 필요한 주위의 땅도 지상권의 효력이 미치게 되므로(2011다63017) 묘지가 있는 토지를 낙찰받을 경우 그 이용에 있어서 제한이 있음을 염두에 두어야 한다. 그러나 새로운 묘를 만들 수는 없고 새로운 봉분을 쌓는 것도 안 되고(95다29086), 나중에 합장하여 묘를 설치하는 것도 허용되지 않는다(2001다28367).

　존속기간과 관련하여, 분묘기지권은 지상권에 유사한 물권이기는 하지만 그 존속기간에 관하여는 민법의 지상권에 관한 규정을 따르지 않고 당사자 사이에 약정이 있으면 그에 따르고 그 약정이 없는 경우에는 권리자가 분묘의 수호와 봉사를 계속하는 한 그 분묘가 존속하는 동안 분묘기지권도 존속한다(2009다1092).

　지료 지급 여부와 관련하여, 토지소유자의 승낙이 있는 경우에는 그들 사이의 약정에 따르고, 토지소유자의 승낙없이 설치 후 시효취득한 경우에는 무상이며, 본인 토지에 분묘를 설치한 자가 그 토지만을 처분하여 분묘기지권을 취득하는 경우에는 관습법상 법정지상권의 법리를 유추적용하여 민법 제66조 단서에 따라 지료를 지급하여야 한다는 것이 다수설이다.

4. 임야를 낙찰받은 경우 지상에 소재하는 수목의 임의처분 여부

(1) 처분 대상

　수목은 토지의 정착물로 거래되는 것이 원칙이며 별도로 식재한 나무인 경우에도 감정평가 시 이를 반영하여 처분하면 지상에 소재하는 밤나무 등은 낙찰자의 소유로써 취득하게 된다. 다만, 예외로서 입목에 관한 법률에 의하여 등기된 수목의 주택단과 명인방법이라는 공시방법을 제3자가 갖춘 경우에는 제3자 소유로서 독립하여 거래의 객체가 되므로 취득의 대상에는 포함되지 않아 임의대로 처분할 수 없다.

(2) 명인(名印)방법

　제3자로 하여금 지상물의 소유권이 누구에게 귀속하고 있다는 것을 명백히 인식하게 하는 적당한 방법을 통틀어서 일컫는 말로 관습법 내지 판례에 의해 인정되는 공시방법이다. (예를 들면 수목의 집단인 경우에는 나무껍질을 깎아서 소유자의 성명을 써 놓는 경우이거나, 미분리 과실의 경우에는 주위에 새끼를 둘러치고 소유자의 성명을 써 놓은 목찰을 세우는 방법 등을 말함)

부동산 사법(不動産司法) :
물권법(物權法)과 채권법(債權法)

04 물권법과 채권법

I 재산권 : 물권과 채권

민법상 재산권에는 물권과 채권이 있다. 물권이란 '특정한 물건을 직접 지배하여 이익을 얻는 배타적인 권리'를 말하고, 채권이란 '특정인에 대해 일정한 행위를 청구할 수 있는 권리'를 말한다.

1. 물권

채권은 채권자(人)와 채무자(人) 간의 대인권(對人權)임에 비하여, '물권'은 사람(人)과 물건(物)과의 대물권(對物權)이다. 물권이 채권에 비해 우선적 효력이 있고 배타적이며 절대적 권리이기 때문에 강제성이 크다.

물권은 '물권법정주의' 원칙상 민법상 점유권, 소유권, 지상권, 지역권, 전세권, 유치권, 질권, 저당권 등 8가지가 있으며, 특별법상 물권이 법률에 규정되어 있거나 관습법상 인정되어야 한다. 물권은 크게 용익물권과 담보물권으로 나눌 수 있다.

▶ 민법상 물권의 종류와 내용

민법상 물권의 종류				물권의 내용	비고
점유권				소유권과 관계없이 물건을 사실상 지배하고 있는 경우의 지배권	
본권		소유권		소유자가 그 소유물을 사용, 수익, 처분할 수 있는 권리	등기됨
	제한물권	용익물권	지상권	타인의 토지에서 건물, 기타의 공작물이나 수목을 소유하기 위해 그 토지를 사용할 수 있는 권리	등기됨
			지역권	타인의 토지를 자기 토지의 편익에 이용하는 권리	등기됨
			전세권	전세금을 지급하고 타인의 부동산을 그 용도에 따라 사용, 수익하는 권리	등기됨
		담보물권	유치권	타인의 물건을 점유한 자가 그 물건에 관해 생긴 채권을 가지는 경우에 그 채권의 변제를 받을 때까지 그 물건을 유치할 수 있는 권리(점유가 필수)	
			질권	돈은 빌려주면서 물건을 질로 잡고 갚지 않을 때는 그 목적물에서 우선 변제받는 권리이다. 질권은 동산과 권리에만 적용	등기됨
			저당권	채무자 또는 보증인이 채무의 담보로 제공한 부동산 기타의 목적물을 채권자가 질권에 있어서와 같이 제공자로부터 인도받지 않고서 그 목적물을 다만 관념상으로만 지배해서 채무의 변제가 없는 경우에 그 목적물로부터 우선변제를 받는 권리	등기됨

* 용익물권 : 타인의 부동산의 사용가치를 지배하는 제한물권
* 담보물권 : 목적물의 교환가치를 지배하는 권리를 설정받아 대금(貸金)을 쉽게 변제받는 물권

물권의 종류		물권의 내용	비고
관습법상 물권	법정 지상권	토지와 건물이 동일인에게 속했다가 그중 어느 하나가 매매 기타의 일정 원인으로 각각 소유자를 달리하게 된 때에 그 건물을 철거한다는 특약이 없으면 건물 소유자가 관습상 당연히 취득하게 되는 권리	
	분묘 기지권	타인의 토지에 분묘를 설치한 자가 있는 경우, 그자가 그 분묘를 소유하기 위해 기지 부분의 타인 소유 토지를 사용할 수 있는 권리로서 지상권과 비슷한 성질을 갖는 권리	

▶ 특별법상 물권의 종류와 내용

특별법상 물권(준물권)	물권의 내용	비고
어업권 (수산업법, 내수면어업법)	"어업권"이란 면허를 받아 어업을 경영할 수 있는 권리를 말한다. 어업권은 물권(物權)으로 하며, 수산업법에서 정한 것 외에는 「민법」 중 토지에 관한 규정을 준용한다(수산업법 제16조②). 어업권에 대하여는 「수산업법」 제16조제2항 및 제3항을 적용한다(내수면어업법 제7조②).	수산업법 제9조제2호
광업권(광업법)	"광업권"이란 탐사권과 채굴권을 말한다. 광업권은 물권으로 하고, 이 법에서 따로 정한 경우 외에는 부동산에 관하여 「민법」과 그 밖의 법령에서 정하는 사항을 준용한다(광업법 제10조①).	광업법 2조, 제9조의2

특별법상 물권(준물권)		물권의 내용	비고
상사유치권	상 법	상법은 상인 간의 상행위로 인한 채권에 관하여 민법상의 일반유치권(민320조의 요건을 변경하여 채권자 보호를 강화하고 거래의 원활과 안전을 도모함)	상법 제58조, 제91조, 제111조
상사질권		민법 제339조의 규정은 상행위로 인하여 생긴 채권을 담보하기 위하여 설정한 질권에는 적용하지 않는다(유질계약의 허용).	상법 59조
회사 사용인의 우선변제권		회사와 사용인 간의 고용관계로 인한 채권이 있는 자는 회사의 총재산에 대하여 우선변제를 받을 권리가 있다. 그러나 질권·저당권이나 「동산·채권 등의 담보에 관한 법률」에 따른 담보권에 우선하지 못한다.	상법 468조, 583조
선박채권자의 우선특권		채권자의 공동이익을 위한 소송비용, 도선료나 예선료, 선원임금채권(임금, 퇴직금, 실업수당, 재해보상청구권 등), 선박구조료 채권, 충돌손해배상채권 등 상법 제777조제1항에서 정하는 일정한 법정채권을 가진 채권자가 선박과 그 속구 등에 대하여 다른 채권자보다 우선하여 변제를 받을 수 있는 해상법상의 법정 담보물권이다	상법 861조
선박저당권		선박저당권 ① 등기한 선박은 저당권의 목적으로 할 수 있다. ② 선박의 저당권은 그 속구에 미친다. ③ 선박의 저당권에는 「민법」의 저당권에 관한 규정을 준용한다.	상법 787조
기타 저당권		공장재단저당권(동법 제14조), 광업재단저당권(동법 제5조), 자동차저당권(동법 제3조), 항공기저당권(동법 제3조) 등	각 개별법

(1) 물권의 성격

'물권'은 물건 기타 객체를 배타적·독점적으로 지배하는 권리이다. 따라서 '대세권'이라 한다. 물권은 내용 면에서는 재산권이며, 효력(작용) 면에서는 지배권이며, 의무자의 범위를 표준으로 본다면 절대권이다. 개인이 물건 특히 생산수단을 사유화할 수 있다는 것은 자본주의의 기본 이념이다. 따라서 자본주의 국가는 예외없이 물권을 법적으로 보장한다.

가령, 부동산 '소유권'은 사용, 수익, 처분을 행사할 수 있는 물권이다. 소유자와 합의(계약)하에 전세권 등기를 하여 용도대로 사용할 수 있는 권리는 '전세권'으로서 물권이다. 다만, "전세"로 빌리면서 등기하지 않고 전입신고와 확정일자만 받은 권리는 물권이 아니고 채권이다.

(2) 물권의 우선적 효력

우선적 효력은 어떤 권리가 다른 권리에 우선하는 효력을 말한다. 물권의 우선적 효력에는 다른 물권에 대한 우선적 효력과 채권에 대한 우선적 효력이 있다.

그 물권의 효력으로는 ① 시간적으로 먼저 성립한 물권이 나중의 물권보다 우선하는 효력이나 물권이 채권보다 우선하는 효력(우선적 효력), ② 물권이 타인의 간섭을 배척하는 성격(배타성), ③ 물권의 방해를 배제하는 권리(물권적 청구권)가 문제로 된다.[1]

물권은 배타적인 지배권이다. 따라서 동일한 물건 위에 같은 내용의 물권이 동시에 둘 이상 성립할 수는 없다. 그러나 내용이 다른 물권은 병존할 수 있다. 이들 가운데 동일한 토지 위에 소유권과 제한물권이 병존하는 때에는, 본래 제한물권이 소유권에 대하여 일시적으로 제한하면서 성립하는 것이기 때문에, 제한물권이 존재하는 동안 당연히 소유권이 제한을 받게 된다. 그러나 물권들이 동일한 물건 위에 병존하는 그 밖의 경우에는 그들 사이에서는 시간적으로 먼저 성립한 물권이 후에 성립한 물권에 우선하게 된다. 다만, 점유권은 현재의 사실상의 지배관계에 기한 권리이기 때문에 우선적 효력이 인정될 여지가 없다. 때에 따라서는 법률이 특수한 권리를 보호하기 위하여 특별히 순위를 정하고 있는 경우가 있는데, 그때에는 시간적 순서에 의하지 않고 법률에 의하여 순위가 정해진다.

어떤 물건에 대하여 물권·채권이 병존하는 경우에는 물권이 우선한다. 즉, 채권과 물권이 충돌하면 채권이 무조건 후순위로 밀린다. 예를 들어 A가 그의 토지를 B에게 매도하거나 임대차한 뒤 그 토지를 C에게 매도하여 소유권을 이전해 준 경우에는, B는 동일한 토지에 관하여 소유권이전청구권 또는 임차권이라는 채권을 가지고 C는 소유권이라는 물권을 가지게 되는데, 이때 C의 소유권이 B의 채권에 우선하게 된다. 그 결과 B는 C에게 채권을 주장하지 못하고 A에 대하여 채무불이행책임(손해배상책임)만 물을 수 있을 뿐이다.

또 다른 예시로는 매도인 A가 매수인 B와 토지 X에 대해 1억 원을 대가로 부동산매매계약을 체결하고, B가 A에 대해 대금을 지불하고 소유권이전채권을 지녔으나 아직 등기가 완료되지 아니하여 실질적인 소유권을 가지고 있지 않을 때를 생각해 볼 수 있다. 이때 A의 채권자들이 채권을 만족하기 위해 A의 책임재산 X를 경매에 붙일 수 있다. 이때 B는 경매 목적물 X의 이전을 청구할 수 있는 채권을 지니고 있으나 소유권

---

1) https://ko.wikipedia.org/wiki/%EB%AC%BC%EA%B6%8C 참조.

을 가지고 있지 아니하기 때문에 경매의 중지를 요청할 수 없다. 그러나 소유권이 B로 넘어간다면 상황은 달라진다. 이때 X는 B의 책임재산이기 때문에 A의 채권자들은 힘을 쓸 수 없다. 이처럼 물권이 채권에 우선하는 이유는 물권은 물건에 대한 직접적인 지배권인 데 비하여, 채권은 채무자의 행위를 통하여 간접적으로 물건 위에 지배를 미치는 권리에 지나지 않기 때문이다. 이 효력은 채무자가 파산하거나 강제집행당하는 때에 크게 작용한다. 즉 그러한 때에 물권자는 채무자의 일반채권자에 우선하게 된다.

이상의 내용을 요약하면, "물권은 시간적으로 먼저 성립한 물권이 우선 적용된다." 같은 종류의 물권들은 순위번호와 접수번호가 달라서 동시에 성립되지 않는다.

물권은 "배타적이고 독점적인 권리"를 가지므로 다른 권리보다 우선하게 되는 것이다. 소유권과 제한물권(용익물권 및 담보물권)이 동시에 존재하게 되면 시간에 관계없이 제한물권이 언제나 우선한다.

물권이 채권에 우선하는 효력에도 예외가 있다.[2]

- 부동산 물권변동을 목적으로 하는 청구권을 가등기한 경우
- 부동산임차권이 공시방법(등기)을 갖춘 경우
- 주택임대차보호법의 보호를 받는 주택임차권과 상가건물 임대차보호법의 보호를 받는 상가임대차 등
- 가압류는 본래 채권이지만, 가압류가 등기된 이후 소유권 이전등기가 이루어지면 그 가압류는 물권화된다. 가압류 기입등기가 된 상태에서는 소유권자가 제3자에게 부동산을 넘겨도 가압류권자에게는 효력이 없기 때문이다.
- 근로기준법 제38조에 의한 최종 3개월간의 임금채권 및 3년간의 퇴직금 및 재해보상권
- 상법 제777조에 의한 선박우선특권

---

2) 이상 자세한 내용은 https://namu.wiki/w/%EB%AC%BC%EA%B6%8C 참조.

2. 채권

채권은 특정인(채권자)이 특정인(채무자)에게 특정한 행위(급부)를 요구할 수 있는 대인권이자 상대권이며 청구권이다.

예를 들면, 돈을 빌려준 사람은 채권자로서, 돈을 빌려간 사람인 채무자에게 돈을 갚으라는 급부를 청구할 수 있는 권리가 채권이다. 또한 불법행위로 손해가 발생했다면 손해배상을 요구할 수 있는 권리가 생기며, 피해자가 손해배상채권의 채권자가 되고, 가해자인 상대방이 채무자가 된다.

채권은 채무자가 이행함으로써 만족하는 권리로서, 채무자가 급부를 이행하지 않으면 채권은 만족될 수 없고 소송을 통해 채무자의 재산에 강제집행을 해야 되며 채무자가 재산이 없으면 급부를 이행받을 수 없다.

채권 계약을 하면 모두 채권(가압류, 압류, 임차보증금)이 되기 때문에 금전으로만 제한되지 않는다. 예를 들어 화가가 그림을 그려주기로 하고 돈을 받기로 계약을 하면 그는 돈 받을 채권이 있고, 그려줄 채무가 발생된다. 건축법상 시공 계약을 하면 시공자는 공사비 받을 채권이 있고 사용승인 받도록 공사를 완료해 줄 채무가 있다.

담보권의 성격을 가진 물권(저당권, 전세권, 가등기담보권)이나, 대항력을 갖춘 채권(주택의 인도와 주민등록, 확정일자를 마친 임차권)보다 후에 채권 증빙서류 등의 요건을 갖추고 가압류한 자의 권리는 '채권'에 해당하는 권리이기 때문에, "채권 간에는 '채권자 평등의 원칙'에 따라 순위가 존재하지 않아 동순위"로 보아 안분배당대상이다. 원칙적으로 채권과 물권이 충돌하면 '물권우선주의'에 따라서 채권은 물권보다 후순위이다. 그러나 채권인 가압류가 먼저 이루어진 후 저당권 등이 설정되었을 때는 선순위 가압류권자와 후순위 담보권자와의 배당에 있어 동순위이므로 안분배당을 받게된다.

낙찰대금에서 집행비용을 공제한 나머지 금액이 배당금액이 되며 각 채권자는 민법, 상법 기타 법률의 규정에 의한 우선순위에 따라 배당받으나(순위배당; 민사집행법 제145조), 동일순위의 채권자가 다수인 때에는 같은 번호로 표시되어 채권액에 비례하여 평등배당을 하게 된다.(안분배당)

순위배당은 1번 근저당이 먼저 배당받고 나머지를 2번 근저당이 배당받는 등 등기된 권리는 등기한 순서에 따르고, 채권 서로 간에는 평등이나, 물권은 채권에 앞서고, 특별법은 일반법에 앞서는 등 일반법 원칙에 따라 순위를 정하여 선순위를 먼저 배당하고 나머지가 있으면 후순위에 배당하는 차등배당을 하는 경우이다.

특히, 가압류 이후의 권리는 각 채권액에 비례하여 동시에 평등하게 '안분배당'을 하고, 근저당 등 후순위보다는 우선하는 경우 안분배당 후에 후순위가 받을 배당액으로부터 자기의 채권액을 만족시킬 때까지 이를 흡수하여 배당받는 '흡수배당'을 하는데 이는 가압류에 의한 처분금지의 효력 때문에 그 후의 권리는 우선권을 주장할 수 없고 가압류채권자도 우선변제청구권이 있는 것은 아니므로 서로 평등하여 각 채권액에 비례하여 평등하게 배당하는 안분배당을 하는 것(대법원 1987.06.09. 선고 86다카2570 판결)이고 그렇다고 근저당권 등이 가진 후순위 권리에 대한 우선변제권이 상실되는 것은 아니므로 1차로 채권액에 따른 안분비례에 의하여 평등배당을 하되, 근저당권자는 후순위 권리자에 대하여는 우선변제권이 인정되어 그 후순위 채권이 받을 배당액으로부터 근저당권자가 자기의 채권액을 만족시킬 때까지 이를 흡수하여 변제받을 수 있다(대법원 1992.03.27. 선고 91다44407 판결). 안분배당의 수식은 "전체 배당할 금액×해당채권액 / 각 채권액의 합계"이다.[3]

(1) 채권의 종류

1) 보전처분

민사소송을 하여 자기의 권리를 행사하고자 하는 경우, 빌려준 돈을 받기 위해 '대여금청구소송'을, 부동산 매매계약을 체결하고 대금은 지급하였지만 소유권이전등기를 안 해주면 '소유권이전등기청구소송'을, 상가건물의 세입자가 임대료를 안 내고 건물도 인도하지 않으면 상대방을 피고로 하여 '점포명도청구소송'을 할 수 있다.

이와 같은 경우, 소송에서 승소판결을 받아야 판결문을 근거로 돈을 받거나 등기를 넘겨 받거나 건물을 강제적으로 넘겨받을 수 있다. 그런데 판결문을 입수하기까지 상

---

3) https://m.blog.naver.com/PostView.nhn?blogId=hankng&logNo=197927068&proxyReferer=http%2F%2Fwww.google.co.kr%2Furl%3Fsa%3Dt%26rct%3Dj%26q%3D%26esrc%3Ds%26source%3Dweb%26cd%3D1%26ved%3D2ahUKEwjWhPvCoIDpAhXPMd4KHeTBDVcQFjAAegQIAhAB%26url%3Dhttp%253A%252F%252Fm.blog.naver.com%252Fhankng%252F1979 27068%26usg%3DAOvVaw0JiOcsFuWfq3leBQcsahYW

당한 시간이 소요되어, 만약 그 기간 동안 피고가 자기 재산을 제3자에게 처분해 버리거나 등기를 넘겨주거나, 건물의 점유를 넘겨서 제3자가 점유해 버리면 판결문을 가지고 집행하려고 해도 당장은 그 목적을 달성할 수 없게 된다. 이처럼 소송에 의한 권리구제가 불가능해지거나 어려울 경우에 대비하여 미리 제3자에게 권리가 이전되는 것을 방지하기 위한 제도가 '가압류', 또는 '가처분'과 같은 임시적인 권리보전의 성격의 '보전처분'이다.

2) 임차권

부동산 등에 대한 임대차계약에 의하여 임차인이 임차물을 사용 · 수익하는 권리이다. 임차인은 대상 목적물의 성질에 의하여 정해진 용법으로 사용 · 수익하여야 하며, 이를 위반할 때에는 임차인의 채무불이행이 되어 임대인은 이를 중단요구하고 계약을 해지 및 손해배상을 청구할 수 있다(민법 551). 임차권의 양도나 전대에는 임대인의 동의가 필요하며, 위반할 경우 임대인은 임대차를 해지할 수 있다. "이와 같이 임차권은 타인의 물건을 사용 · 수익하는 권리로서 실질적으로는 목적물을 직접 지배하는 물권적 성격이 있으나, 민법은 임차권을 임대인에 대한 사용 · 수익의 청구권으로서 채권으로 법률구성을 하고 있으므로 지상권 · 전세권 등과 같은 물권과는 구별된다. 임차권은 그 본질이 채권이므로 대항력이 없어서 임대차 도중에 임대인이 목적물을 제3자에게 양도하면 임차인은 양수인에 대하여 그의 임차권을 주장할 수 없음이 원칙이다. 그러나 민법은 임차인을 보호하기 위해 제621조에서 대항력을 취득하는 길을 열어주고 있으며, 이에 따라 주거용 건물의 임차인도 임차권을 등기함으로써 대항력을 갖게 된다. 특히 무주택서민의 주거생활의 안정을 위하여 제정된 「주택임대차보호법」과 「상가건물임대차보호법」은 민법의 부동산임대차에 대한 특례를 널리 인정하고 이를 강행법규화하여 임차인의 지위를 보다 더 강화하기에 이르렀다.

3) 가압류

▼ 가압류의 개념

가압류란 금전채권이나 금전으로 환산할 수 있는 채권(예컨대 매매대금, 대여금, 어음금, 수표금, 양수금, 공사대금, 임료, 손해배상청구권 등)의 집행을 보전(保全)할 목적으로 미리 채무자의 재산을 동결(凍結)시켜 채무자로부터 그 재산에 대한 처분권을 잠정적으로 빼앗는 집행보전제도(執行保全制度)를 말한다(「민사집행법」 제276조제1항).

※ 부동산소유권이전 또는 말소등기청구권, 소유물반환청구권, 매매목적물인도청구권, 임차물인도청구권 등과 같이 금전채권 이외의 물건이나 권리를 대상으로 하는 청구권 등에 대한 장래의 집행을 보전하기 위해서는 가압류가 아닌 가처분(假處分)을 신청해야 한다.[4]

▼ 가압류 신청

가압류를 신청하려는 자는 가압류신청서를 비롯한 관련 서류를 관할법원 민사신청 담당부서(종합민원실)에 제출해야 한다.

가압류 신청서에는 소장에 관한 규정이 준용되므로 심리에 앞서 재판장이 신청서의 형식적 적법 여부가 심사된다(「민사집행법」 제23조제1항 및 「민사소송법」 제254조).

▼ 가압류 재판

법원은 가압류로 생길 수 있는 채무자의 손해에 대하여 담보제공을 명령할 수 있으며, 법원의 담보제공명령을 발한 후 담보제공명령을 받은 채권자가 그 결정에 정하여진 기일(보통 7일) 내에 담보를 제공하지 않으면 법원은 신청을 각하하게 되며 담보제공이 되면 가압류 명령을 발하게 된다(「민사집행법」 제280조 및 「민사소송법」 제219조).

소송요건에 흠이 있어 부적법하거나 법원이 명한 담보를 제공하지 아니한 때에는 가압류 신청이 각하된다(「민사집행법」 제23조제1항 및 「민사소송법」 제219조).

채권자는 신청을 기각하거나 각하하는 결정에 대하여 결정 고지된 날부터 1주 이내에 즉시항고장을 제출함으로써 즉시항고할 수 있다(「민사집행법」 제281조제2항 및 제15조제2항).

▣ 가압류 신청 절차 개요

---

4) http://easylaw.go.kr/CSP/CnpClsMain.laf?popMenu=ov&csmSeq=294&ccfNo=1&cciNo=1&cnpClsNo=2 찾기쉬운 생활법령정보 참조.

4) 압류

압류(押留, seizure)는 민사소송법상 집행기관에 의해 채무자의 특정재산에 대해 사실상 또는 법률상의 처분이 엄금되는 강제집행으로 유체동산은 점유나 봉인, 채권과 그 밖의 재산권은 압류명령, 선박 또는 부동산은 강제경매 개시결정이나 강제관리 개시결정에 의해 실행된다(민사집행법 제189조, 제223조, 제251조). 형사소송법상 점유취득과정 자체에 강제력이 가해지는 경우로 물건의 점유를 취득하는 강제처분인수의 일종이다. 행정법상으로는 국세징수법상 국세체납처분의 1단계로서의 체납자의 재산압류를 가리킨다(조세범 처벌절차법 제3조제1항 본문).

5) 채권의 물권화

① 부동산 임차권 등기

부동산 임차권은 임대차계약에 기하여 임차인이 부동산을 사용·수익할 권리를 말한다. 민법상 채권으로 되어 있으며, 임대인에 대하여 부동산을 인도할 것과 필요한 수선을 하여, 사용·수익에 적합한 상태에 둘 것을 청구할 수 있다. 부동산의 임차권은 등기하면 물권화하여 그 후에 성립한 물권보다 우선(대항력)한다. 즉, 제3자(매수인·저당권자 등 그 부동산에 관하여 물권을 취득한 자)에 대해서도 효력이 생긴다. 그리고 당사자 간에 반대의 약정이 없으면 부동산임차인은 임대인에 대하여 그 임대차등기의 절차에 협력할 것을 청구할 수 있다.

② 소유권이전 가등기

가등기는 본등기를 하는 데 필요한 형식적 요인이나 실질적 요건이 구비되지 않았을 때, 장차 본등기의 순위보전을 위하여 미리 해두는 등기를 지칭한다. 가등기에는 후일에 할 본등기의 순위보전에 그 목적이 있으므로 가등기를 본등기로 이전하게 되면 가등기에서부터 본등기를 할 때까지의 사이에 성립한 물권은 자동으로 소멸된다.

③ 환매권 등기

환매권(還買權)이란 원소유자가 매도하였거나 수용당한 재물을 다시 매수할 수 있는 권리를 말한다. '형성권'이므로 환매의 의사표시를 함으로써 매매계약이 성립하게 된다. 그리고 매매계약의 법률효과로서 환매권자는 사업시행자에 대하여 소유권 이전등기청구권을 갖게 된다(민법 제590조 내지 제594조).

토지의 협의취득일 또는 수용의 개시일(이하 이 조에서 "취득일"이라 한다)부터 10
년 이내에 해당 사업의 폐지·변경 또는 그 밖의 사유로 취득한 토지의 전부 또는 일
부가 필요 없게 된 경우 취득일 당시의 토지소유자 또는 그 포괄승계인(이하 "환매권
자"라 한다)은 그 토지의 전부 또는 일부가 필요 없게 된 때부터 1년 또는 그 취득일부
터 10년 이내에 그 토지에 대하여 받은 보상금에 상당하는 금액을 사업시행자에게 지
급하고 그 토지를 환매할 수 있다. 그리고 취득일부터 5년 이내에 취득한 토지의 전부
를 해당 사업에 이용하지 아니하였을 때에는 제1항을 준용한다. 이 경우 환매권은 취
득일부터 6년 이내에 행사하여야 한다(공익사업을 위한 토지 등의 취득 및 보상에 관
한 법률 제91조).

위의 경우, 환매권은 국가 등이 공익을 위해 토지를 강제수용한 뒤 아무 조치 없이
일정기간 방치했을 경우 원래의 토지소유자가 수용당했던 토지의 소유권을 회복하면
물권으로 변동된다.

☑ [환매특약부 매매 등기설정의 예][5]

[갑구] (소유권에 관한 사항)				
순위번호	등기목적	접수	등기원인	권리자 및 기타사항
1	소유권이전	1997년 4월 3일 제132호	1997년 3월 10일 매매	소유자 홍길동 경기 고양시 ○○○ ○○번지
2	소유권이전	2005년 2월 2일 제6503호	2005년 2월 2일 환매특약부 매매	소유자 임꺽정 서울 서대문구 ○○동 145-1
2-1	환매특약	2005년 2월 2일 제6503호	2005년 2월 2일 특약	환매대금 금 430,000,000원 환매기간 2005년 2월 2일~2009년 2월 1일 환매권자 홍길동

㉠ 환매권부매매에 의한 환매특약의 등기가 있는 경우 그 환매권의 행사로 인한 소
유권이전등기 : 환매권부매매의 매도인이 등기권리자, 환매권부매매의 매수인이
등기의무자가 되어 환매권 행사로 인한 소유권이전등기를 공동으로 신청한다.
다만 환매권부매매의 매도인으로부터 환매권을 양수받은 자가 있는 경우에는
그 양수인이 등기권리자가 되고, 환매권부매매의 목적 부동산이 환매특약의 등
기 후 양도된 경우에는 그 전득자(현재 등기부상 소유명의인)가 등기의무자가

5) https://m.blog.naver.com/mujingihang/221396615335

된다.

위 소유권이전등기신청서에는 등기필증 작성을 위한 신청서 부본을 첨부하여야 한다.

위 소유권이전등기의 등기원인은 "환매"로 하고 환매의 의사표시가 상대방에게 도달한 날을 등기원인 일자로 한다. 다만 아래 2항 단서의 규정에 의하여 환매특약의 등기를 말소할 수 없는 경우에는 환매권 행사로 인한 소유권이전등기를 할 수 없다.

ⓒ 환매특약의 등기의 말소 : 등기공무원은 위 1항의 규정에 의하여 환매권의 행사로 인한 소유권이전등기를 할 때에는 직권으로 환매특약의 등기를 말소하여야 한다. 다만 환매권에 가압류, 가처분, 가등기 등의 부기등기가 경료되어 있는 경우에는 그 등기명의인의 승락서 또는 이에 대항할 수 있는 재판서의 등본이 첨부되어 있지 아니하면 환매특약의 등기를 말소할 수 없다.

ⓒ 환매특약의 등기 이후에 경료된 소유권 이외의 권리에 관한 등기의 말소 : 환매특약의 등기 이후 환매권 행사 전에 경료된 제3자 명의의 소유권 이외의 권리에 관한 등기의 말소등기는 일반원칙에 따라 공동신청에 의하고, 그 말소등기의 원인은 "환매권행사로 인한 실효"로 기재한다.[6]

6) 채권 환가를 위한 강제집행절차

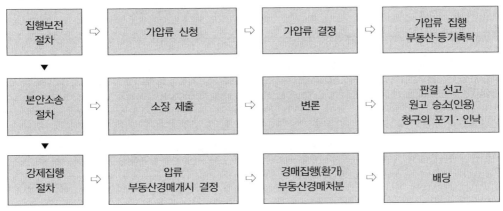

---

6) 환매권행사에 따른 등기사무처리지침 제정 1996.11.18. [등기예규 제845호, 시행]

① 채권의 강제집행

채권에 대한 강제집행은 채무자가 제3자(제3채무자라고 함)에 대해 갖고 있는 채권을 압류하고 환가하여 채권자의 채권에 충당하는 것을 말한다. 이러한 강제집행은 다른 목적물에 대한 강제집행과는 뚜렷한 차이가 있는데 그것은 바로 경매절차가 없다는 것이다. 즉, 채권을 매각하여 환가하지 않고 제3채무자가 채권자에게 직접 지급케 함으로써 집행을 종결시키는 점에서 큰 차이가 있다. 다만, 압류한 채권에 여하한 사유가 있어 즉시 추심하기 곤란한 경우에는 채권 자체를 매각하는 방법으로 강제집행할 수 있는 길이 열려 있다.

채권에 대한 강제집행절차는 압류절차와 환가절차가 분리되어 있으나, 채권자는 이를 하나의 신청으로 병합하여 할 수 있음에 주의하여야 한다.

② 추심명령과 전부명령

일반적으로 채권에 대한 강제집행을 신청하는 때에는 압류명령과 함께 환가명령으로서 추심명령 또는 전부명령을 함께 신청한다. 특별환가명령에 의해 환가할 경우에는 압류명령과 함께 특별환가명령을 신청한다. 압류명령의 신청만으로는 제3채무자의 채무자에 대한 지급만을 금지하는 것이어서 채권자가 직접적으로 제3채무자로부터 지급받을 수 없고, 압류명령 자체는 이미 가압류를 한 경우에는 그 효력에 있어 큰 차이가 없기 때문이다.

따라서 압류명령과 환가명령은 동시에 신청하는 것이 실무의 관행이다. 그런데 압류명령과 함께 신청하는 환가명령을 추심명령으로 할 것인가 전부명령으로 할 것인가는 전적으로 채권자의 선택에 달려 있다. 이 두 가지의 환가방법은 제3채무자에게 채무자에 대한 채무액을 채권자에 지급할 것을 명하는 것이지만, 서로 다른 차이점을 많이 가지고 있는 제도이며, 그 효과에 있어서도 차이가 있으므로 채권자로서는 그 요건 및 효과 등을 참작하여 최대한 유리한 방식을 선택하여야 할 것이다. 이 두 가지 환가방법의 요건 및 효과는 다음과 같다.[7]

---

7) http://corp.bizforms.co.kr/lawform/lawform_04_05_6.asp

▶ 추심명령과 전부명령

구분	전부명령	추심명령
효력	압류된 채권이 지급에 갈음하여 압류채권자에게 이전됨. 즉, 압류채권자가 채무자로부터 제3채무자에 대한 채권을 양수한 것과 동일하다.	압류채권자가 대위절차 없이 제3채무자로부터 압류채권의 지급을 받을 수 있다.
효력발생 제한	전부명령이 제3채무자에게 송달될 때까지 압류채권에 대하여 다른 채권자가 압류, 가압류, 배당요구를 한 때에는 전부명령은 효력이 없고, 다만 압류의 효력만 있다.	제3채무자에게 송달되기만 하면 효력이 발생. 다른 제한이 없다.
명령에 대한 불복	제3채무자는 즉시항고할 수 있다. 따라서 제3채무자에게 송달되었어도 확정되지 않으면 효력이 없다.	불복할 수 없다.
제3자의 배당요구	배당요구할 수 없다.	압류채권자의 추심신고 전까지는 배당요구 가능하다.
채권의 전액을 변제받지 못하는 경우	전부명령 신청 시 제출한 채무명의로는 다른 재산에 대한 강제집행을 할 수 없다.	법원으로부터 신청 시 제출한 채무명의를 환부받아 그 잔액에 대해서 다른 재산에 대해 강제집행할 수 있다.
제3채무자가 불이행하는 경우	제3채무자를 피고로 하여 전부금 청구소송을 제기한다. 일반 금전채권의 지급을 청구하는 소송과 동일하다.	제3채무자를 피고로 하여 추심의 소를 제기한다. 특별한 절차규정이 있다.

3. 물권과 채권의 차이점

물권과 채권은 근본적인 차이가 있다. 그러나 채권이 상황적 조건에 따라 물권화되기도 한다. 따라서 물권과 채권의 근본적 차이의 이해가 우선일 것이다. 그리고 난후에 상황적 조건을 고려해 조치를 취해야 할 것이다. 물권과 채권 차이점에 대해 표로 설명한다.

▶ 물권과 채권의 차이점

물권	채권
① 물권법정주의가 적용 : 법률, 관습법에 의하지 않고 임의로 창설하지 못한다.(민법 제185조) ② 물권법 : 강행 법규성 ③ 대물권 : 물건을 객체로 하는 재산권 ④ 배타적(동일 물건 위에 양립할 수 없는 2개 이상의 권리는 동시에 병존불가) 권리이다. ⑤ 절대적 지배권(절대권) ⑥ 물권 상호 간에 성립시기에 따라 순위 결정 ⑦ 물권의 우선 : 물권과 채권이 충돌할 경우 물권이 채권보다 우선하여 순위를 적용한다.	① 계약 자유의 원칙이 적용 : 당사자의 자유로운 의사에 의해 창설이 가능하다. ② 채권법 : 임의 법규성 ③ 대인권 : 특정인의 행위를 객체로 하는 재산권 ④ 배타성이 없다. ⑤ 상대적 청구권(상대권) ⑥ 채권자 평등의 원칙 : 채권 상호 간에 성립 선·후를 불문하고 평등하다. ⑦ 채권의 열등 : 물권보다 후순위로 적용
물권은 성립일자가 앞서면 후권리에 우선한다.	채권은 일자에 관계없이 안분배당한다.

권리분석(權利分析)

05 권리분석

I 부동산 권리분석의 정의

경매 물건을 매수할 때 소멸되지 않고 매수인에게 인수되는 권리가 있는지를 분석하기 위해서는 해당 물건의 부동산등기기록, 토지대장, 임야대장, 건축물대장 등을 열람하거나 그 등·초본(부동산등기기록의 경우 부동산등기사항증명서)을 발급받아 다음의 사항을 먼저 확인한다. 이와 같이 '부동산 권리분석'이란 "경매 물건을 매수할 때 소멸되지 않고 매수인에게 인수되는 권리가 있는지를 분석하는 것"을 법적으로 이르는 말이다. '말소주의'(소멸주의)하에서 매각에 의하여 부동산의 모든 부담에서 벗어나는가에 대한 판단이다. 즉, 전 소유자의 제한물권과 부채 및 부담을 안고 있는 각종 임시처분을 찾아내고 등기부 등 공부에 나타나지 않는 유치권, 법정지상권, 분묘기지권 등을 찾아내어 함정에 빠지지 않도록 하여, 매수여부와 그 입찰금액을 판단하므로 의사결정에 도움이 되는 판단이다. 권리분석을 얼마나 잘하느냐에 따라 경매의 성공여부가 갈라진다. 권리분석의 핵심은 입찰자가 해당 부동산을 최고가로 매수한 후에도 여전히 인수해야 하는 권리가 있는지, 인수되는 권리에 수반하여 매수자가 부담해야 하는 추가적 금액은 얼마인지를 파악하는 것이다.[1][2]

---

1) 구글검색 : 권리분석 방법 참조.
2) 부동산경매 초보를 위한 10분 만에 끝내는 권리분석 방법, 무작정 따라하기, 2018.6.6.

> **[일반매매]**
>
> 물건선정 → 권리분석 → 물건조사 → 매입 → 임차인 혹은 매도인과 이사협의 → 입주 혹은 임대
>
> **[경매]**
>
> 물건검색 → 권리분석 → 임장 → 낙찰 → 임차인 혹은 전 소유자 명도 → 입주 혹은 임대

경매 매수자는 먼저 해당 아파트의 등기부등본을 열람하고 혹시라도 가압류나 근저당권 등의 제한권리가 설정되어 있는지 확인한다. 그리고 해당 아파트에 거주하는 사람이 매도인인지 임차인인지, 점유자는 어떻게 처리할 것인지 등을 필수적으로 점검하는데 이 절차가 바로 권리분석이다.[3]

위 도표에서 볼 수 있듯 일반매매 시에도 권리분석이 필요하다. 단지 일반매매 시에는 공인중개사가 법적으로 문제없도록 알아서 해줄 거라고 믿을 뿐이다. 그러나 만에 하나라도 공인중개사가 권리분석을 잘못해서 손해가 발생할 경우 이는 고스란히 매수인 몫이 된다. 물론 공인중개사를 상대로 손해배상을 청구할 수도 있겠지만 현실적으로 그게 어디 쉬운가. 비용 들고 시간 들고 정신적으로도 힘들다.

합리적인 투자자라면 일반매매를 할 때도 등기부상 문제는 없는지, 임차인과 관련된 문제는 없는지 정도는 반드시 점검하는 게 옳다. 결국 이런 관점에서 본다면 경매나 일반매매나 차이가 없다.

사실 권리분석만 보면 일반매매보다 경매가 훨씬 더 안전하다. 정해진 법령과 절차에 따라 기존 권리들을 모두 말소하여 안전한 상태로 낙찰자에게 넘겨주는 것이 경매절차의 기본구조이다.

경매를 진행할 때 법원에서는 안전성을 담보하기 위해 입찰 참여자들에게 '매각물건명세서'라는 것을 공지한다. 이것은 경매대상 물건에 위험요소가 있으면 알려주고 그 위험의 명세를 상세히 안내해 주는 법원의 공식적인 서류다. 이 매각물건명세서 분석으로부터 경매가 시작된다.

---

3) https://1boon.kakao.com/gilbut/5b15ed9b709b530001d29217

▶ 매각물건명세서

사건	2017타경**** 부동산강제경매	매각물건번호	1	담임법관 (사법보좌관)	이○○
작성일자	2017.12.18.	최선순위 설정일자	2013.10.1. 근저당권		
부동산 및 감정평가액 최저매각가격의 표시	별지기재와 같음	배당요구종기	2017.05.31.		

부동산의 점유자와 점유의 권원, 점유할 수 있는 기간, 차임 또는 보증금에 관한 관계인의 진술 및 임차인이 있는 경우 배당요구 여부와 그 일자, 전입신고일자 또는 사업자등록신청일자와 확정일자의 유무와 그 일자

점유자의 성명	점유부분	정보출처 구분	점유의 권한	임대차 기간(점유기간)
김○○	전부	현황조사	주거 점유자	미상

보증금	차임	전입신고일자, 사업자등록신청일자	확정일자	배당요구여부 (배당요구일자)
0	0	2011.07.20.	미상	

〈비고〉
김○○ : 현황조사보고서에서 조사된 김○○은 소유자의 모친이고 임대차관계가 아니라고 진술함

※ 최선순위 설정일자보다 대항요건을 먼저 갖춘 주택, 상가건물 임차인의 임차보증금은 매수인에게 인수되는 경우가 발생할 수 있고, 대항력과 우선변제권이 있는 주택, 상가건물 임차인이 배당요구를 하였으나 보증금 전액에 관하여 배당을 받지 아니한 경우에는 배당받지 못한 잔액이 매수인에게 인수되게 됨을 주의하시기 바랍니다.

※ 등기된 부동산에 관한 권리 또는 가처분으로서 매각으로 그 효력이 소멸되지 아니하는 것

해당사항없음

※ 매각에 따라 설정된 것으로 보는 지상권의 개요

해당사항없음

※ 비고란

입찰자가 인수해야 할 권리의 종류는 크게 등기부상 권리와 등기부 외의 권리이다. 먼저 등기부상 권리분석은 등기부상 권리들을 시간순으로 나열한다. 그중에서 말소기준권리를 찾아내고, 말소기준권리보다 선순위로 설정된 권리가 있는지 확인하여 인수 여부를 판단한다. 등기부상 권리분석에서 해야 할 유일한 작업은 매각물건명세서 중간쯤에 기재된 '등기된 부동산에 관한 권리 또는 가처분으로서 매각으로 그 효력이 소멸되지 아니하는 것'이라고 쓰인 난이 비어 있는지, 채워져 있는지 확인하는 것뿐이다. 비어 있으면 등기부상 권리들은 낙찰과 동시에 전부 말소되어 낙찰자에게 깔끔하게 이전된다. 혹시라도 그 난에 선순위 가등기든 가처분이든 기재되어 있으면 그 권리는 말소가 안 되므로 조심해야 한다.

이 물건은 해당란이 비어 있으니 등기부상 권리에는 아무런 문제가 없다. 만약 당신이 이 매각물건명세서를 믿고 입찰했는데 돌연 생각지도 못한 인수권리가 등장한다면, 겁먹지 말고 '매각물건명세서 기재의 흠'을 들어 매각불허가신청을 하면 된다. 반대로 매각물건명세서에 인수해야 할 권리가 기재되어 있었는데, 입찰자 본인이 말소될 권리라고 판단하여 입찰했다면 매각불허가신청조차 할 수 없다. 법원은 모든 것을 매각물건명세서를 기준으로 판단하기 때문이다.

그러니 아무 실익도 없고 위험하기만 한 '말소기준권리'나 기타 '권리분석 이론'에 너무 많은 시간을 보내는 것보다는 경매대상물이 가치가 있는지, 수익성이 있는지 등 실제 수익에 도움이 되는지를 판단하는 것이 중요하다. 결국 수익은 권리분석이 아니라 '부동산의 가치'에 따른 것이기 때문이다.

1. 소멸기준권리(消滅基準權利)

경매에 의해 소멸되는 권리가 있는가 하면 소멸되지 않고 인수되는 권리가 있다. 이것을 구분하는 기준이 되는 권리가 '소멸기준권리'이며 '소멸기준등기'이다.

경매에서 소멸기준권리는 모두 6가지로서, ① (근)저당권, ② 담보가등기, ③ 압류, ④ 가압류, ⑤ 전세권, 위의 권리가 없을 때에는 ⑥ 경매개시결정등기가 있다. 등기부등본에서 접수된 순서대로 나열해 이 6가지 중에서 제일 먼저 등장하는 권리를 소멸기준권리로 정한다. 위 6가지 중에 전세권은 경매신청을 하였거나 배당신청을 하였을 경우에 소멸기준권리가 될 수 있다.

이 소멸기준권리를 포함해 그 후에 등재된 것은 전부 말소되고, 그 이전에 등재된 것은 매수자가 인수해야 하는 것이다. 그런데 전세권, 지상권, 지역권, 가등기, 가처분, 환매등기와 같은 권리 즉, 선순위 용익물권. 대항력 있는 임차권(용익채권)들은 소멸기준권리보다 설정일자가 먼저이므로 매각에 의해 소멸되지 않고 매수인이 인수해야 하는 권리가 된다.

2. 소멸기준권리와 인수 소멸 대상

소멸기준권리보다 빠를 경우 인수대상	등기부상의 권리	① 소유권가등기 ② 가처분 ③ 지상권 ④ 지역권 ⑤ 전세권 ⑥ 5년 미만의 환매등기
	부동산상의 권리	① 임차인
순위에 관계없이 인수대상	등기부상의 권리	① 예고등기 ② 건물철거가처분
	부동산상의 권리	① 유치권 ② 법정지상권 ③ 분묘기지권
소멸기준권리	① 저당 ② 근저당 ③ 담보가등기 ④ 가압류 ⑤ 압류 ⑥ 경매기입등기 ⑦ 전세권 : 집합건물 전체의 전세, 선순위로 계약기간종료, 경매신청의 조건을 모두 구비한 경우	
소멸기준권리보다 늦을 경우 소멸대상	등기부상의 권리	① 소유권가등기 ② 가처분 ③ 지상권 ④ 지역권 ⑤ 전세권 ⑥ 환매등기
	부동산상의 권리	① 임차인

3. 각종 권리의 등기부 표시 여부

각종 물권과 채권은 등기상 표시가 되는 경우도 있고 그렇지 않은 경우도 있다. 등기상 표시가 되어 있다면 쉽게 알 수 있지만 표시되지 않은 경우에는 성립요건을 따져야 한다. 예를 들어 저당권은 부동산에 대해서만 설정이 가능하며, 민법 제186조의 적용상 등기를 하여야 한다. 지상권은 등기상 표시가 되어 있어 효력을 알 수 있지만 법정지상권은 등기상 표시가 되어 있지 않고 요건을 따져야 하는 권리이다. 권리의 등기상 표시 여부에 대해 표로 작성해 보았다.

법률			권리 종류	등기부 표시 여부	분석방법
민법상의 권리	물권	용익물권	지상권	표시	등기사항전부증명서가 분석자료
			법정지상권	미표시	
			지역권	표시	
			전세권	표시	
			분묘기지권	미표시	
		담보물권	유치권	미표시	현장조사자료가 중요
			저당, 근저당권	표시	등기사항전부증명서가 분석자료
	채권		환매권	표시	등기사항전부증명서가 분석자료
			임차권	표시(미표시 존재)	등기부와 현장, 동사무소 세대열람조사가 중요
주택(상가)임대차 보호법상의 권리			선순위 임차권	미표시	현장조사, 주민센터 조사가 중요
			임차권등기명령이 된 임차권	표시	등기사항전부증명서가 분석자료
절차법상의 권리			가압류등기	표시	등기사항전부증명서가 분석자료
			가처분등기		
			가등기		
			예고등기		
공법상의 권리			압류등기		
			환지등기		
			제한사항		토지이용계획서

4. 권리분석 요약

(1) 권리분석 방향

▼ 공적 기록 확인

1) 부동산등기기록

부동산의 표시와 그 변경에 관한 사항, 소유권, 지상권, 지역권, 전세권, 저당권, 권리질권, 채권담보권, 임차권 등의 설정과 그 변동가등기, 압류등기, 가압류등기, 가처분등기 등에 관한 사항

2) 토지대장

토지의 소재지, 지번, 지목, 면적, 소유자, 공유 여부, 공유 지분, 공유자, 대지권 등

기 여부, 대지권 비율, 소유자 등에 관한 사항

3) 건축물대장

건축물의 면적, 구조, 용도, 층수, 부속건축물의 현황 등에 관한 사항

4) 토지이용계획 확인서

해당 지역의 토지 이용, 도시계획 시설 결정 여부 및 규제 등에 관한 사항

▼ 경매 후 인수되는 권리 확인

경매 물건에 설정된 권리를 파악했다면 그 권리가 등기된 순서대로 배열해서 말소의 기준이 되는 말소기준권리를 찾은 후 인수되는 권리가 있는지 살펴본다.

말소의 기준이 되는 말소기준권리는 (근)저당권, (가)압류, 담보가등기, 경매개시결정등기 중 가장 먼저 등기된 권리가 된다.

이 말소기준권리보다 먼저 등기된 권리는 매수인에게 인수되며, 말소기준권리보다 후에 등기된 권리는 대부분 말소된다.

이상과 같은 확인을 중심으로 등기부등본상의 갑구, 을구의 순위를 정하고 다음과 같은 순서로 권리분석을 행한다.

① 먼저, 말소기준권리(등기)를 찾은 후, ② 최초 담보물권을 기준으로 0순위인 주택/상가건물 임대차보호법 시행령과 임차인 소액보증금 대상자를 찾는다. ③ 압류권리 중 1순위인 당해세를 찾는다. ④ 매각금액을 순서대로 배당한다(최우선, 우선, 평등). ⑤ 말소기준권리보다 우선 설정된 대항력을 갖춘 임차인을 찾는다. ⑥ 말소기준권리보다 선순위 대항력자인 임차인이 있을 경우 배당받지 못한 임대보증금을 매수자가 인수한다. ⑦ 경매신청자가 받을 잉여가 있는지 살펴본다. ⑧ 0순위부터 4순위까지의 배당순위별로 배당연습을 하여 인수와 소멸을 구분하면 된다.

(2) 건축물의 하자 등에 의한 함정 문제

경공매의 특성상 입찰 전 현황조사 시 건축물의 상태나 시설에 대해 상세하게 조사하기가 힘든 것은 사실이다. 무릇 경매함정에 빠졌다라고 함은 경매물건을 분석하는 과정에서 경매물건에 숨어 있는 권리 및 임대차 또는 물건 자체에 숨어 있는 하자를 발견하지 못하였거나 하자를 알고도 대수롭지 않게 여기고 입찰했다가 낭패를 당하는

경우를 말한다.

권리상의 하자는 낙찰 후에도 말소되지 않는 권리, 예컨대 예고등기나 유치권, 법정지상권을 비롯해 말소기준권리(근저당, 가압류 등)보다 앞선 가처분, 소유권가등기, 지상권 등의 권리를 말하고 임대차상의 하자는 임대차신고 내역이 없는 대항력 있는 임차인, 임대차 내역 신고는 있으나 이런저런 이유로 보증금을 배당받지 못하는 대항력 있는 임차인이 있는 물건에 입찰한 경우를 말한다.

또한 물건 자체에 숨어 있는 하자는 물건의 수량(면적, 경계 등)이 사실과 다른 경우, 건물 누수나 균열이 있어 대대적인 보수를 필요로 하는 경우, 허가받지 않은 증·개축, 용도변경 등 불법적인 요인이 있는 경우를 말한다.[4]

그래서 낙찰받은 후에야 구조적인 결함 등이 발견되어 결과적으로 손해를 입는 경우가 허다한바, 방수 시스템이나 기계실 등이 제대로 작동하는지가 건물 전체의 수익에 커다란 영향을 미치기 때문에 현황조사 단계에서는 실제 건물을 사용하고 있는 사람들과 점유자를 만나 이야기하게 되면 건물의 현재 상태뿐만 아니라 명도 및 인도방안 역시 다양하게 검토 가능하므로 도움이 된다. 만일 현재 건물을 점유하는 사람이 없다면 인근 거주자들에게 탐문조사를 해야 한다.

II 권리분석의 적용 법리

권리분석을 하는 데는 능률성, 안전성, 증거주의, 탐문주의 원칙이 있다.

그리고 권리분석에 필요한 자료는 다음과 같으며, 수집방법은 징구법, 실사법, 탐문법, 열람법 등이 있다.[5]

① 토지대장등본, 건축물대장등본

② 토지이용계획확인원

---

4) 하자 있는 물건에 대한 실제 경매물건 사례에 대해서는 "이것이 경매함정이다 _ 건물의 위법성을 확인하라" 참조(http://land.hankyung.com/board/view.php?id=_column_116_1&no=293&ca tegory=0&ch=land).
5) 보다 자세한 내용은 https://brunch.co.kr/@fullssamh7ty/824 참조.

③ 지적도, 현장사진

④ 등기사항전부증명서

⑤ 임차인 점유관계조사서

⑥ 감정평가서, 현재시세조사서, 공시지가확인원

⑦ 경매정보지

⑧ 불법건물에 대한 조사서, 유치권현황조사서

⑨ 최근 6개월간의 주변유사부동산의 낙찰가율 조사서

제1절 권리의 우선순위

경공매와 관련된 유용한 법언은 다음과 같다.

"매매는 임대차를 깨뜨린다."

"채권자 평등의 원칙"

"임차권은 배당신청하지 않으면 배당받지 못한다."

"가압류는 후순위 담보권과 동순위로 배당받는다."

1. 권리분석의 기본

① 먼저 '매각물건 명세서'를 보고 소멸기준권리를 찾는다.

② 위 기준권리보다 먼저 등재되어 있는 가등기, 가처분, 용익물권, 대항력 있는 임
차인 유무를 알아본다.

③ 대항력 있는 임차인들의 유무와 숫자, 보증금액을 확인한 후 확정일자를 받았고
배당종기일 이전에 배당청구를 하여 배당을 받아 가는지 여부를 확인하고 배당
받지 못하는 인수금액을 따져 입찰 여부를 결정한다.

④ 선순위 채권액수가 적어 대위변제 가능성 여부를 낙찰대금 완납 전까지 확인
한다.

⑤ 농지의 경우 농지취득자격증명 발급가능성 여부를 사전에 시간적 여유를 두고 확인한다.

⑥ 대지, 임야, 농지 등을 입찰할 때에는 분묘유무와 진입로 문제와 건축허가 가능성 여부를 확인한다.

⑦ 대지권 여부를 확인한다. 건물만 경매대상일 경우 구분건물인 경우 "토지별도등기 있음"이라고 되어 있다면 지분 확인과 별도등기 내용을 파악한다.

⑧ 토지와 건물이 각각 별도로 매각될 경우 법정지상권 여부를 확인한다.

2. 등기한 권리의 순위

① 동일 부동산 : 갑구 을구 막론하고 등기의 설정일자를 따져서 순위를 정한다.
② 동구(같은 갑구끼리와 을구끼리)의 순위는 순위번호 순위다.
③ 부기등기 : 주등기의 순위, 부기등기 상호 간은 그 전후
④ 가등기 : 가등기에 기한 본등기는 가등기의 순위

▶ **등기에 나타나지 않는 권리**

보이지 않는 권리	매수인에게 인수되는 권리	해결방안
전세권을 설정하지 않은 임차인	선순위 임차인은 보증금을 인수	주민센터에 가서 전입일자 확인 (전입세대 열람 신청)
유치권	순위에 관계없이 인수	법원에 신고사항 확인 현장에 점유사실 확인
법정지상권 발생요인	최장 30년간 돌려받을 수 없음	건물상태 확인. 저당권설정일과 비교하여 법정지상권 성립 여부 판단

3. 물권 상호 간의 순위

물권은 배타적 지배력이 있다. 같은 부동산상에 같은 순위의 물권이 존재할 수 없다는 말이다. 둘 이상의 물권이 있는 경우에는 순위를 정해서 우열을 가린다.

<사례> 순위배당할 액수 2,500만 원

순위	권리내용	권리자	일자	배당
1	저당권 2,000만 원	A	2017.1.2.	2,000만 원
2	근저당권 1,500만 원	B	2017.2.7.	500만 원
3	전세권 500만 원	C	2018.2.19.	0

① A의 저당권, B의 근저당권, C의 전세권이 전부 물권이다. 순서에 따라 배당된다.

② 경매가 진행되면 1순위 A는 2,000만 원, 2순위 B는 500만 원, 3순위 C는 배당금이 모자라 한푼도 받을 수 없다

물권 간의 순위는 등기접수일의 선후 기준으로 한다.

저당권 상호 간에는 먼저 등기된 저당권이 후순위의 저당권보다 순위나 효력에 있어서 항상 우선한다.

<사례> 순위배당할 매각대금 1억 원

순위	권리내용	권리자	일자	인수 및 말소	배당
1	근저당	S은행 5,000만 원	2017.4.5.	소멸기준권리	
2	근저당	W은행 5,000만 원	2018.7.22.	소멸	
3	담보가등기	박권리 5,000만 원	2018.11.21.	소멸	
4	전세권	이미정 5,000만 원	2019.4.20.	소멸	

4. 채권 상호 간의 순위

채권 상호 간에는 우열이 없어 평등하다는 것이 원칙이다. 채권 상호 간에는 '채권자 평등의 원칙'에 의하여 성립시기와 상관없이 항상 동등한 순위를 갖게 되며, 배당절차에서 각자의 채권액에 비례하여 안분배당을 받게 된다. 즉 채권은 그의 발생원인, 발생 시기의 선후에 관계없이 금액에 따라 비례하여 배당한다.

〈사례〉 채권 상호 간의 효력

순위	권리내용	권리자	일자	인수 및 말소	배당
1	가압류	박권리	2021.5.6.	소멸기준권리	
2	가압류	이미정	2022.7.22.	소멸	
3	가압류	나검토	2023.4.25.	소멸	

〈사례〉 안분배당할 액수 1억 원

순위	권리내용	권리자	일자	배당
1	가압류 1억 원	A	2017.1.2.	5,000만 원
2	가압류 4,000만 원	B	2017.2.7.	2,000만 원
3	가압류 6,000만 원	C	2018.2.19.	3,000만 원

① 가압류권자 A : 1억×1억÷(1억+4,000만+6,000만) = 5,000만 원

② 가압류권자 B : 1억×4,000만÷(1억+4,000만+6,000만) = 2,000만 원

③ 가압류권자 C : 1억×6,000만÷(1억+4,000만+6,000만) = 3,000만 원이 배당된다.

5. 물권과 채권의 순위

〈사례〉 권리의 순위

순위	권리내용	권리자	일자	인수 및 말소	배당
1	근저당	W은행	2016.5.4.	소멸기준권리	
2	임차인	박권리	2019.7.21.	소멸	
3	가압류	이미정	2019.12.21.	소멸	
4	2번 임차인 확정일자	박권리	2020.1.23.	소멸	
5	근저당	S은행	2020.4.28.	소멸	

① 동일한 부동산 위에 물권과 채권이 존재하는 경우, 권리의 성립시기에 관계없이 물권이 항상 채권에 우선하는 것이 원칙이며, 이를 '물권우선주의'라 한다.

② 물권보다 우선하여 주택임대차계약서상에 확정일자를 받으면 채권인 임차권은 물권인 저당권보다 우선하면 배당을 받게 된다.

<사례> 안분배당, 흡수배당할 액수 3,000만 원

순위	권리내용	권리자	일자	배당
1	가압류 5,000만 원	A	2016.5.8.	1,000만 원
2	저당권 5,000만 원	B	2017.2.17.	2,000만 원
3	근저당권 5,000만 원	C	2018.2.19.	무배당

① A가압류는 채권이므로 1차로 모두 안분배당한다. 배당금이 3,000만 원이고 모두 채권이 동일하게 5,000만 원이므로 나란히 1,000만 원씩 배당한다.

② B저당권은 물권이므로 C보다 앞서므로 C가 받은 1,000만 원을 흡수하여 B는 2,000만 원을 만족하고 C는 잉여금이 없어 한푼도 배당을 받지 못한다.

③ 배당은 가압류권자 A에게 1,000만 원, B에게 2,000만 원, C는 0원이다.

6. 가압류와 물권

(1) 가압류 뒤에 경료된 근저당권의 효력

등기부상에 가압류등기가 먼저 설정된 후 근저당권이 설정되었으면 가압류 금액과 근저당 금액을 비례하여 평등배당한 후에, 근저당과 기타물권 채권이 다시 순위에 따라 재배당한다.

(2) 배당 순위

먼저 가압류금액과 근저당권은 가압류채권액과 근저당금액을 비례하여 평등배당한 후에, 근저당권자는 후순위 압류채권자보다 우선변제권이 인정되기 때문에 압류권자의 배당액을 근저당권자의 채권이 만족할 때까지 흡수하는 배당을 한다.

<사례> 배당할 액수 6,000만 원

순위	권리내용	권리자	일자	배당
1	가압류 2,000만 원	A	2017.1.2.	1,000만 원
2	근저당 4,000만 원	B	2017.2.7.	4,000만 원
3	가압류 6,000만 원	C	2018.2.19.	1,000만 원

① 가압류권자 최선순위일 경우에는 후순위 근저당권은 가압류채권자에게 우선변 제권을 주장할 수 없고 가압류채권과 근저당권이 동순위로 취급되어 안분하여 배당한다.

② 근저당권은 C의 압류채권에 대하여 우선변제권이 있으므로 C의 안분비례액 중 에서 B의 근저당권을 만족할 때까지 흡수한다(이른바 '안분 후 흡수').

③ 먼저 안분하여,

가압류권자 A : 6,000 × 2,000/(2,000 + 4,000 + 6,000) = 1,000만 원

근저당권자 B : 6,000 × 4,000/(2,000 + 4,000 + 6,000) = 2,000만 원

가압류권자 C : 6,000 × 6,000/(2,000 + 4,000 + 6,000) = 3,000만 원을 배당

④ 흡수 : C의 안분액(C의 안분액 : 3,000만 원) 중에서 B의 근저당이 배당받지 못한 채권액 2,000만 원(청구액 4,000만 원 중 2,000만 원)을 흡수한다.

⑤ 따라서 최종적으로 A는 1,000만 원, B는 4,000만 원, C는 1,000만 원을 배당받는다.

7. '물권우선주의'의 예외

① 부동산물권변동을 청구하는 채권이라도 가등기를 하였으면 후일 물권행위를 한 때에 본등기를 함으로써 본등기의 순위는 가등기의 순위에 의하게 되므로 결국 채권이 물권에 우선한 셈이 된다(부동산등기법 제3조).

② 부동산임차인은 당사자 간에 반대약정이 없으면 임대인에 대하여 그 임대차등 기절차에 협력할 것을 청구할 수 있다. 부동산임대차를 등기한 때에는 그때부터 제3자에 대하여 효력이 생긴다.

③ 대항요건(주택의 인도, 주민등록 전입, 계약)과 임대차계약증서상의 확정일자를 갖춘 임차인은 민사집행법에 의한 경매 또는 국세징수법에 의한 공매 시 임차주 택(대지를 포함한다)의 환가대금(換價代金)에서 후순위 권리자, 기타 채권자보다 우선하여 보증금을 변제받을 권리가 있다(주택임대차보호법 제3조의2 제2항).

(1) 대항력 있는 임차권의 경우

<사례> 배당할 액수 3,000만 원

순위	권리내용	권리자	일자	배당
1	임차권 5,000만 원(확정일자 무)	A	2018.2.2. 전입	없음
2	저당권 1,000만 원	B	2018.2.17.	1,000만 원
3	근저당권 4,000만 원	C	2018.2.19.	2,000만 원

① 확정일자 없는 임차권자 A는 우선변제권이 없기 때문에 배당요구를 하면 한푼도 받을 수 없다.

② 그러나 주택의 인도와 전입신고를 하였기 때문에 대항력이 인정되므로, 낙찰자에게 임차권을 주장할 수 있다. 즉 A의 임차권은 매수자가 인수하여야 한다.

③ 1순위로 B에게 1,000만 원, 2순위인 C에게 2,000만 원을 배당한다.

(2) 확정일자 있는 임차권 유형

<사례> 배당할 액수 1억 2,000만 원

순위	권리내용	권리자	일자	배당	
				A가 배당요구 시	A가 배당요구 않을 시
1	임차권 1억 원 (확정일자, 대항력 있음)	A	2016.2.2.	1억 원 배당	인수
2	저당권 8,000만 원	B	2017.2.17.	2,000만 원 배당	8,000만 원 배당
3	근저당권 4,000만 원	C	2018.2.19.	없음	4,000만 원 배당
판례	1. 주택임대차보호법 제3조의2 제2항에 의하면 동법 제3조제1항에 규정된 대항요건과 임대차계약서상에 확정일자를 갖춘 경우에는 경매절차 등에서 보증금을 우선하여 변제받을 수 있고, 2. 여기서 확정일자의 요건을 규정한 것은 임대인과 임차인 사이의 담합으로 임차보증금의 액수를 사후에 변경하는 것을 방지하고자 하는 취지일 뿐, 3. 대항요건으로 규정된 주민등록과 같이 당해 임차인의 존재 사실을 제3자에게 공시하고자 하는 것은 아니므로, 4. 확정일자를 받은 임대차계약서가 당사자 사이에 체결된 당해 임대차계약에 관한 것으로서 진정하게 작성되었음				

① A의 임차인은 대항력을 갖추고 있기 때문에 누구에게나 보증금을 받을 수 있다.

② A의 확정일자 임차권은 물권화된 채권이다. 배당요구 시 저당권처럼 우선변제 받는다.

③ A의 배당요구 여부에 따라 지각변동이 예상된다. A가 배당요구를 하면 1순위로 A에게 1억 2,000만 원, 2순위로 B에게 2,000만 원, 3순위인 C는 배당을 전혀 받지 못한다. 그러나 A가 배당요구를 하지 않으면 A의 임차권은 매수자가 인수하여야 하며, B와 C가 배당의 표와 같이 배당을 받는다.

<사례> 배당할 액수 1억 3,000만 원

순위	권리내용	권리자	일자	배당
1	저당권 2,000만 원	A	2015.2.2.	2,000만 원
2	임차권 1억 원(확정일자)	B	2015.2.17.	1억 원
3	저당권 2,000만 원	C	2018.2.19.	1,000만 원
판례	후순위저당권의 실행으로 목적부동산이 경락되어 그 선순위저당권이 소멸기준권리가 되어 소멸한 경우 비록 후순위 C저당권자에게는 대항할 수 있는 임차권이더라도 소멸된 선순위저당권보다 뒤에 전입되었기 때문에 임차권은 함께 소멸하므로 이와 같은 경우의 경락인은 주택임대차보호법 제3조에서 말하는 임차주택의 양수인 중에 포함되지 않는다. 따라서 임차인은 경락인에 대하여 그 임차권의 효력을 주장할 수 없다.			

① 소멸기준권리는 A의 저당이다.

② B의 확정일자 임차권은 후순위 물권보다 우선변제를 받는 권리이므로 C보다 우선순위로 배당받는다.

③ 따라서 경매 시 A는 2,000만 원, B는 1억원, C는 1,000만 원을 배당받고 소멸된다.

제2절 소멸기준권리의 유형

소멸기준권리라 함은 경매가 진행된 후 낙찰자에게 권리가 인수 또는 소멸되는 기준이 되는 권리를 말한다. 소멸기준권리를 쉽게 말하면 전주인의 빚이 매수자에게 넘겨받게 되느냐 넘겨받지 않느냐 하는 분기점이 되는 권리를 말하는 것이다. 소멸기준권리보다 후순위인 권리는 그 존속기간이 남아 있다 하더라도 말소된다.

▶ 〈말소기준권리의 의미〉

말소기준권리	경매 부동산에 있는 권리들이 매각 후 소멸되는지 낙찰자에게 인수되는지 판단의 기준이 되는 권리
효과	말소기준권리보다 후순위 → 모두 말소 선순위 → 낙찰자에게 인수

▶ 〈소멸기준권리〉

1. 저당권/근저당권
2. 압류/가압류
3. 담보가등기
4. 경매개시결정 기입등기
5. 배당요구한 전세권

1. 저당권의 소멸기준권리

〈사례〉 저당권(근저당권 포함)과 소멸기준

순위	권리내용	권리자	일 자	인수 및 말소
1	저당권	A	2017.1.2.	소멸기준권리
2	가등기	B	2017.2.7.	말소
3	가압류	C	2018.2.19.	말소
4	임의경매신청	A	2018.3.20.	말소

① 소멸기준권리는 가장 먼저 등재된 선순위 A의 저당권이다.
② B의 가등기와 C의 가압류는 말소대상이다.

〈사례〉

순위	권리내용	권리자	일자	인수 및 말소
1	저당권	A	2017.1.2.	소멸기준권리
2	가처분	B	2017.2.7.	말소
3	가압류	C	2018.2.19.	말소
4	임의경매신청	A	2018.3.20.	

① A의 저당이 최선순위이므로 소멸기준권리가 된다.

② B의 가처분과 C의 가압류는 말소대상이다.

〈사례〉

소멸기준권리인 저당권보다 먼저 설정된 용익물권, 보전가등기, 가처분, 환매등기, 대항력을 갖춘 임차권은 낙찰로 인하여 소멸되지 않으므로 매수인이 인수하여야 한다.

순위	권리내용	권리자	일자	인수 및 말소
1	전세권 배당청구하지 않았음	A	2017.1.2.	인수
2	저당권	B	2017.2.7.	소멸기준권리
3	가압류	C	2018.2.19.	말소
4	임의경매신청	B	2018.3.20.	

① 소멸기준권리는 B의 저당권이다.

② B의 저당은 말소대상이다.

③ A의 전세권은 소멸기준권리인 B의 저당권보다 선순위이고, 배당청구를 하지 않았기 때문에 매수인이 인수하여야 하는 권리이다.

〈사례〉

순위	권리내용	권리자	일자	인수 및 말소
1	임차권	A	2017.1.2.	인수
2	저당권	B	2017.2.7.	소멸기준권리
3	가압류	C	2018.2.19.	말소
4	임의경매신청	A	2018.4.20.	

① 소멸기준권리는 B의 저당권이다.

② C의 저당은 말소대상이다.

③ 소멸기준권리인 B의 저당권보다 먼저 설정된 A의 임차권은 대항력이 있으므로 매수자가 인수하여야 하는 권리이다.

<사례>

순위	권리내용	권리자	일 자	인수 및 말소
1	임차권(확정일자)	A	2017.1.2.	배당 외 인수
2	근저당권	B	2017.2.7.	소멸기준권리
3	가압류	C	2018.2.19.	말소
4	임의경매신청	B	2018.4.20.	

① 소멸기준권리는 B의 근저당권이다.

② C의 근저당은 소멸되는 권리이다.

③ 소멸기준권리인 B의 근저당권보다 선순위인 A의 확정일자 있는 임차권은 '대항력'과 '우선변제권'을 갖는다(대판 1998.7.10, 98다15545 참조).

④ 따라서 배당요구 여부에 따라서 인수·말소를 예상하여 권리분석을 하여야 한다.

⑤ 또한 배당요구를 하였으나 보증금의 전액을 배당받지 못한 경우에는 매수자에게 대항하여 남은 보증금을 받을 때까지 대항력을 행사할 수 있는 것도 고려하여야 한다.

<사례>

순위	권리내용	권리자	일자
1	근저당권	H은행	2015.6.14.
2	압류	윤승환	2017.8.22.
3	저당권	W저축은행	2017.12.26.
4	가압류	OO팩토링	2018.2.25.
5	담보가등기	박담보	2018.11.8.
6	강제경매 기입등기	OO팩토링	2020.2.10.
위 권리 중 부동산등기부등본상 등기일자가 가장 빠른 권리가 소멸기준권리가 됨			

① 소멸기준권리는 등기일자가 가장 빠른 H은행 근저당권이다.

② 그 이후의 권리들은 모두 소멸(말소)되는 권리이다.

2. 담보가등기의 소멸기준권리

선순위가등기가 담보가등기인 경우라면 담보가등기 자체가 소멸기준권리가 될 것이기에 그 가등기와 이후의 등기부상의 권리들은 매각으로 인하여 모두 소멸하게 된다(가등기 담보가등기에 관한 법률 제15조). 또한 선순위 담보가등기권자가 법원으로부터의 채권신고의 최고를 받고도 채권신고를 하지 않은 경우에도 담보가등기는 소멸하게 된다. 이는 권리 위에 잠자는 자는 보호할 필요가 없다는 법언에 기인한다. 비록 선순위 담보가등기권자가 매수자가 매각대금을 모두 지급하고 소유권을 취득한 부동산상에 담보가등기에 기한 본등기를 하더라도 이는 원인 없는 등기로서 무효가 되고, 따라서 매수자는 소유권을 상실하지 않는다.

[판례]

① 담보권의 실행을 위한 부동산의 입찰절차에 있어서, 주택임대차보호법 제3조에 정한 대항요건을 갖춘 임차권보다 선순위의 근저당권이 있는 경우에는, 낙찰로 인하여 선순위 근저당권이 소멸하면 그보다 후순위의 임차권도 선순위 근저당권이 확보한 담보가치의 보장을 위하여 그 대항력을 상실하는 것이지만, 낙찰로 인하여 근저당권이 소멸하고 낙찰인이 소유권을 취득하게 되는 시점인 낙찰대금지급기일 이전에 선순위 근저당권이 다른 사유로 소멸한 경우에는, 대항력 있는 임차권의 존재로 인하여 담보가치의 손상을 받을 선순위 근저당권이 없게 되므로 임차권의 대항력이 소멸하지 아니한다.

② 선순위 근저당권의 존재로 후순위 임차권의 대항력이 소멸하는 것으로 알고 부동산을 낙찰받았으나, 그 이후 선순위 근저당권의 소멸로 인하여 임차권의 대항력이 존속하는 것으로 변경됨으로써 낙찰부동산의 부담이 현저히 증가하는 경우에는, 낙찰인으로서는 민사집행법 유추적용에 의하여 '낙찰허가결정의 취소신청'을 할 수 있다(대결 1998. 8. 24. 98마1031).

③ 집임대차보호법상의 대항력과 우선변제권의 두 가지 권리를 겸유하고 있는 임차인이 우선변제권을 선택하여 제1경매절차에서 보증금 전액에 대하여 배당요구를 하였으나 보증금 전액을 배당받을 수 없었던 때에는 경락인에게 대항하여 이를 반환받을 때까지 임대차관계의 존속을 주장할 수 있을 뿐이고, 임차인의 우선변제권은 경락으로 인하여 소멸하는 것이므로 '제2경매절차'에서 우선변제권에 의한 배당을 받을 수 없다.

---

3. 가압류의 소멸기준권리

압류, 가압류 등기도 소멸기준권리가 된다. 단, 가압류등기의 경우 집행권원(본안소송의 확정판결, 집행력 있는 공정증서 등)이 없는 가압류등기는 확정된 채권이 아니므로 그 배당금 또한 본안소송에서 채권이 확정되기 전까지는 법원에 공탁된다. 따라서 이렇게 정지조건부채권인 가압류는 본안소송에서 그 가압류등기가 허위임이 밝혀질 경우에는 경매당시로 소급하여 새로운 소멸기준권리를 기준으로 후순위 권리의 말소 여부를 판단해야 될 경우도 있다. 그러므로 그 가압류등기로 인해 불측의 손해를 본 용익권자, 임차인 등의 항변으로 인해 매수자가 경매절차 진행 시 예상하지 못한 불측의 손해를 볼 수도 있음을 유의해야 한다.

<사례> 가압류가 소멸기준권리가 되는 경우

순위	권리내용	권리자	일자	인수 및 말소
1	가압류	A	2017.1.2.	소멸기준권리
2	임차권	B	2017.2.7.	소멸
3	저당권	C	2018.2.19.	소멸
4	강제경매신청	A	2018.4.20.	소멸

① 소멸기준권리는 A의 가압류이다. B 임차권과 C 저당권은 말소되는 권리이다.

<사례>

순위	권리내용	권리자	일자	인수 및 말소
1	저당권	A	2016.1.2.	소멸기준권리
2	가압류	B	2017.2.7.	말소
3	소유권이전	C	2018.2.19.	
4	저당권	D	2018.3.18.	말소
5	강제경매신청(가압류권자)	A	2018.10.20.	

소멸기준권리는 A의 저당권이다. B의 가압류, D의 저당권은 모두 말소되고, 선순위 저당권자 A가 배당을 받고, 그 잔액이 있으면 B의 가압류권자와 D의 저당권자는 안분배당을 한다.

4. 압류의 소멸기준권리

압류도 소멸기준권리가 된다. 그러나 압류는 경매신청하는 경우가 드물고 압류재산 공매를 통하여 체납된 세금을 회수하는 것이 다반사이다.

순위	권리내용	권리자	일자	인수 및 말소
1	압류	A	2017.1.2.	말소
2	근저당권	B	2017.3.6.	말소
3	임의경매신청	C	2018.9.7.	소멸기준권리

5. 전세권의 소멸기준권리

전세권은 상황에 따라 소멸기준권리가 될 수도 있고 아닐 수도 있다. 전세권은 권리분석의 함정이 될 수도 있다는 뜻이다. 민사집행법상 선순위 전세권은 선순위 임차인과 동일하게 대항력을 가지므로, 배당받을지 인수시켜 대항할지에 대한 선택권을 가지게 되었다.[6] 따라서 건물 전부에 최선순위 전세권으로 설정되어 있는 경우라면 전세권자가 경매신청이나 배당요구를 하면 말소(소멸)기준권리가 된다. 경매신청이나 배당요구를 하지 않은 최선순위 전세권은 인수되니 주의해야 한다.

<사례>

순위	권리내용	권리자	일자	인수 및 말소
1	임차권	A	2018.2.21.	인수
2	전세권	A	2019.3.21.	인수
3	근저당	B	2019.3.24.	소멸기준권리
4	강의경매신청	B	2020.4.25.	소멸

① A가 '전입신고와 점유의 대항력을 가진 임차권'을 가지고 있으면서 기준권리인 근저당권보다 빠르게 '전세권'을 설정(등기)하는 경우도 있다. 이때 전세권자는 자신에게 유리한 권리를 선택적으로 이용할 수 있다. 우선순위가 전세권, 다음 순위가 근저당 설정인 상태에서 근저당권자의 강제경매 신청이 있다고 보자. 선순위 전세권자는 다음 순위 근저당 설정일자보다 전입과 거주일자가 빠르기 때문에 임차인은 가장 먼저 대항력을 가져 매수자는 인수할 수밖에 없고 전세권도 인수할 수밖에 없다.

---

6) 전세권 설정 등기에서 전세 계약을 한 세입자가 등기 권리자(전세권자)가 되고 주택의 주인이 등기 의무자(전세권 설정자)이다.

② A가 전세권을 1순위로 설정하여 있는 경우, 임차인은 건물 배당금을 통해서만 보증금을 배당받을 수 있다. 건물 감정금액이 낮은 경우 전세권자가 배당을 포기하게 되면 전세권자의 보증금은 매수자가 전액 인수해야 하므로 입찰 시 전세권자의 배당 여부를 필히 확인한 후 입찰을 결정해야 할 것이다.

◪ 매각대금 : 토지 8천만억 원, 건물 1,200만 원

순위	권리내용	권리자	일자	인수 및 말소
1	전세권(1층) 1억 원	A	2018.11.5.	인수
2	임차권(2층) 1억 원	B	2018.12.16.	인수
3	저당권	C	2018.12.22.	소멸기준권리
4	임의경매신청	C	2019.4.17.	

위의 경우, 전세권은 배당청구를 하면 토지 아닌 건물부분에서만 배당청구권이 있어, 순위는 빨라도 손해를 보게 된다. 임차권은 전세권보다 순위는 늦어도 토지, 건물 모두에 배당을 청구할 수 있어 건물 부분은 전세권이 빨라 먼저 받아가서 배당금이 없어도, 토지 부분에서 배당을 만족할 수 있다.

그러나 공동주택 등 집합건물의 전유부분에 설정된 전세권은 전유부분의 종된 권리인 대지권까지 그 효력이 미쳐, 대지 및 건물 경매대금 전부에 대하여 우선변제권을 가지게 되어 단독주택 등과 구별된다.

③ 특히 배당요구는 법원공고 배당요구종기일 이전에 신청된 경우에만 인정받는다. 이는 선순위가 전세권일 경우 배당요구를 선택적으로 신청할 수 있도록 배려한 것으로, 말소기준권리 이후에 설정(등기)된 전세권은 자동배당되므로 배당요구 신청은 필요 없고 순위배당을 받는다.

④ 경매 매각으로 소멸되는 전세권

전세권 형태	소멸 여부
소멸기준권리 이전에 설정	배당요구 시 소멸
선순위 전세권자가 경매신청	소멸
소멸기준권리 이후에 설정	소멸

선순위 전세권자는 보증금을 반환받으려면 법원에 배당요구나 경매신청하면 된다. 이때 배당요구를 신청하지 않으면 보증금은 매수인이 인수해야 한다. 그러나 배당요구를 신청한 전세권자가 매각대금이 부족하여 보증금 전액을 배당받지 못한 경우, 나머지 보증금은 매수인이 인수해도 된다.

⑤ 전세권이 소멸기준권리가 되는 경우의 요건

전세권이 집합건물 전체에 설정되어야 하며, 전세권이 소멸기준권리보다 앞선 선순위권리가 되어야 하며, 전세기간이 경과하였지만 전세금반환이 이행되지 않아 전세권자가 경매 신청한 경우 등 3가지 요건을 갖추어야 한다.

〈사례〉 소멸기준 권리인 전세권

순위	권리내용	권리자	일자	인수 및 말소
1	전세권(존속기간 종료)	A	2018.9.16.	소멸기준
2	저당권	B	2019.9.14.	말소
3	가압류	C	2019.10.11.	말소
4	임의경매신청	A	2020.3.24.	말소

A의 전세권이 말소기준의 요건을 갖추었으므로 소멸기준권리가 되고, 전세권은 배당순위에 따라 배당받고 소멸되므로, 매수자는 전세권의 인수부담은 없다. B와 C는 말소된다.

〈사례〉 부분전세

건물의 일부를 목적으로 하는 선순위 전세권은 그 목적물인 건물 계약부분에만 한하여 효력을 미치므로, 소멸기준권리도 안 되고 소멸되지 않으므로 매수자는 인수해야 한다(대법원 1992.3.10.자 91마256, 257 결정; 대법원 1997.8.22. 선고 96다53628 판결; 대법원 1997.8.29. 선고 97다11195 판결).

순위	권리내용	권리자	일자	인수 및 말소
1	전세권(3층)	A	2017.11.2.	인수
2	임차권(5층)	B	2018.2.3.	인수
3	저당권	C	2019.2.10.	소멸기준권리
4	임의경매신청	C	2020.3.20.	

선순위 전세권이 부분전세일 경우에는 말소기준권리가 되지 않는 경우가 있는바, 이 경우 후순위권리 중에서 C 저당권이 소멸기준권리가 된다. B 임차권은 매수자가 인수해야 한다.

[판례]

① 주택임대차보호법상의 '대항력'과 '우선변제권'이라는 두 가지 권리를 겸유하고 있는 임차인이 먼저 우선변제권을 선택하여 임차주택에 대하여 진행되고 있는 경매절차에서 보증금 전액에 대하여 배당요구를 하였다고 하더라도, 그 순위에 따른 배당이 실시된 경우 보증금 전액을 배당받을 수 없는 때에는 보증금 중 경매절차에서 배당받을 수 있었던 금액을 공제한 잔액에 관하여 경락인에게 대항하여 이를 반환받을 때까지 임대차관계의 존속을 주장할 수 있다고 봄이 상당하고, 이 경우 임차인의 배당요구에 의하여 임대차는 해지되어 종료되고, 다만 같은 법 제4조 제2항에 의하여 임차인이 보증금의 잔액을 반환받을 때까지 임대차관계가 존속하는 것으로 의제될 뿐이므로, 경락인은 같은 법 제3조 제2항에 의하여 임대차가 종료된 상태에서의 임대인의 지위를 승계한다.

② 임대차 종료 후 임차인의 임차목적물 명도의무와 임대인의 연체임료 기타 손해배상금을 공제하고 남은 임차보증금 반환의무와는 '동시이행의 관계'에 있으므로, 임차인이 동시이행의 항변권에 기하여 임차목적물을 점유하고 사용·수익한 경우 그 점유는 불법점유라 할 수 없어 그로 인한 손해배상책임은 지지 아니하되, 다만 사용·수익으로 인하여 실질적으로 얻은 이익이 있으면 '부당이득'으로서 반환하여야 한다.

③ 주택임대차보호법상의 대항력과 우선변제권을 겸유하고 있는 임차인이 배당요구를 하였으나 보증금 전액을 배당받지 못하였다면 임차인은 임차보증금 중 배당받지 못한 금액을 반환받을 때까지 그 부분에 관하여는 임대차관계의 존속을 주장할 수 있으나 그 나머지 보증금 부분에 대하여는 이를 주장할 수 없으므로, 임차인이 그의 배당요구로 임대차계약이 해지되어 종료된 다음에도 계쟁 임대 부분 전부를 사용·수익하고 있어 그로 인한 실질적 이익을 얻고 있다면 그 임대 부분의 적정한 임료 상당액 중 임대차관계가 존속되는 것으로 보는 배당받지 못한 금액에 해당하는 부분을 제외한 나머지 보증금에 해당하는 부분에 대하여는 부당이득을 얻고 있다고 할 것이어서 이를 반환하여야 한다(대판 1998.7.10, 98다15545).

6. 강제경매신청등기와 소멸기준권리

등기부의 갑구에 강제경매개시결정등기만 있고, 소멸기준권리가 될 수 있는 등기가 없는 경우에는 강제경매개시결정등기가 소멸기준권리가 된다.

순위	권리내용	권리자	일자	인수 및 말소
1	임차권	A	2017.1.2.	인수
2	가처분	B	2017.3.6.	인수
3	강제경매신청	C	2018.4.7.	소멸기준권리

소멸기준권리는 C의 강제경매개시결정등기가 된다. A의 임차권은 대항력을 갖추고 있으므로 매수자가 인수하여야 한다. B의 가처분도 인수소멸기준권리보다 앞서므로 인수해야 한다.

III 권리별 권리분석

제1절 **가압류**

1. 가압류의 효력

경매로 매각이 되면 가압류는 그 효력이 소멸되고 말소촉탁의 대상이 된다. 즉, 가압류등기는 금전채권의 강제집행을 위한 보전처분이기 때문에 배당만 받는다면 경락된 부동산 위에 더이상 등기가 남아 있을 이유가 없기 때문이다.

2. 권리분석 사례

<사례> 배당금 4,000만 원

순위	권리내용	권리자	일자	배당
1	가압류 2,000만 원(소멸기준권리)	A	2017.1.2.	1,600만 원
2	근저당 3,000만 원	B	2018.2.7.	2,400만 원
3	임의경매	B	2018.2.19.	

소멸기준권리는 A의 가압류이다. B의 저당권은 배당을 받고 말소된다. 담보물권자는 그보다 먼저 등기된 가압류채권자에 대항하여 우선변제를 받을 권리는 없으나 가압류채권자와 채권액에 비례하여 평등하게 배당을 받을 수 있다(대결 1994.11.29, 94마417). 따라서 A의 가압류와 B의 저당권은 동순위로서 안분배당을 받고 말소된다. A에게 $4,000 \times 2,000/(2,000+3,000) = 1,600$만 원. B에게 $4,000 \times 3,000/(2,000+3,000) = 2,400$만 원을 각각 배당한다.

<사례> 배당금 4,500만 원

순위	권리내용	인수 및 말소 여부	권리자	일자	배당
1	가압류 2,000만 원	소멸기준권리	A	2016.1.2.	1,500만 원
2	근저당 2,000만 원	말소	B	2017.2.7.	2,000만 원
3	가압류 2,000만 원	말소	C	2018.2.19.	1,000만 원
4	임의경매		B	2017.10.5.	

가압류채권자와 근저당권자 및 근저당권설정등기 후 강제경매신청을 한 압류채권자 사이의 배당관계에 있어서, 근저당권자는 선순위 가압류채권자에 대하여는 우선변제권을 주장할 수 없으므로 1차로 채권액에 따른 안분비례에 의하여 평등배당을 받은 다음, 후순위 경매신청압류채권자에 대하여는 우선변제권이 인정되므로 경매신청압류채권자가 받을 배당액으로부터 자기의 채권액을 만족시킬 때까지 이를 흡수하여 배당받을 수 있다(대결 1994.11.29, 94마417).

우선, 각 채권액에 따라 안분비례하여

A·B·C에게 1,500만 원씩[$=4,500 \times 2,000/(2,000+2,000+2,000)$]을 각각 배당한다.

그러나 B는 물권이다. B는 C에 우선하기 때문에 그 채권액 전부를 배당받지 못하여 미배당금 500만 원을 C의 배당액으로부터 흡수하여 만족을 얻는다.

결과 : A는 1,500만 원, B는 2,000만 원, C는 1,000만 원(=1,500-500)을 배당

〈사례〉 배당금 6,000만 원

순위	권리내용	인수 및 말소 여부	권리자	일자	배당
1	가압류 3,000만 원	소멸기준권리	A	2016.1.2.	1,500만 원
2	근저당 3,000만 원	말소	B	2017.2.7.	3,000만 원
3	가압류 3,000만 원	말소	C	2017.8.11.	750만 원
4	저당 3,000만 원	말소	D	2018.3.19.	750만 원
5	임의경매		B	2018.10.20.	

선순위가 가압류되어 있으므로 먼저 A·B·C·D에게 안분배당을 한 후에 우선순위에 따른 흡수배당을 한다.

먼저 안분하여 A·B·C·D에게

1,500만 원씩[=6,000×3,000÷(3,000+3,000+3,000+3,000)]을 배당한다.

시간순위에 따른 흡수배당을 하면 B는 안분배당액 1,500만 원과 피담보채권액 3,000만 원의 차액 1,500만 원을 C·D에게서 흡수한다.

C·D는 동순위이므로 B가 흡수하고 남은 금액 중 1,500만 원을 다시 안분배당하면 C·D에게 750만 원씩을 배당한다.

결과 : A는 1,500만 원, B는 3,000만 원, C는 750만 원, D는 750만 원을 배당

3. 전 소유자의 가압류

(1) 전 소유자의 가압류의 인수와 소멸 대상

전에는 전 소유자의 가압류는 매수인이 인수하는 권리였다. 지금은 전 소유자의 가압류도 압류재산공매나 법원경매로 인하여 소멸되는 권리로 바뀌어서 매수인이 안심하고 응찰할 수 있다. 그러나 인수되는 경우도 있다.

〈사례〉 전 소유자의 가압류

순위	권리내용	인수 및 말소 여부	권리자	일자	배당
1	가압류	소멸기준권리	A	2016.1.2.	소멸
2	소유권이전	소멸	B	2017.2.7.	소멸
3	가압류	소멸	C	2018.3.11.	소멸
4	강제경매	소멸	C	2018.4.19.	소멸

위의 경우처럼 C가 경매를 신청하면, 법원에서 공시한 매각물건명세서를 확인해야한다. 전 소유자의 가압류를 인수하는 것을 집행법원이 공시했다면, 매수자가 인수해야 한다. 그러나 법원이 이러한 조치를 하지 않았다면 A의 가압류가 소멸기준권리가되고 당연히 말소된다.

(2) 전 소유자 가압류의 배당방식

전 소유자의 배당방식은 다르다. 통상 배당에서는 가압류가 선순위라면 안분배당을하지만 전 소유자의 가압류는 안분배당방식을 취하지 않고 우선배당을 한다.

◨ **지역 : 서울, 배당금 6,000만 원**

순위	권리내용	인수 및 말소 여부	권리자	일자	배분
1	가압류 4,000만 원	소멸기준권리	A	2016.1.2.	4,000만 원
2	소유권이전	소멸	B	2017.1.2.	
3	근저당 8,000만 원	소멸	C	2018.2.7.	2,000만 원
4	임의경매	소멸	C	2018.4.12.	

소멸기준권리는 A의 가압류이다.

가압류 집행된 뒤에 소유권이 이전되었다.

C근저당은 물권이어서 통상배당방식을 적용하면 가압류와 안분배당을 하게 되어

A에게 $6,000 \times 4,000/(4,000 + 8,000) = 2,000$만 원

B에게 $6,000 \times 8,000/(4,000 + 8,000) = 4,000$만 원을 각각 안분배당하여

① 가압류 2,000만 원, ② 근저당 4,000만 원 배당을 하게 된다. 그러나 위와 같이가압류 집행 뒤에 소유권이 이전되었을 경우에는 가압류가 매각으로 소멸은 되지만배당에서는 통상배당방식과는 달리 안분배당이 아닌 순위배당을 하게 된다.

결과 : ① 가압류 4,000만 원, ② 근저당 2,000만 원 이렇게 배당을 하게 된다.

| 제2절 | 가등기 |

소유권이전청구권가등기는 소유주의 협력을 받아 설정할 수 있다.

가등기는 물권변동 효력은 없고 오직 소유권이전청구권에 대한 순위 확정의 의미가 있을 뿐이고, 본등기는 물권변동(소유권이전)의 효과가 있다.

가등기는 금전대차에 있어서 근저당권에 대신하여 설정하기도 하고(비용 저렴), 부동산매매에 있어서, 잔금기일이 길거나 매도인의 부당행위의 위험 방지를 위해 설정할 수도 있다. 담보가등기와 보전가등기로 나뉘는데 담보가등기는 경매로 인하여 소멸되지만, 보전가등기는 소멸기준권리보다 선순위인 경우에는 인수하여야 하므로 가장 위험한 권리이지만, 후순위인 경우에는 말소된다.

1. 담보가등기

(1) 담보가등기의 의의

채권자가 채무자 또는 제3자의 부동산에 대하여 장래에 채무불이행이 있으면 부동산의 소유권을 이전하겠다는 대물변제예약 또는 매매예약을 하고 이에 대하여 소유권이전등기청구권을 보전하기 위한 가등기에 담보적 효력을 확보해 주기 때문에 담보가등기라고 한다.

(2) 경매 시 저당권과 동일(가등기담보 등에 관한 법률 제13조)

① 담보가등기의 경우 배당에 참가할 때에는 저당권으로 보기 때문에 우선변제, 즉 1순위담보물권 지위에서 타 권리보다 우선배당을 받게 된다.

② 담보가등기권자는 경매법원에 배당요구를 신청해야 한다.

③ 등기사항전부증명서에는 소유권청구보존가등기인지 담보가등기인지 구별되어 나타나 있지 않다. 이는 가등기권자를 만나서 자세히 알아봐야 한다(담보가등기의 경우에는 청산금에 대하여 집임차권자는 동시이행항변권 행사가 가능).

④ 가등기 이후의 전세권, 저당권 설정이나 임대차계약은 위험한 일이다. 특히 임대
　차에 있어 꼭 계약을 해야 한다면 가등기권자도 계약에 참석시키는 것이 좋다
　(소유자, 가등기권자, 임차인).[7]

(3) 담보가등기의 경매 특칙

　담보가등기와 소유권이전청구권 보전가등기를 구분하는 방법은 우선, 경매기록조
서 열람 시 채권계산서가 제출되었으면 담보가등기이고, 없으면 보전가등기이다. 이
것은 경매법원이 가등기권자에게 어떤 가등기인지 알리라고 최고를 하기 때문이다.
법원의 최고에도 불구하고 통보를 안 하면 실무에서는 "보전"가등기로 본다. 그리고
만약 금융권이 가등기 후 근저당권 등을 설정하였다면 "담보"가등기일 가능성이 매우
높다. 통상 금융권은 가등기의 정체를 알아보고 대출했기 때문이다.

　만약에 최선순위 가등기권자가 "담보"가등기이면서 채권계산서를 제출하지 않았다
면 배당에서 제외되고 그 가등기는 소멸된다.

　담보가등기권리자는 이해관계인이고 압류등기 전에 설정된 담보가등기는 소멸되며
채권신고가 되었다면 우선변제를 받는다.

(4) 권리분석 사례

<사례> 배당금 1억 8,000만 원

순위	권리내용	인수 및 말소 여부	권리자	일자	배당
1	담보가등기 8,000만 원	소멸기준권리	A	2017.1.2.	8,000만 원
2	근저당 6,000만 원	소멸	B	2017.2.7.	6,000만 원
3	임차권 1억 원	소멸	C	2018.2.19.	4,000만 원
4	임의경매	소멸	B	2018.3.20.	

　① 소멸기준권리는 A의 담보가등기가 된다.

　② B의 근저당권은 배당을 받고 소멸한다.

　③ C의 임차권은 소액임차권에 해당하지 않으므로 순위에 따라 배당을 받고 소멸한다.

---

7) 소유권보전가등기와 담보가등기 구분을 못하여 임대계약을 잘못한 사례에 대해서는 수원지법 2017타경
　504632 참조. 2009.10.30. 소멸기준.

④ A는 8,000만 원, B는 6,000만 원, C는 4,000만 원씩 배당을 받고 모두 말소된다.

〈사례〉 배당금 4,000만 원

순위	권리내용	인수 및 말소 여부	권리자	일자	배당
1	가압류 2,000만 원	소멸기준권리	A	2016.1.2.	1,600만 원
2	담보가등기 2,000만 원	소멸	B	2017.2.7.	2,000만 원
3	가압류 1,000만 원	소멸	C	2017.2.19.	400만 원
4	강제경매	소멸	A	2018.3.20.	

① 소멸기준권리는 A의 가압류이다.

② B의 담보가등기와 C의 가압류는 배당을 받고 소멸된다.

③ 최선순위에 가압류가 되어 있으므로 먼저 A·B·C에게 안분비례하여 배당한다.

　즉, A·B는 1,600만 원 = 4,000×2,000/(2,000＋2,000＋1,000),

　C는 800만 원 = 4,000×1,000/(2,000＋2,000＋1,000)을 배당한다.

④ 그런데 B는 C보다 선순위이므로 채권액 중 부족분인 400만 원을 C로부터 흡수한다.

⑤ 따라서 A는 1,600만 원, B는 2,000만 원, C는 400만 원을 배당받고 소멸한다.

> **➲ 가압류등기 후 담보가등기가 된 경우 배당관계**
>
> 부동산에 대하여 가압류등기가 먼저 되고 나서 담보가등기가 마쳐진 경우에 그 담보가등기는 가압류에 의한 처분금지의 효력 때문에 그 집행보전의 목적을 달성할 것이고 따라서 담보가등기권자는 그보다 선순위의 가압류채권자에 대항하여 우선변제를 받을 권리는 없으나 한편 가압류채권자도 우선변제청구권을 가지는 것은 아니므로 가압류채권자보다 후순위의 담보가등기권자라 하더라도 가등기담보 등에 관한 법률 제16조 제1, 2항에 따라 법원의 최고에 의한 채권신고를 하면 가압류채권자와 채권액에 비례하여 평등하게 배당받을 수 있다(대결 1987.6.9, 86다카2570).

(5) 인수되는 담보가등기

담보가등기는 「가등기 담보 등에 관한 법률」에 의해 일반적으로 경매절차에서 담보권과 흡사하게 우선변제를 받고 소멸하므로 소멸기준 권리에도 포함된다. 이때 경매 기입등기 이전에 설정된 담보가등기에 한해 일정기간 내 채권신고를 한 경우 배당을 받을 수 있다.

그러나 선순위 담보 가등기 가운데 경매절차 시작 전에 담보가등기권자가 관련 주택에 본등기를 하기 위해 청산절차(청산 의사 통지와 그 후 2개월 경과로 청산금 정산)를 마친 경우에는 그렇지 않다.

이는 매수자가 매각대금을 납부하고 소유권을 취득하더라도 추후 담보가등기권자의 본등기 전환 때 소유권이 말소되므로 각별히 주의해야 한다.

순위	권리내용	권리자	일자	인수 및 말소
1	가등기(담보)	A	2015.1.2.	소멸기준권리
2	저당권	B	2016.2.7.	소멸
3	가압류	C	2017.2.19.	소멸
4	임차권	D	2018.2.20.	소멸
5	임의경매신청	A	2018.4.5.	소멸

① 소멸기준권리는 A의 담보가등기이다.
② B·C의 저당권과 D의 임차권은 말소된다.
  ㉠ 담보가등기의 청산기간

    청산기간은 2개월이다. 즉, 담보권 실행의 통지가 상대방에게 도달한 날부터 2개월의 기간이 경과하여야 비로소 소유권이전등기를 청구할 수 있다(법 제3조제1항).

    청산기간을 주는 이유는 채권의 변제기가 도래하였더라도 채권자가 바로 소유권이전등기를 하지 못하고 채무자에게 변제기를 2개월간 유예하여 채무의 변제를 할 수 있는 기회를 주기 위함이다.

  ㉡ 청산금 지급

    청산기간이 만료된 후에 채권자는 가등기에 기하여 본등기를 하기 위해서는 반드시 청산금을 지급해야 한다(법 제4조제1항). 채권자의 청산금의 지급과 채무자의 소유권이전등기 및 목적물의 인도는 동시이행의 관계에 있다.

    판례는 가등기담보권의 사적 실행에 있어서 채권자가 청산금의 지급 이전에 본등기와 담보목적물의 인도를 받을 수 있다거나 청산기간이나 동시이행관계를 인정하지 아니하는 '처분청산'형의 담보권실행은 가담법상 허용되지 아니한다.

2. 소유권보전가등기

(1) 소유권이전보전가등기의 의의

소유권이전보전가등기라 함은 본등기를 할 수 있는 권리, 즉 소유권, 지상권, 지역권, 전세권, 저당권, 임차권, 권리질권, 환매권의 설정·이전·변경 또는 소멸의 청구권을 보전하기 위한 등기를 말한다(부동산등기법 제3조).

(2) 소유권보전가등기의 실행

가등기는 가등기 의무자의 승낙이 있을 때에는 신청서에 그 승낙서를 첨부하여 가등기 권리자가 이를 등기소에 신청할 수 있고, 가등기 의무자의 승낙이 없을 때에는 가등기 권리자의 신청에 의하여 가등기 원인의 소명이 있는 경우에 그 목적인 부동산의 소재지를 관할하는 지방법원의 가처분명령의 정본(正本)을 첨부하여 이를 신청할 수 있다(제37·38조).

① 가등기는 등기 용지 중 해당구 사항란에 기재하고 아래쪽에 여백을 두어야 한다.
② 가등기의 형식은 본등기가 독립등기에 의할 경우에는 독립등기를 하고, 본등기가 부기등기에 의할 경우에는 부기등기를 한다.

(3) 가등기에 기한 본등기의 순위

가등기를 한 경우에 본등기의 순위는 가등기의 순위에 의한다(부동산등기법 제6조 제2항). 이것을 가등기의 순위보전의 효력이라 한다.

(4) 권리분석 사례

〈사례〉 서울 소재 주택, 배당금 1억 6,000만 원

순위	권리내용	인수 및 말소 여부	권리자	일자	배당
1	소유권이전가등기	인수	A	2015.1.2.	없음
2	근저당 1억 원	소멸기준권리	B	2016.2.7.	1억 원
3	임차권 1억 원	소멸(확정일자)	C	2018.2.19.	6,000만 원
4	임의경매	소멸	B	2018.4.20.	

① 소멸기준권리는 B의 근저당이다.

② A의 보전가등기는 매수자가 인수하여야 한다. 낙찰 후에 A의 가등기에 기한 본 등기를 하는 경우에 매수자는 소유권을 잃는다.

③ C의 확정일자 임차권은 소액최우선변제에 해당하지 않으므로 순위에 따라 변제 받고 말소된다.

④ 따라서 A의 보전가등기는 매수자가 인수하여야 하며, B는 1억 원, C는 6,000만 원을 배당받는다.

<사례> 배당금 1억 4,000만 원

순위	권리내용	인수 및 말소 여부	권리자	일자	배당
1	근저당 1억 2,000만 원	소멸기준권리	A	2017.1.2.	1억 2,000만 원
2	소유권이전가등기	소멸	B	2017.2.7.	없음
3	가압류 2,000만 원	소멸	C	2018.2.19.	2,000만 원
4	강제경매	소멸	C	2018.4.20.	

① 소멸기준권리는 A의 저당권이다.

② B의 소유권이전가등기는 말소되며, C의 가압류 역시 배당받고 말소된다.

③ A는 1억 2,000만 원, C는 2,000만 원을 배당받는다.

> **[판례]**
> 근저당권이 설정되어 있는 부동산에 소유권이전등기청구권보전의 가등기가 이루어지고 그 후에 강제경매가 실시되어 그 경락허가결정이 확정된 때에 선순위 근저당권이 그대로 존재하였다면 그 근저당권은 경락으로 인하여 소멸하므로 그보다 후순위인 위 가등기상의 권리도 소멸하고 이때 위 가등기 및 그에 기한 본등기는 민사소송법 제661조제1항제2호 소정의 '경락인이 인수하지 아니한 부동산상 부담의 기입'에 해당하여 말소촉탁의 대상이 된다(대판 1989.7.2, 88다카6846).

| 제3절 | 가처분 |

선순위 가처분의 경우 매각으로 소멸하지 않고 매수자가 인수하게 되는데, 추후 가처분 채권자가 채무자를 상대로 한 본안소송에서 승소하면 매수자는 소유권을 박탈당할 수 있기 때문에 가장 위험한 권리이므로 매우 주의해야 한다.

가처분은 점유이전금지가처분과 처분금지가처분 토지인도 건물철거가처분 등의 3가지인데, 주의할 것은 처분금지가처분이다.

후순위 가처분은 원칙적으로 소멸하지만 소멸하지 않는 후순위 가처분도 있다. 소멸하지 않는 후순위 가처분은 주로 철거소송을 하면서 '토지소유자가 그 지상 건물소유자에 대해서 가처분을 한 경우'이다.

<사례> 배당금 3,000만 원

순위	권리내용	인수 및 말소 여부	권리자	일자	배당
1	가처분	인수	A	2017.1.2.	
2	근저당 2,000만 원	소멸기준권리	B	2017.2.7.	2,000만 원
3	가압류 1,000만 원	소멸	C	2018.2.19.	1,000만 원
4	임의경매	소멸	B	2018.3.20.	

소멸기준권리는 B의 근저당이 된다. B의 근저당권은 배당금 2,000만 원을 받고 소멸한다. C의 가압류는 1,000만 원 배당을 받고 소멸한다. A의 가처분은 매수인이 인수해야 하니까 위험한 권리이다.

<사례> 배당금 3,000만 원

순위	권리내용	인수 및 말소 여부	권리자	일자	배당
1	근저당 3,000만 원	소멸기준권리	A	2016.2.7.	3,000만 원
2	가처분	소멸	B	2017.10.11.	
3	가처분(건물 철거)	인수	C	2018.2.19.	
4	임의경매	소멸	A	2018.4.20.	

소멸기준권리는 A의 근저당이며 3,000만 원 배당받고 소멸된다. B의 가처분은 소멸기준권리보다 늦게 설정되었기에 소멸한다. C의 가처분은 후순위 가처분이지만 성격이 건물 철거 가처분인 관계로 순위에 무관하게 인수해야 하기 때문에 위험한 물건이다.

제4절 임차권

임대차는 민사집행법에 의한 경매가 행하여진 경우에는 경락에 의하여 계약기간에 관계없이 소멸한다. 다만, 대항력이 있는 임차권은 보증금이 전액 변제되지 아니한 경우 매수자가 인수하여야 한다(주택임대차보호법 제3조의5).

임차인이 대항력을 갖추어 보증금을 법원으로부터 배당받는 방법은 순위에 관계없이 0순위로 받는 최우선변제권, 2순위로 순서대로 받는 우선변제권, 2순위로 등기하여 받는 대항력을 갖춘 주택임차권 등 세 가지가 있다.

1. 대항력 있는 임차인과 권리분석

(1) 대항력임차권과 담보물권

<사례> 서울 소재 주택, 배당할 금액 1억 원

순위	권리내용	권리자	일자	배당
1	임차권 1억 원(확정일자 무)	A	2017.1.2.	없음. 인수
2	근저당권 6,000만 원	B	2017.2.7.	6,000만 원 소멸기준권리
3	저당권 4,000만 원	C	2018.2.19.	4,000만 원 말소
4	임의경매신청	B	2019.1.8.	

① 소멸기준권리는 B의 근저당권이다.

② C의 저당권은 말소된다.

③ A의 임차권은 최선순위로 대항력을 갖추었으므로 매수자가 인수하여야 한다.

④ 따라서 낙찰되면 B는 6,000만 원, C는 4,000만 원을 배당받고 말소되며, A의 임차권은 매수자가 인수한다.

(2) 선순위 가압류와 대항력

부동산에 대하여 가압류등기가 마쳐진 후에 그 채무자로부터 그 부동산을 임차한 임차인은 주민등록전입신고를 마치고 입주 사용함으로써 주택임대차보호법 제3조에 의하여 그 임차권이 대항력을 갖는다 하더라도 가압류집행으로 인한 처분금지의 효력에 의하여 가압류사건의 본안판결의 집행으로 그 부동산을 취득한 매수인에게 그 임대차의 효력을 주장할 수가 없다(대판 1983.4.26, 83다카116).

《사례》 서울 소재 주택, 배당금 1억 2,000만 원

순위	권리내용	권리자	일자	인수 및 말소	배당
1	가압류 2억 4,000만 원	A	2017.12.21.	소멸기준권리	8,000만 원
2	임차권 1억 2,000만 원	B	2018.3.23.	소멸	4,000만 원
3	강제경매신청	A	2019.1.8.	소멸	

① 소멸기준권리는 A의 가압류이다.

② B의 임차권은 A의 가압류 처분금지의 효력에 의하여 대항력이 없다.

③ 따라서 A의 가압류채권과 B의 임차보증금채권은 다음과 같이 안분비례배당을 받고 모두 소멸한다.

④ 즉, A는 8,000만 원[1억 2,000×2억 4,000÷(2억 4,000+1억 2,000)],

  B는 4,000만 원[1억 2,000×1억 2,000÷(2억 4,000+1억 2,000)]을 배당받는다.

➲ 임대차계약증서에 확정일자를 갖춘 경우에는 부동산 담보권에 유사한 권리를 인정한다는 취지이므로, 부동산 담보권자보다 선순위의 가압류채권자가 있는 경우에 그 담보권자가 선순위의 가압류채권자와 채권액에 비례한 평등배당을 받을 수 있는 것과 마찬가지로 위 규정에 의하여 우선변제권을 갖게 되는 임차보증금채권자도 선순위의 가압류채권자와는 평등배당의 관계에 있게 된다(대결 1992.10.13, 92다30597).

➲ 주택임대차보호법상 우선변제권의 판단(확정일자 부여일을 기준)
가압류채권자가 주택임차인보다 선순위인지 여부는, 주택임대차보호법 제3조의2의 법문상 임차인이 확정일자 부여에 의하여 비로소 우선변제권을 가지는 것으로 규정하고 있음에 비추어, 임대차계약증서상의 확정일자 부여일을 기준으로 삼는 것으로 해석함이 타당하므로, 대항요건을 미리 갖추었다고 하더라도 확정일자를 부여받은 날짜가 가압류일자보다 늦은 경우에는 가압류채권자가 선순위라고 본다(대결 1992.10.13, 92다30597).

2. 0순위 최우선변제권

임차인이 보증금을 법원으로부터 배당받는 세 가지 방법 중, 가장 먼저 받는 '최우선변제권'은, 임차주택에 등기를 하지 않아 법적 보호 혜택이 전혀 없는 경제적 약자인 세입자를 보호하기 위하여, 임차주택의 경매 시 '소액보증금 중 일정액'을 채권자보다 최우선으로 0순위로 배당받아 갈 수 있도록 법적으로 보호해 주는 제도이다.

(1) 권리분석 사례

<사례> 최우선변제 여부의 판단기준(서울 소재 주택, 배당할 금액 1억 5,000만 원)

순위	권리내용	인수 및 말소 여부	권리자	일자	배당
1	근저당 1억 2,000만 원	소멸기준권리	A	2016.1.2.	1억 2,000만 원
2	임차권 1억 원	소멸(확정일자 무)	B	2018.2.7.	없음
3	저당 4,000만 원	소멸	C	2019.2.19.	4,000만 원
4	임의경매신청	소멸	A	2020.1.2.	

① 소멸기준권리는 A의 저당권이다.

② B의 임차권과 C의 저당권은 소멸기준권리 A와 함께 말소된다.

③ 주택임대차보호법상 최우선변제의 해당 여부는 '임차권설정일'을 기준으로 하는 것이 아니고 '최초의 담보물권(저당권)설정일'을 기준으로 한다.[8]

④ 위 사례에서 최초의 담보물권설정일은 2016년 1월 2일이다. 이때 시행된 주택임대차보호법(2014.1.1.~2016.3.30.)의 최우선변제를 받는 범위는 서울의 경우 보증금한도액 9,500만 원 이하 중에서 3,200만 원이다.

⑤ 그런데 임차권자 B는 보증금이 1억 원으로, 한도액(9,500만 원)을 초과하고 있어 최우선변제에 해당하지 않는다.

⑥ 또한 B는 확정일자도 없기 때문에 C에게도 우선변제권이 없으므로 '일반채권자'로서 배당받는다.

⑦ 경매되면 A에게 1억 2,000만 원, C에게 4,000만 원을 배당하고 임차권자 B는 한푼도 배당받지 못하게 되고 대항력이 없어 최고가매수인에게 청구할 수도 없다.

---

8) 김창식, 부동산 경매백과, 2017, p.251 참조.

(2) 최우선변제의 제한과 관련된 권리분석

<사례> 서울 소재 주택, 배당할 금액 1억 2,000만 원(소액임차인 조견표 p.59 참조)

순위	권리내용	권리자	일자	배당
1	저당권 3,000만 원	A	2017.1.2.	3,000만 원 소멸기준
2	임차권 5,000만 원(확정일자)	B	2017.2.7.	5,000만 원 소멸
3	임차권 5,000만 원	C	2017.2.19.	2,000만 원 소멸
4	임차권 5,000만 원(확정일자)	D	2017.3.11.	2,000만 원 소멸
5	임의경매신청	E	2019.1.2.	

① 소멸기준권리는 A의 저당권이다.

② A의 저당권 이후에 설정된 B·C·D의 임차권은 모두 소멸된다.

③ A의 저당권 설정 당시 서울의 최우선변제의 범위는 보증금 한도액이 1억 원 이하인 임차권 중 3,400만 원이다. 그러므로 B·C·D의 임차권은 모두 이 기준에 해당하므로 저당권 A에 앞서서 주택임대차보호법상 최우선변제를 받는다.

④ 그런데 소액보증금 중 일정액의 합계가 주택경매가의 1/2 이상인 경우에는 1/2에 해당하는 금액으로 우선변제권이 있다. 따라서 B·C·D의 소액보증금 중 일정액의 합계 1억 2,000만 원(3,400＋3,400＋3,400)은 주택경매가 1억 2,000만 원 중 1/2인 6,000만 원을 초과하므로 6,000만 원을 안분하여 2,000만 원씩 우선 배당한다.

⑤ 남은 배당할 금액 6,000만 원은 A에게 3,000만 원, B가 확정일자 임차권이므로 최우선배당 받은 2,000만 원을 제외한 부족액 3,000만 원(5,000－2,000)을 배당하고 또한 확정일자가 있는 D는 잉여가 없어 추가배당이 없다.

⑥ 따라서 최종적으로 A는 3,000만 원, B는 5,000만 원(2,000＋3,000), C는 2,000만 원, D는 2,000만 원을 각각 배당받는다.

3. 2순위 우선변제권

(1) 우선변제권의 의의

주택임대차보호법상 우선변제권이라 함은 대항요건과 임대차계약증서상의 확정일자를 갖춘 임차인은 민사집행법에 의한 경매 또는 국세징수법에 의한 공매 시 임차주택의 환가대금에서 후순위권리자 기타 채권자보다 우선하여 보증금을 변제받을 권리를 말한다(주택임대차보호법 제3조의2 제2항).

(2) 우선변제권의 요건

① 우선변제권은 대항요건(주택의 인도＋주민등록전입)과 임대차계약증서상의 확정일자를 갖추어야 인정된다.

② 대항력이 있고 확정일자를 갖춘 경우에는 확정일자에 우선변제권이 발생한다.

③ 주택의 임차인이 주택의 인도와 주민등록전입을 마친 당일 또는 그 이전에 임대차계약증서상에 확정일자를 갖춘 경우 우선변제권은 대항력과 마찬가지로 주택의 인도와 주민등록전입을 마친 다음날을 기준으로 발생한다(대결 1999.3.23, 98다46938).

④ 주택임대차보호법상 우선변제의 요건은 그 우선변제권 취득 시에만 구비하면 족한 것이 아니고, 배당기일까지 계속 존속하고 있어야 한다.

⑤ 주택의 임차인이 그 주택의 소재지로 전입신고를 마치고 입주함으로써 임차권의 대항력을 취득한 후 일시적이나마 다른 곳으로 주민등록을 이전하였다면 그 전출 당시 대항요건을 상실함으로써 대항력은 소멸하고, 그 후 임차인이 다시 그 주택의 소재지로 주민등록을 이전하였다면 대항력은 당초에 소급하여 회복되는 것이 아니라 재전입한 때로부터 새로운 대항력이 다시 발생된다.

(3) 확정일자 임차권이 최선위인 경우

임차인의 보호를 위한 주택임대차보호법 제3조제1항·제2항, 제3조의3 제1항·제2항, 제4조 제2항, 제8조 제1항·제2항 규정들의 취지에 비추어, 위 규정의 요건을 갖춘 임차인은 임차주택의 양수인에게 대항하여 보증금의 반환을 받을 때까지 임대차관계의 존속을 주장할 수 있는 권리와 보증금에 관하여 임차주택의 가액으로부터 우선변제를 받을 수 있는 권리를 겸유하고 있다고 해석되고, 이 두 가지 권리 중 하나를 선택하여 행사할 수 있다(대결 1993.12.24, 93다39676).

〈사례〉 서울 소재 주택, 배당금 2억 원

순위	권리내용	권리자	일자	인수 및 말소	배당
1	임차권 1억 원(확정일자)	A	2014.12.21.	인수(배당충족 시 말소)	1억 원
2	근저당권 8,000만 원	B	2015.1.23.	소멸기준권리	8,000만 원
3	임차권 1억 원	C	2015.10.28.	소멸	2,000만 원
4	임의경매신청	B	2018.4.9.		

① 소멸기준권리는 B의 저당권이다.

② C의 임차권은 말소된다.

③ A의 임차권은 대항력과 우선변제권을 갖고 있으므로 두 가지 권리 중 하나를 선택하여 행사할 수 있다.

④ 따라서 임차권자 A가 우선변제권에 의한 배당을 받는 경우에는 A에게 1억 원, B에게 8,000만 원, C에게 2,000만 원을 배당한다. 만약 A가 배당을 청구하지 않았거나 배당을 청구했더라도 못 받은 부분에 한해서는 인수해야 한다.

> ➲ 주택임대차보호법상 우선변제권자가 전세권설정등기를 한 경우
> 주택임차인으로서의 우선변제를 받을 수 있는 권리와 전세권자로서 우선변제를 받을 수 있는 권리는 근거규정 및 성립요건을 달리하는 별개의 것이므로, 주택임대차보호법상 대항력을 갖춘 임차인이 임차주택에 관하여 전세권설정등기를 경료하였다거나 전세권자로서 배당절차에 참가하여 전세금의 일부에 대하여 우선변제를 받은 사유만으로는 변제받지 못한 나머지 보증금에 기한 대항력 행사에 어떤 장애가 있다고 볼 수 없다(대결 1993.12.24, 93다39676).

(4) 소멸기준보다 늦은 확정일자 임차권

〈사례〉 서울 소재 주택, 배당금 2억 원

순위	권리내용	권리자	일자	인수 및 말소	배당
1	근저당권 8,000만 원	A	2014.12.21.	소멸기준권리	8,000만 원
2	임차권 1억 원(확정일자)	B	2015.1.23.	말소	1억원
3	근저당 4,000만 원	C	2017.10.28.	말소	2,000만 원
4	임의경매신청	A	2018.4.9.		

① 소멸기준권리는 A의 저당권이다.

② B의 확정일자 임차권은 C보다 우선변제받고 소멸된다.

③ C의 저당권도 배당을 받고 소멸된다.

④ A는 8,000만 원, B는 1억 원, C는 2,000만 원을 배당받는다.

(5) 임차권의 확정일자와 근저당이 같은 날짜에 설정된 경우

<사례> 서울 소재 주택, 배당금 1억 2,000만 원

순위	권리내용	권리자	일자	인수 및 말소	배당
1	임차권 1억 2,000만 원	A	2016.12.21. (확정일자 2017.1.23.)	인수 (배당충족 시 말소)	8,000만 원
2	근저당권 6,000만 원	B	2017.1.23.	소멸기준권리	4,000만 원
3	임차권 9,700만 원 (확정일자 무)	C	2017.10.28.	소멸	없음
4	임의경매신청	B	2018.4.9.	소멸	

① 소멸기준권리는 B의 저당권이다.

② A의 임차권은 대항력과 우선변제권을 갖고 있으므로 이 두 가지 권리 중 하나를 선택하여 행사할 수 있다(대결 1993.12.24, 93다39676).

③ 그러나 A가 배당을 요구하는 경우에는 전입일자는 앞서도 확정일자는 저당권 설정일과 같은 날짜이므로 동순위로 채권액에 비례하여 배당한다.

④ A가 대항력을 행사하는 경우에 낙찰자는 A의 임차권을 인수하여야 하고, B는 6,000만 원을 배당받고 소멸되고 나머지 6,000만 원은 채무자에게 반환된다.

⑤ C는 확정일자를 받지 않았기 때문에 배당에도 참여하지 못하고 소멸된다.

⑥ A가 배당을 요구하는 경우에 A는 8,000만 원(12,000×12,000/12,000+6,000), B는 4,000만 원(12,000×6,000/12,000+6,000)을 각각 배당받고 미배당 4,000만 원은 매수인이 인수한다.

(6) 선순위 근저당과 후순위 확정일자 임차권

<사례> 서울 소재 주택, 배당금 1억 2,000만 원

순위	권리내용	권리자	일자	인수 및 말소	배당
1	근저당권 6,000만 원	A	2013.12.21.	소멸기준권리	6,000만 원
2	임차권 1억 원	B	2014.3.23.(전입일자) 2017.12.29.(확정일자)	소멸	3,000만 원
3	가압류 1억 원	C	2017.12.28.	소멸	3,000만 원
4	임의경매신청	A	2018.4.7.	소멸	

① 소멸기준권리는 A의 저당권이다.

② B의 임차권과 C의 가압류는 배당을 받고 소멸한다.

③ 먼저 A는 6,000만 원을 배당받는다.

④ 그리고 B는 임차권은 대항력이 없고 C의 가압류 후에 확정일자를 취득하여 C에 대하여 우선변제권은 없고 가압류채권과 동순위로 A에게 먼저 배당한 액수를 뺀 나머지 배당재원을 안분하여 배당받는다.

즉 B는 3,000만 원[6,000×1억÷(1억＋1억)], C는 3,000만 원[6,000×1억÷ 1억＋1억)] 이 배당된다.

⑤ 따라서 최종적으로 A는 6,000만 원, B는 3,000만 원, C는 3,000만 원을 배당받는다.

> **제5절** **지상권**

1. 2순위 지상권

(1) 지상권의 의의

지상권이라 함은 남의 땅을 빌려서 건물을 지어 사용코자 할 때 지상권설정계약을 하고 그 내용을 등기하는 것을 지상권, 즉 그 땅을 사용할 수 있는 권리를 지상권이라 고 하며, 이때 땅주인을 지상권설정자, 건물 짓는 사람을 지상권자라고 한다. 땅을 임

차하는 임대차계약과 유사하지만 기간이 길고(30년 이상) 등기를 하는 것이 임대차와 다를 뿐이다. 지상권이 만료되면 지상물의 처리에 관해서 지상권자는 철거를 해서 원상복구(민법 제285조제1항)할 의무가 있으나, 그 건물이 경제성이 있으면 지상권자는 지상권설정자에게 사라고 할 수가 있으며 지상권설정자가 필요하면 살 수도 있고 필요가 없으면 안 살 수도 있지만, 지상권설정자가 상당한 가액을 제시하고 사겠다고 하면 지상권자는 거절을 할 수 없다고 민법 제285조제2항에 규정되어 있다. 건물의 경제성을 살리자는 취지이다.

(2) 지상권의 존속기간

① 계약으로 지상권의 존속기간을 정하는 경우에 그 기간은 다음 연한보다 단축하지 못한다(민법 제280조제1항).

소유 목적	최단존속기간
① 견고한 건물(석조, 석회조, 연와조 등)	30년
② ①항 이외의 건물	15년
③ 건물 이외의 공작물	5년
④ 수목	30년

② 전항의 기간보다 단축한 기간을 정한 때에는 전항의 기간까지 연장한다(제2항).

③ 민법상 지상권의 존속기간은 최단기만이 규정되어 있을 뿐 최장기에 관하여는 아무런 제한이 없으며, 존속기간이 영구(永久)인 지상권을 인정할 실제의 필요성도 있고, 이러한 지상권을 인정한다고 하더라도 지상권의 제한이 없는 토지의 소유권을 회복할 방법이 있을 뿐만 아니라, 특히 구분지상권의 경우에는 존속기간이 영구일지라도 대지의 소유권을 전면적으로 제한하지 아니한다는 점 등에 비추어보면, 지상권의 존속기간을 영구로 약정하는 것도 허용된다(대판 2001.5.29, 99다66410).

④ 법정지상권의 경우 당사자 사이에 지료에 관한 협의가 있었다거나 법원에 의하여 지료가 결정되었다는 아무런 입증이 없다면, 법정지상권자가 지료를 지급하지 않았다고 하더라도 지료 지급을 지체한 것으로는 볼 수 없으므로 법정지상권자가 2년 이상의 지료를 지급하지 아니하였음을 이유로 하는 토지소유자의 지상

권소멸청구는 이유가 없고, 지료액 또는 그 지급시기 등 지료에 관한 약정은 이를 등기하여야만 제3자에게 대항할 수 있는 것이고, 법원에 의한 지료의 결정은 당사자의 지료결정청구에 의하여 형식적 형성소송인 지료결정 판결로 이루어져야 제3자에게도 그 효력이 미친다(대판 2001.3.13, 99다17142).

2. 지상권의 권리분석

(1) 인수되는 경우

지상권은 말소기준권리보다 선순위로 설정된 경우에는 낙찰되더라도 소멸하지 않는다. 따라서 지상권자는 존속기간 동안 토지를 사용하는 권리를 행사할 수 있다.

〈사례〉 배당금 1억 원

순위	권리내용	권리자	일자	인수 및 말소	배당
1	지상권	A	1999.12.21.	인수	없음
2	근저당권 6,000만 원	B	2016.3.23.	소멸기준권리	6,000만 원
3	근저당권 4,000만 원	C	2017.10.28.	말소	4,000만 원
4	임의경매신청	B	2017.11.5.		

① 소멸기준권리는 B의 근저당권이다.

② C의 근저당권은 말소된다.

③ A의 지상권은 소멸기준권리인 B의 저당권보다 선순위이므로 인수된다.

④ 따라서 A의 지상권은 매수자에게 인수되고, B는 6,000만 원, C는 4,000만 원을 배당받고 말소된다.

(2) 말소되는 경우

지상권은 토지에 대한 사용을 목적으로 하므로 배당에 참여할 수 없고 우선변제적 효력도 없다.

〈사례〉 배당금 1억 2,000만 원

순위	권리내용	권리자	일자	인수 및 말소	배당
1	저당권 8,000만 원	A	2016.12.21.	소멸기준권리	8,000만 원
2	지상권	B	2017.1.23.	말소	없음
3	근저당권 4,000만 원	C	2017.10.28.	말소	4,000만 원
4	임의경매신청	A	2018.4.9.	말소	

① 소멸기준권리는 A의 저당권이다.

② B의 지상권은 소멸된다.

③ C의 저당권은 배당을 받고 소멸된다.

④ A는 8,000만 원, C는 4,000만 원을 배당받고 A·B·C의 권리는 모두 소멸된다.

제6절 **지역권**

1. 2순위 지역권

(1) 지역권의 의의와 목적

지역권이라 함은 일정한 목적을 위하여 타인의 토지를 자기토지의 편익에 이용하는 권리를 말한다(민법 제291조).

① 어떤 토지(요역지)와 공공도로 사이에 타인의 토지가 있어서 이를 경유해야 할 필요가 있을 때, 그 통행로로 이용될 토지부분을 승역지라고 한다. 그리고 승역지 토지소유자의 승낙이 있을 때 지역권을 등기할 수 있다. 이는 지상권을 설정하는 것과 유사하다.

② 지역권을 설정하는 목적은 토지소유자 변경 여부에 관계없이 안정적으로 통행권을 확보하는 데 목적이 있으므로 통행로 부분이 이미 도로로 지목 변경된 경우는 불필요하고, 일정 기간만 이용하기 위해서는 설정할 필요가 없다.

(2) 지역권의 활용

① 지역권을 설정할 경우, 승역지 토지소유자와 요역지 토지소유자 간 지역권설정
계약서를 작성하고 이를 등기하면 승역지 등기부에 그 사실이 등기된다. 지상권
과 달리 지역권은 토지거래허가 대상이 아니며 취득세는 없고 등록세는 요역지
토지가격(공시지가)의 0.2%이다.

② 지역권 설정할 토지를 도로처럼 분할해서 설정하면 좋다. 큰 토지를 분할하지
않고 그 일부를 승역지로 사용할 경우는 승역지 해당부분을 도면으로 그려서 지
역권설정계약서에 첨부해도 된다.

③ 지역권이 설정되면, 승역지나 요역지의 토지소유자가 바뀌어도 소유권을 승계한
사람한테 그 권리의무가 승계된다. 또한 요역지 토지를 분할한 경우에도 분할된
각 필지에도 동일한 효력이 유지된다.

2. 지역권의 권리분석

선순위 지역권은 경매로 소멸되지 않는다. 지역권은 소유자가 바뀌어도 소멸하지
않는다. 지역권이란 어떤 토지의 이용가치를 증진시키기 위하여 타인의 토지를 통행
(通行)하거나 타인의 토지를 이용 인수(引水)하는 것처럼 특정 토지를 이용하는 용익
물권(用益物權)이며 계약에 의하여 설정된다.

(1) 지역권의 시효취득 요건

지역권은 계속되고 표현된 것에 한하여 민법 제245조의 규정을 준용하도록 되어 있
으므로, 통행지역권은 요역지의 소유자가 승역지 위에 도로를 설치하여 사용하는 객
관적 상태가 민법 제245조에 규정된 기간(20년) 계속된 경우에 한하여 그 시효취득을
인정할 수 있다(대법원 1995.6.13. 선고 95다1088 ; 대법원 1980.1.29. 선고 79다1704).

(2) 권리분석 사례

지역권은 말소기준권리보다 선순위로 설정된 경우에는 낙찰되더라도 지역권은 소
멸하지 않는다. 따라서 지역권자는 존속기간 동안 토지를 사용하는 권리를 행사할 수

있다. 또한 토지에 대한 사용을 목적으로 하므로 배당에 참여할 수 없고 우선변제적 효력도 없다.

<사례> 인수되는 경우 : 배당금 1억 원

순위	권리내용	권리자	일자	인수 및 말소	배당
1	지역권	A	2016.12.21.	인수	없음
2	근저당권 6,000만 원	B	2017.1.23.	소멸기준권리	6,000만 원
3	근저당권 4,000만 원	C	2017.10.28.	말소	4,000만 원
4	임의경매신청	B	2018.4.9.	말소	

① 소멸기준권리는 B의 저당권이다.

② C의 저당권은 소멸된다.

③ A의 지역권은 소멸기준권리인 B의 저당권보다 선순위이므로 인수된다.

④ 따라서 A의 지역권은 매수자에게 인수되고, B는 6,000만 원, C는 4,000만 원을 배당받고 소멸된다.

<사례> 소멸되는 경우 : 배당금 3,000만 원

순위	권리내용	권리자	일자	인수 및 말소	배당
1	근저당권 2,000만 원	A	2016.12.21.	소멸기준권리	2,000만 원
2	지역권	B	2017.1.23.	말소	없음
3	근저당권 1,000만 원	C	2017.10.28.	말소	1,000만 원
4	임의경매신청	A	2018.4.9.	말소	

① 소멸기준권리는 A의 저당권이다.

② B의 지역권은 소멸된다.

③ C의 저당권은 배당을 받고 소멸된다.

④ A는 2,000만 원, C는 1,000만 원을 배당받고 A·B·C의 권리는 모두 소멸된다.

3. 전세권과 지역권의 비교

구분	전세권	지역권
권리의 성격	토지, 건물을 전면적, 배타적으로 사용수익 한다.	승역지 소유자의 인용, 부작위 의무를 내용으로 한다.
객체	부동산(토지, 건물)	토지
존속기간	최장 10년, 건물 최단 1년	명문규정 없다.
대가의 지급	전세금을 전세권의 요소	유상·무상 불문
물권적 청구권	모두 인정	반환청구권은 인정되지 않는다.

제7절 **환매권**

1. 환매권의 의의

'환매권'이란 매도인이 매매계약과 동시에 체결한 특약에 기하여 후일 소유권을 되찾을 수 있는 권리를 말한다. 주로 국가가 공익을 위해 토지를 강제수용한 뒤 아무 조치 없이(공장이나 공원 등을 조성) 5년간 땅을 방치했을 경우 토지의 원주인이 수용당했던 토지대금을 치르고 다시 찾아올 수 있는 권리를 말한다. 환매권은 민법상 환매권과 토지수용과 관련된 환매권의 2가지가 있다. 환매기간은 부동산은 5년, 동산은 3년을 넘지 못하고(제591조제1항), 매도인은 기간 내에 대금과 매매비용을 매수인에게 제공하지 않으면 환매권을 잃는다(제594조제1항). 그러나 이 같은 기간·금액 등의 제약은 실제의 거래와 부합하지 않으므로, 자연인끼리는 이런 제약을 피하여 자유로운 재매매의 예약방식을 취하는 것이 보통이다.

(1) 환매권의 등기

① 매매의 목적물이 '부동산'인 경우에 매매등기와 동시에 환매권의 보류를 등기한 때에는 제3자에 대하여 그 효력이 있다(민법 제592조).

② 환매특약의 등기를 신청하는 경우에는 신청서에 매수인이 지급한 대금 및 매매

비용을 기재하고, 등기원인에 환매기간이 정하여져 있는 때에는 이를 기재하여야 한다(부동산등기법 제43조).

③ 소유권이전등기와 환매특약등기는 동일번호로 접수하되, 소유권이전등기에 부기등기로 한다(동법 제64조의 제1항).

(2) 환매권의 기간

① 환매기간은 부동산은 5년, 동산은 3년을 넘지 못한다. 약정기간이 이를 넘는 때에는 부동산은 5년, 동산은 3년으로 단축한다(민법 제591조제1항).

② 환매기간을 정한 때에는 다시 이를 연장하지 못한다(제2항).

③ 환매기간을 정하지 아니한 때에는 그 기간은 부동산은 5년, 동산은 3년으로 한다 (제3항).

2. 환매권의 인수 여부 권리분석

선순위 환매등기는 경매절차에서 매수자가 인수하여야 한다. 그러나 환매기간이 경료되었거나 말소기준권리보다 후순위인 환매등기는 말소된다.

환매등기는 부동산 매매에 있어 소유권이전등기와 동시에 환매권의 유보를 등기함으로써 제3자에게 대항할 수 있는 권리이다. 소유권을 채권자에게 이전시켰다가 채무변제가 완료되면 환매권리자인 전 소유자에게 소유권을 다시 이전하는 권리이다.

(1) 권리분석 사례

<사례> 인수 대상 : 배당할 금액 1억 원, 감정 2억 원

순위	권리내용	권리자	일자	인수 및 말소	배당
1	환매권 3억 원	A	2016.12.21.	인수	없음
2	근저당권 6,000만 원	B	2017.1.23.	소멸기준권리	6,000만 원
3	근저당권 4,000만 원	C	2017.10.28.	말소	4,000만 원
4	임의경매신청	B	2018.4.9.	말소	

① 소멸기준권리는 B의 근저당권이고 6,000만 원을 배당받고 말소된다.

② C의 근저당권은 4,000만 원을 배당받고 말소된다.

③ A의 환매권은 환매기간이 경료되지 않았기 때문에 매수자가 인수해야 한다. 환매권은 효력존속여부를 확인할 필요가 있다.

④ 경매 후 환매권자 A가 환매대금을 반환하고 소유권이전등기를 하면 매수자는 소유권을 잃게 된다.

〈사례〉 말소 대상 : 배당할 금액 1억 원

순위	권리내용	권리자	일자	인수 및 말소	배당
1	저당권 6,000만 원	A	2016.12.21.	소멸기준권리	6,000만 원
2	환매권	B	2017.1.23.	말소	없음
3	저당권 4,000만 원	C	2017.10.28.	말소	4,000만 원
4	임의경매신청	D	2018.4.9.	말소	

① 소멸기준권리는 A의 근저당권이고 6,000만 원을 배당받고 말소된다.

② C의 근저당권은 4,000만 원을 배당받고 말소된다.

③ B의 환매권은 말소기준권리보다 후순위이기 때문에 말소된다.

〈사례〉 인수 대상 : 배당할 금액 1억 원, 감정 5억 원

순위	권리내용	권리자	일자	인수 및 말소	배당
1	환매권 3억 원	A	2016.12.21.	인수	없음
2	근저당권 6,000만 원	B	2017.1.23.	소멸기준권리	6,000만 원
3	근저당권 4,000만 원	C	2017.10.28.	말소	4,000만 원
4	임의경매신청	B	2018.4.9.	말소	

① 소멸기준권리는 B의 근저당권이고 6,000만 원을 배당받고 말소된다.

② C의 근저당권은 4,000만 원을 배당받고 말소된다.

③ A의 환매권은 환매기간이 경료되지 않았기 때문에 낙찰자가 인수해야 한다. 환매권은 효력존속여부를 확인할 필요가 있다.

④ 매수자는 환매권자 A가 환매대금을 반환하고 소유권이전등기를 하면 소유권을 잃게 된다. 그러나 환매권자가 지불한 3억을 받아야 소유권을 빼앗기기 때문에 매각대금 1억은 손해를 보지만 환매권자에게 3억을 받기 때문에 결국 2억 남는 장사가 되는 셈이다. 결국 환매권자가 환매를 하지 않으면 5억짜리 부동산을 1억에 낙찰받았기 때문에 4억이 남고 환매권자가 환매를 요구하면 2억 남는 장사를 하게 된다는 계산이다.

Ⅳ 권리분석의 함정 특례

제1절 순위 상승 가능 대위변제

1. 대위변제의 목적

(1) 대위변제의 의의

대출금 상환기일이 경과되거나 이자납입 연체 등의 기한의 이익이 상실되어 대출자에게 원리금을 상환토록 통보하였으나, 상환하지 않을 경우 부득이 보증보험회사와의 협약에 의거 보증보험회사에 보험사고 발생에 따른 대위변제를 청구하고 그 대위변제금을 수령하여 대출금을 상환시키는 것을 말한다.

대위변제를 할 수 있는 경우는 다음과 같다.

① 대출 원리금을 약정기일 안에 상환하지 않을 경우

② 대출금 이자를 약정기일에 납입하지 아니한 경우

③ 기타 채무자가 기한의 이익을 상실한 때

한마디로 내가 돈을 빌렸는데 갚지 않거나 갚지 못할 경우에(즉, 위의 3가지 경우) 보증보험회사에서 대신 변제해 주는 제도이나 실제 대위변제는 제3자가 채무자를 대신하여 채무를 변제하여 주는 것을 말한다. 동양의 경우에는 가족에 대한 관계가 서양보다 끈끈하기 때문에 대위변제가 자주 일어난다. 이러한 대위변제자는 채권자에게 대위변제증서를 발부받아 채무자에게 나중에 청구할 권리가 있다.

(2) 대위변제의 종류

1) 임의대위

변제를 함에 관하여 정당한 이익을 가지지 않는 제3자가 변제를 하고 채권자의 승낙을 얻어 채권자에 대위하는 것을 말한다. 지명채권(채권자가 특정되어 있는 통상의 채권)을 대위변제한 때에는 채권자가 채무자에게 대위변제사실을 통지하여야 대위변제자는 채무자에게 대항할 수 있다.

2) 법정대위

변제할 정당한 이익이 있는 자가 변제로써 당연히 채권자를 대위하는 것을 말한다. 채권자나 채무자의 승낙을 필요로 하지 아니한다.

3) 변제할 정당한 이익이 있는 자

연대채무자, 연대보증인, 보증인, 물상보증인, 담보물의 제3취득자 등

(3) 대위변제의 효과

1) 경매신청채권의 대위변제에 의한 경매취소

집행이 정지되고 본안소송(청구이의의 소, 근저당말소청구의 소 등)에서 승소하면 경매는 취소된다.

2) 선순위 가압류, 선순위 근저당의 대위변제에 의한 순위 상승

애초의 말소기준권리가 소멸함으로 인해서 새로운 말소기준권리보다 앞서 있는 권리자(주택임차인, 소멸하지 아니하는 용익권자, 소유권이전청구가등기권자, 처분금지가처분권자 등)는 낙찰자에게 대항력을 취득하게 된다.

> ※ 대위변제란 대위변제＋등기말소를 의미한다. 즉 대위변제를 통한 등기의 말소 또는 순위상승이라는 말이 더 적당한 말이다.

예를 들어 후순위 임차인이 선순위 근저당의 피담보채무를 대위변제하는 경우에 대위변제를 한 사실만으로는 순위 상승(대항력 취득)을 기대할 수 없다. 그것은 그 선순위 근저당은 대위변제의 법리에 의하여 채권자만 변경되었을 뿐 여전히 유효하게 존속하므로 매각으로 선순위 근저당이 소멸되므로 후순위 임차권도 당연히 소멸하기 때문이다. 이와 같은 법리는 선순위 근저당권자와 후순위 임차권자가 동일하다 하여 달라지는 것이 아니다. 따라서 대위변제를 한 후 이를 이유로 대위변제한 피담보채무를 소멸시키고서 그 소멸을 원인으로 하여 선순위 근저당권등기의 말소를 한 후 그

말소사실을 경매법원에 신고하여야만 비로소 그 후순위 채권자(즉 임차인)는 순위상 승의 효력(대항력 취득)을 얻게 된다.

2. 대위변제와 권리분석

(1) 선순위권리 확인

① 임차인이 전부 또는 일부를 배당받지 못하게 될 경우에는 채권액이 적은 선순위 권리의 채무를 변제하면 대항력 있는 임차인이 되고, 이 경우 낙찰자는 대항력 있는 임차인의 보증금을 인수해야 한다.

② 입찰 후 최고가매수신고인이 된 뒤라도 대금납부일까지 등기부등본을 열람하여 등기부상 선순위권리의 말소 여부를 계속 확인해야 한다.

(2) 대위변제의 사례

<사례> 배당할 금액 1억 3,000만 원

순위	권리내용	권리자	일자	인수 및 말소	배당
1	저당 1,000만 원	A	2016.12.21.	소멸기준권리	1,000만 원
2	임차권 1억 2,000만 원 (확정일자 무)	B	2017.12.29.	소멸	없음
3	근저당권 8,000만 원	C	2018.1.23.	소멸	4,000만 원
4	근저당권 4,000만 원	D	2018.1.28.	소멸	2,000만 원
5	임의경매신청	B	2019.1.8.	소멸	

① 소멸기준권리는 A의 저당이다.

② C·D의 근저당권은 말소된다.

③ B의 임차권은 최우선변제에 해당되지 않는다.

④ 또한 확정일자도 없기 때문에 C·D의 근저당권에 우선변제권도 없다.

⑤ 그러나 이 경우에 B가 A의 피담보채권액 1,000만 원을 대위변제하면 A의 저당권은 소멸하고 B의 임차권은 대항력을 취득한다. 이후 매각되면 매수자는 B의 임차권을 인수하여야 한다.

▶ 대위변제 사례

건물 등기 사항 ▶ 건물열람일 : 2018-09-18

구분	설립일자	권리종류	권리자	권리금액	상태	비고
갑1	2006-01-24	소유권	자영실		이전	보존
을1	2006-04-20	(근)저당	우리은행	223,000,000원	소멸기준	(주택) 소액배당 4,000 이하 1,600 (상가) 소액배당 4,500 이하 1,350
갑2	2006-04-27	소유권	한기장		이전	
을3	2006-06-31	(근)저당	우리은행	84,000,000원	소멸	
을5	2009-04-27	(근)저당	우리은행	120,000,000원	소멸	
을7	2011-02-07	(근)저당	열이대부	49,400,000원	소멸	
을8	2013-11-11	(근)저당	우리은행	120,000,000원	소멸	
을10	2015-11-12	(근)저당	한국캐피탈	100,000,000원	소멸	
갑5	2016-09-23	가압류	기술신용보증기금	270,000,000원	소멸	
갑6	2016-09-26	가압류	중소기업진흥공단	141,073,496원	소멸	
갑7	2016-11-24	압류	국-고양세무서		소멸	개인납세1과
갑8	2017-06-09	가압류	유은주	860,612,500원	소멸	
갑9	2018-02-26	강제경매	구근업	청구 : 196,801,910원	소멸	
갑10	2018-03-23	압류	국-금천세무서		소멸	재산법인납세과
갑11	2018-04-05	임의경매	우리은행	청구 : 201,663,017원	소멸	2018타결2773(중복) 주○○○ ○○○○○ ○○○
갑12	2018-06-21	임의경매	에큐온저축은행	청구 : 35,577,991원	소멸	2018타결5130(중복) 주○○○ ○○○○○ ○○○

※ 대위변제하면 을3이 기준권리가 된다.

제2절 견련한 유치권

1. 유치권

유치권은 타인의 물건 또는 유가증권을 점유하는 자가 그 물건이나 유가증권에 관하여 생긴 채권을 가지는 경우에 그 채권의 변제를 받을 때까지 그 물건 또는 유가증권을 유치할 수 있는 권리를 말한다. 예컨대 시계를 수리한 사람은 시계수리비를 받을 때까지는 시계의 인도를 거부할 수 있는데 이것을 유치권이라고 하며, 그 점유가 불법행위로 인한 경우에 적용하지 아니한다.

2. 권리분석

(1) 경매와 불가분성

① 유치권자는 채무자가 변제를 하지 않는 경우 경매를 청구할 수는 있으나 우선변제권이 없으므로 경락대금에서 우선변제를 받을 수는 없다(민법 제322조제1항).

② 그렇지만 유치권자는 채무를 변제받지 못하는 한 계속 유치권을 행사할 수 있으므로 매수자가 결국 변제하지 않을 수 없어 최우선변제를 인정하는 것과 같은 결과가 된다(민법 제321조 참조).

③ 그러나 유치권자는 경락인에 대하여 그 피담보채권의 변제가 있을 때까지 유치목적물인 부동산의 인도를 거절할 수 있을 뿐이고 그 피담보채권의 변제를 청구할 수는 없다.

〈사례〉 유치권 설정된 물건의 권리

순위	권리내용	권리자	일자	배당
1	건물공사계약 2억 원	A와 B	2016.1.2.	인수
2	건물공사완공 공사비 받지 못했음	B	2016.12.21.	인수
3	건물보존등기	A	2017.1.23.	
4	근저당권 설정(건물과 대지) 1억 원	C	2017.10.28.	소멸
5	임의경매신청	C	2018.4.9.	소멸

위 사례에서는 건물공사비 2억 원을 지급받지 못해 위 건물을 유치점유하고 있는 B가 문제이다. 유치권이 인정된다면 낙찰자는 공사비를 물어주기 전에는 위 건물을 인수할 수 없다. 위 사례와 같은 경매목적물은 유치권이 신고되어 있는지 반드시 확인하여야 한다.

> ⊃ 유치권자의 피담보채권의 변제청구 여부
>
> 담보권의 실행을 위한 경매절차에 경락인은 유치권자에게 그 유치권으로 담보하는 채권을 변제할 책임
> 이 있다. 여기에서 '변제할 책임이 있다'는 의미는 부동산상의 부담을 승계한다는 취지로서 인적 채무까
> 지 인수한다는 취지는 아니므로, 유치권자는 경락인에 대하여 그 피담보채권의 변제가 있을 때까지 유
> 치 목적물인 부동산의 인도를 거절할 수 있을 뿐이고 그 피담보채권의 변제를 청구할 수는 없다(대판
> 1996.8.23, 95다8713).

(2) 입찰자의 대비

① 입찰자는 유치권이 등기되지 않고 점유에 의해서만 공시되기 때문에 주의해야
  하지만 이에 대비하는 완벽한 방법은 없다.

② 다만, 유치권이 주로 공사대금에서 발생하므로 최근에 완공한 건물에 더욱 주의를
  요하며 사전에 현장답사를 통해 경매물건의 점유자들을 확인하는 길밖에 없다.

제3절　**강력한 분묘기지권**

---

1. 성립 요건

(1) 분묘의 의의

분묘란 그 내부에 사람의 유골, 유해, 유발 등 시신을 매장하여 사자를 안장한 장소
를 말하고, 장래의 묘소로서 설치하는 등 그 내부에 시신이 안장되어 있음을 필수 요
건으로 한다. 또 봉분 등 외부에서 분묘의 존재를 인식할 수 있는 형태를 갖추고 있는
경우에 한하여 인정되고, 평장이나 암장은 객관적으로 인식할 수 있는 외형을 갖추고
있지 아니하여 인정되지 않는다(대결 1991.10.25, 91다18040).

(2) 분묘기지권의 의의

분묘기지권은 분묘를 수호하고 봉제사하는 목적에 필요한 범위 내에서 타인의 토
지를 사용할 수 있는 권리이다(대판 1997.5.23, 95다29086 · 29093).

2. 분묘기지권의 범위

분묘기지권은 분묘의 기지 자체(봉분의 기저 부분)뿐만 아니라 그 분묘의 수호 및 제사에 필요한 범위 내에서 분묘의 기지 주위의 공지를 포함한 지역에까지 미치는 것이고 그 확실한 범위는 각 구체적인 경우에 개별적으로 정하여야 할 것이고(대판 1997.5.23, 95다29086·29093), 사성(무덤 뒤를 반달형으로 둘러쌓은 둔덕)이 조성되어 있다 하여 반드시 그 사성 부분을 포함한 지역에까지 분묘기지권이 미치는 것은 아니다(대판 1997.5.23, 95다29086·29093).

분묘기지권은 분묘를 수호하고 봉제사하는 목적을 달성하는 데 필요한 범위 내에서 타인의 토지를 사용할 분묘 외에 새로운 분묘를 신설할 권리는 포함되지 아니하는 것이므로, 부부 중 일방이 먼저 사망하여 이미 그 분묘가 설치되고 그 분묘기지권이 미치는 범위 내에서 그 후에 사망한 다른 일방의 합장을 위하여 쌍분 형태의 분묘를 설치하는 것도 허용되지 않는다(대판 1997.5.23, 95다29086·29093).

3. 분묘기지권의 존속기간

① 분묘기지권의 존속기간에 관하여는 민법의 지상권에 관한 규정 적용이 아닌
② 당사자 사이에 약정이 있는 등 특별한 사정이 있으면 그에 따를 것이며,
③ 그러한 사정이 없는 경우에는 권리자가 분묘의 수호와 봉사를 계속하며 그 분묘가 존속하고 있는 동안은 분묘기지권이 존속한다고 해석함이 타당하다.

4. 분묘기지권의 시효취득

(1) 시효취득

① 타인 소유의 토지에 소유자의 승낙 없이 분묘를 설치한 경우에는 20년간 평온, 공연하게 그 분묘의 기지를 점유함으로써 분묘기지권을 시효로 취득한다(대판 1995.2.28, 94다37912).

② 평온한 점유란 점유자가 점유를 취득 또는 보유하는 데 있어 법률상 용인될 수 없는 강포행위를 쓰지 않는 점유이고, 공연한 점유란 은비의 점유가 아닌 점유를 말한다(대판 1996.6.14, 96다14036).

(2) 지료

지상권에 있어서 지료의 지급은 그 요소가 아니어서 지료에 관한 약정이 없는 이상 지료의 지급을 구할 수 없는 점에 비추어 보면, 분묘기지권을 시효 취득하는 경우에도 지료를 지급할 필요가 없다고 해석함이 상당하다(대판 1995.2.28, 94다37912).

(3) 등기의 불필요

분묘기지권은 등기 없이 취득한다(대판 1996.6.14, 96다14036).

5. 매장 및 묘지에 관한 사항

▶ 매장 및 묘지 등에 관한 법률(2001년 1월 시행 법률의 주요 내용)

구분	개정 전	개정 후
묘지 면적	집단 : 4평 개인 : 9평 이내	집단 : 3평 개인 : 9평 이내
분묘설치기간	제한 없음	기본 : 30년, 1회 연장 30년 설치기간 종료 후 유골화장 의무화
불법분묘	분묘기지권 인정	분묘기지권 불인정
강제이행금	-	불법묘 설치자에 매년 2회 벌금 부과
화장, 납골 설치	허가제	신고제
호화분묘 설치	1년 이하의 징역 200만 원 이하의 벌금	매년 2회 반복해서 500만 원씩 부과
유골을 유기하는 행위		2년 이하의 징역에 천만 원 이하의 벌금

6. 분묘기지권의 권리분석(분묘기지권이 인정되는 경우)

① 소유자의 분묘설치에 대한 승낙이 있는 경우

② 소유자의 분묘설치에 대한 계약이 있는 경우

③ 소유자의 승낙은 없었으나 분묘를 설치한 지 20년이 경과할 때까지 소유자가 분묘철거를 요구하지 않은 경우

④ 분묘기지권이 인정되면 매수인은 이 권리를 인수해야 한다. 토지소유자나 연고자의 승낙 없이 설치한 분묘는 토지소유자가 관할 시·군·구청장의 허가를 받아 분묘에 매장된 시체 또는 유골을 개장할 수 있고, 연고자가 없는 무연분묘에 대해서는 관할 시·군·구청장의 허가를 받아 화장하여 납골당에 안치할 수 있다.

제4절 당연성립의 법정지상권

1. 법정지상권

(1) 법정지상권의 의의

법정지상권이라 함은 동일인의 소유에 속하였던 토지와 건물이 경매로 각각 그 소유자를 달리하게 된 때에 건물소유자를 위하여 법률의 규정에 의하여 당연히 성립되는 지상권을 말한다.

(2) 건물의 전세권과 법정지상권

① 대지와 건물이 동일한 소유자에 속한 경우에 건물에 전세권을 설정한 때에는 그 대지소유권의 특별승계인은 전세권설정자에 대하여 지상권을 설정한 것으로 본다. 그러나 지료는 당사자의 청구에 의하여 법원이 이를 정한다(민법 제305조제1항).

② 이 경우에 대지소유자는 타인에게 그 대지를 임대하거나 이를 목적으로 한 지상권 또는 전세권을 설정하지 못한다(제2항).

(3) 저당물의 경매에 의한 법정지상권

저당물의 경매로 인하여 토지와 그 지상건물이 다른 소유자에 속한 경우에는 토지소유자는 건물소유자에 대하여 지상권을 설정한 것으로 본다. 그러나 지료는 당사자의 청구에 의하여 법원이 이를 정한다(민법 제366조).

(4) 담보가등기된 부동산의 경매에 따른 법정지상권

담보가등기는 경매가 개시된 경우에 저당권으로 간주되므로 저당물의 경매에 의한 법정지상권이 성립된다(가등기담보 등에 관한 법률 제12조·제13조).

(5) 입목의 경매에 의한 법정지상권

① 입목의 경매에 의하여 토지와 그 입목이 각각 다른 소유자에게 속하게 되는 경우에는 토지소유자는 입목소유자에 대하여 지상권을 설정한 것으로 본다(입목에 관한 법률 제6조제1항).
② 이 경우에 지료에 관하여는 당사자의 약정에 따른다(제2항).

2. 관습법상 법정지상권

(1) 의의

위 4가지 경우 이외에 판례(관습)에 의하여 인정되는 지상권으로서, 토지와 건물이 동일한 소유자의 소유에 속하였다가 그 건물 또는 토지가 매각 또는 그 이외의 원인으로 인하여 양자의 소유가 다르게 될 때 건물철거의 특약이 없는 이상 건물소유자가 토지소유자에 대하여 취득하게 되는 관습법상의 지상권이 있다.

(2) 관습법상 법정지상권의 성립요건

① 토지와 건물이 동일인의 소유에 속하였을 것
② 매매 기타의 원인으로 소유자가 달라질 것
③ 당사자 사이에 건물을 철거한다는 특약이 없을 것

④ 민법의 지상권 규정을 준용하며 관습법에 의하여 설정계약 없이 성립한다는 점을 제외하고는 보통의 지상권과 다를 것이 없으므로 지상권 규정을 적용한다.

⑤ 관습법상 법정지상권은 존속기간의 약정이 없는 것으로 본다. 따라서 관습법상 법정지상권은 민법 제280조의 법정 최단존속기간 동안 효력을 갖는다.

⑥ 건물 자체의 부지는 물론 그 건물의 유지 및 사용에 필요한 범위 내의 인접부지에 법정지상권의 효력이 있다.

관습법상의 법정지상권 지료는 협의가 이루어지지 않는 경우에는 제366조 단서에 따라 당사자의 청구에 의하여 법원이 정한다.

(3) 소유자동일성 유지기간

① 강제경매로 인하여 관습상의 법정지상권을 취득하기 위하여서는 강제경매를 위하여 압류(가압류)가 있는 때로부터 경락에 이르는 기간 중 계속하여 그 토지 및 지상건물이 소유자를 같이하고 있음을 요하는 것이 아니고 경락 당시에 동일한 소유자에게 속하면 족하다(대판 1971.9.28, 71다1631).

② 저당권설정 후 건물을 건축한 경우에는 건물 없는 토지에 저당권이 설정된 후 저당권설정자가 그 위에 건물을 건축하였다가 담보권의 실행을 위한 경매절차에서 경매로 인하여 그 토지와 지상 건물이 소유자를 달리하였을 경우에는, 민법 제366조(저당물경매에 의한 법정지상권)의 법정지상권이 인정되지 아니할 뿐만 아니라 관습상의 법정지상권도 인정되지 아니한다(대결 1995.12.11, 95마1262).

순위	권리내용	권리자	일자	법정지상권 성립 여부
1	건축물 건축	박권리	2016.5.9.	법정지상권 성립
2	토지에 저당권 설정	M은행	2016.12.21.	
3	건축물 건축	이미정	2019.3.23.	법정지상권 성립 안 됨

3. 법정지상권의 권리분석

① 대지 경매에 있어서 '제시 외 물건 있음', '미등기 건물 있음' 등으로 표시된 경우는 법정지상권 가능성이 있으므로 주의해야 한다.

② 건물이 미등기이거나 무허가건물이라 할지라도 일정한 요건하에서 법정지상권이 발생함에 주의해야 한다.

③ 반드시 현장답사를 하여 토지 위에 법정지상권이 성립할 수 있는 건물 등의 존재를 확인하여야 한다.

④ 경매부동산의 입찰자는 개별 사안별로 법률을 면밀히 검토하여 법정지상권의 성립 여부를 판단하여 응찰 여부를 결정한다.

제5절 공유자의 우선매수권

공유자의 우선매수권은 일단 최고가매수신고인이 결정된 후에 공유자에게 그 가격으로 경락 내지 낙찰을 받을 수 있는 기회를 부여하는 제도이며, 채무자 아닌 다른 공유자는 채무자의 지분에 관하여 다음과 같이 우선매수권이 있다.

1. 통고와 최저경매가격

(1) 경매신청의 등기 및 통고

공유물지분의 경매의 경우에는 채권자의 채권을 위하여 채무자의 지분에 대한 경매의 신청 있음을 등기부에 기입하고 다른 공유자에게 그 경매의 신청 있음을 통고하여야 한다(법 제649조제1항).

(2) 최저경매가격의 결정

최저경매가격은 공유물 전부의 평가액을 기본으로 채무자의 지분에 관하여 정하여야 한다(법 제649조제2항).

(3) 공유자에 불통지한 경우 경락허가결정의 취소

법원은 공유자에게 불통지한 경우 이를 사유로 매각허가결정을 취소할 수 있다. 공유자에 불통지는 항고 가능(대결 1969.10.27, 69마922).

2. 공유자의 매수신고와 경락허가

(1) 공유자의 매수신고

채무자가 아닌 다른 공유자는 경매기일까지 최고매수신고가격의 1/10에 해당하는 현금이나 법원이 인정한 유가증권을 집행관에게 보관하게 하고 최고매수신고가격과 동일한 가격으로 매수할 것을 신고할 수 있다(법 제650조제1항).

(2) 경매기일

여기에서 '경매기일까지'라 함은 집행관이 경매기일을 종결시키기 전까지를 의미하는 것으로서 공유자는 집행관이 최고가매수신고인의 성명과 가격을 호창하고 경매의 종결을 선언하기 전까지는 우선매수신고를 할 수 있다. 즉, 공유자의 우선매수신고시기는 집행관이 입찰의 종결을 선언하기 전까지이면 되지 경매와 달리 입찰마감시각까지로 제한할 것은 아니다(대결 2000.1.28, 98마5871).

(3) 공유자 간의 매수지분

수인의 공유자가 우선매수할 것을 신고하고 보증을 제공한 때에는 그 공유자 간에 매수할 지분에 관하여 특별한 협의가 없는 한 '공유지분의 비율'에 의하여 채무자의 지분을 매수하게 한다(법 제650조제3항). 공유자가 우선매수신고를 한 경우에는 최고가매수신고인을 '차순위매수신고인'으로 보며 실재 최고가 매수신고인이 차순위매수신고를 하면 차순위매수신고인이 된다(법 제650조제4항).

3. 공유자 매수신고의 권리분석

각종 정보를 분석하여 공유물지분의 경매의 경우에는 공유자의 우선매수권이 있으므로 이에 따른 권리를 분석하여 응찰에 대비하여야 한다.

제6절 토지별도등기

1. 토지별도등기의 의의

우리나라 부동산은 토지와 건물 등기부등본을 구분하여 별도로 각각 등기하지만 (단독, 다가구주택 등) 공동주택은 토지와 건물의 등기가 일체로 구성되어 있다. 즉 각 세대마다 지분이 있는데 이를 대지권이라 한다. 따라서 건물과 대지권을 분리해서 매매할 수 없다. 토지별도등기란 토지에 건물과 다른 등기가 있다는 뜻으로 집합건물은 토지와 건물이 일체가 되어 거래되도록 되어 있는바, 토지에는 대지권이라는 표시만 있고 모든 권리관계는 전유부분의 등기부에만 기재하게 되어 있는데, 건물을 짓기 전에 토지에 저당권 등 제한물권이 있는 경우 토지와 건물의 권리관계가 일치하지 않으므로 건물 등기부에 "토지에 별도의 등기가 있다"는 표시를 하기 위한 등기를 말한다. 이 경우에는 감정평가서상에 대지 지분 가격이 포함되어 있다 하더라도 토지등기부상의 권리자가 배당신청을 한 경우에 한하여 토지별도등기가 소멸된다. 이러한 공동주택에 토지별도등기가 되어 있는 경우는 대개 건설회사가 토지를 담보로 설정하고 돈을 빌려 공동주택을 지은 다음, 저당권을 풀고 세대별로 토지등기를 해줘야 하는데 이를 무시하고 도주해 버린 경우에 흔히 발생된다.

공동주택 신축 당시 토지에 근저당을 설정하여 대출을 받아 사용하고 그 대출금을 변제하지 못한 것이 대부분이다. 아니면 근저당이 설정된 뒤에 토지 위에 건물만을 신축하여 분양했을 경우도 있다고 보아야 한다. 이러한 것은 권리 행사하는 데 제약이 크다.

이 경우 토지지분은 개별 소유자 대지권 면적×총 가구 수 = 토지 전체 면적이다. 때문에 개별 빌라 소유자 한 명이라도 소유권이 변경되면 근저당권의 변경사항이 변경되는 것이다. 토지별도등기가 소멸되지 않는 경우에는 반드시 해당 사건 집행기록 (물건명세서)의 '낙찰로 인하여 소멸되지 않는 권리'에 표시되어야 하므로 이를 참고하면 된다.

2. 토지별도등기에 대한 유의사항

① 경매절차에 있어서 토지별도등기가 용익물권(지상권, 전세권 등)인 경우에는 인수하며, 담보물권은 소멸함이 원칙이지만, 이때 실무에서는 용익물권의 경우 인수조건부 특별매각조건을 붙여 입찰이 진행되며 담보물권의 경우 토지에 관한 채권자에게 채권신고를 하게 하여 배당을 청구함으로써 해당 비율만큼 배당으로써 말소시키고 있다.

② 경매물건에 "토지별도등기 있음"이라고 명시되어 있으면 반드시 토지등기부등본을 별도로 떼어보고, 매각물건명세서상에서 등기된 사항(인수되는 권리가 있는지)을 확인한 후 입찰에 응해야 한다.

③ 토지별도등기가 있는 경매물건은 토지저당권자는 토지, 건물 매각대금 중 토지 매각대금에서 지분만큼 받아가고, 소유권이 이전될 때 토지별도등기 있음을 말소시켜 주어야 한다.

④ 토지별도등기가 있더라도 토지에 저당권, 가압류 등 소멸되는 권리가 설정 및 기입등기되어 있을 때에는 매수자는 이것에 상관없이 낙찰받으면 되고 토지저당권, 가압류채권자는 채권액수만큼 토지매각대금에서 배당받아 가고 토지별도등기를 말소시켜 주면 된다.

⑤ 물건에 "토지별도등기 있음"으로 되어 있는데 토지등기부에 저당권이 말소되어 있을 경우에는 신경 쓸 필요가 없다.

⑥ 토지별도등기가 되어 있는데 토지등기부에 가처분, 보전가등기 등 소멸되지 않는 권리가 있을 경우에는 해당 지분만큼 매수인이 인수해야 하기 때문에 입찰에 신중을 기해야 한다. 토지별도등기가 있다는 것은 집합건물의 대지권인 토지에 저당권이나 제한권리 등이 있을 때 그 권리관계를 공시하기 위하여 집합건물등기부에 등재된 것이고, 그 정확한 내용은 토지등기부를 발급받아야 자세히 알 수 있다는 것이다. 이 경우 먼저 토지별도등기를 낙찰자가 인수하느냐는 문제와 선순위세입자가 있을 경우 그 임차금액의 인수 여부를 판단하는 문제가 발생된다.

> **⊃ 토지별도등기의 인수**
> 토지별도등기를 인수한다면 "토지에 대한 저당권을 인수할 것을 조건으로 경매한다."는 내용의 특별매
> 각조건을 공시해야 한다. 이런 절차 없이 경매가 진행되었다면 낙찰불허가 사유, 항고 사유가 된다.
>
> **⊃ 대항력 있는 임차인의 판단**
> 임차인은 건물의 저당일을 기준으로 대항력을 판단하므로 임차인이 토지, 건물 2개의 저당일보다 빠르
> 면 전체 낙찰가에서 배당받고, 토지저당 이후 건물저당 이전에 전입한 임차인이라면 건물의 낙찰대금
> 에서만 배당되고 미배당금은 인수하게 되므로 임차인의 배당가능금액을 정확히 계산해야 한다.

⑦ 건물저당은행이 토지를 담보권 실행한 것이 아니면 토지저당은 말소되지 않는
다. 이 경우 토지저당은 피해를 볼 필요가 없다. 토지와 건물은 별개의 부동산이
므로 은행이 건축물 근저당 설정 시 은행의 토지담보를 알 수 있으므로 건물만
경매되고, 토지저당은 말소되지 않는다.

3. 토지별도등기의 권리분석

구분건물의 저당권자가 경매를 신청한 경우 그 토지의 저당권은 말소되지 않는다.
즉, 건물을 낙찰 받아 소유권등기까지 마쳐도 토지의 저당권자가 경매신청하면 건물
의 낙찰자는 계속 지료를 지불해야 하며 만일 법정지상권이 불성립할 경우에는 건물
을 철거당할 수도 있고 지료 지급을 계속 거절하면 토지소유자는 건물에 대해 강제
경매를 신청할 수도 있어 불리한 권리의 인수, 남의 빚까지 인수하는 불상사가 없게
토지별도등기를 발부받아 권리분석을 철저히 하여야 한다.

재건축정비사업조합에 대지를 매각하면서 조합에서 계약불이행을 하자 그 대지를
가처분한 경우, 대기업에서 그 대지에 아파트를 건축하여 분양했는데 분양받은 사람
들은 대지에 가처분된 사실을 모르는 경우도 허다하다. 대기업에서 분양했으니까 문
제가 없을 것이라는 판단을 했을 것이다. 만약 그 후에도 해결이 되지 않아 가처분권
자가 입주 후 주민들에게 철거소송 및 지료청구, 지료연체자의 아파트를 경매처분하
였다면 매우 유감스러운 결과가 나타날 수도 있을 것이다.

<사례> 별도등기로 토지 일부가 타인에게 넘어간 채 경매 진행된 부동산

○○○○타경○○○○(강제)	매각기일 : 0000-09-08 10 : 00~11 : 20		담당경매3계 (051-220-24**)
소 재 지	부산광역시 동구 ○○동 381-3, ○○빌라트 5층 000호		
물건종별	다세대(빌라)	채 권 자	신용보증기금	감정가격 260,000,000
대 지 권	16.1㎡(4.9평)	채 무 자	우○○	최저가격 260,000,000
건물면적	111.3㎡(33.7평) 토지·건물 일괄매각	소 유 자	우○○	보증금(10%) 26,000,000

물건현황/토지이용	면적(평방미터)	경매진행/감정평가	임차인현황 /대항여부	등기부현황/소멸여부
* ○○고 남동측 인근에 소재, 주위는 단독·공동주택, 근린시설 등이 혼재 * 1호선 초량역, 노선버스정류장이 인근에 소재 * 준공연도 : 1998.02. * 도시가스 난방 ▶가격시점 : 07.06.11./ 가인감정평가	대지 964㎡ 중 16.1㎡ 건물 111.3㎡ (33.67평) 4층 중 4층 방 4, 화장실 2 등 (보존등기일 : 98. 06.19.)	0000.6.16. 낙찰 260,390,000원(100.15%) / 1명 / 불허가 이영화 0000.9.8. 낙찰 265,300,000원 (102.04%) 1명 매각결정기일 0000.09.16. 매각허가결정 대금납부 0000.10.24. 배당기일 0000.11.28. 감정가격 건물 182,000,000원 대지 78,000,000원* 준공년도 : 1998.02. * 도시가스 난방 가격시점 : 07.06.11./ 가인감정평가	000 143,000,000원 전입일 : 2007.05.10. 확정일 : 2007.05.10. 배당요구 주거용 전부	공유자전원지분전부 이전 2006.09.29. 이미정 강제경매 2007.05.31. 신용보증기금 청구금액 31,911,737원 말소기준등기 2007타경8246

이 부동산은 토지별도등기권자가 토지 일부를 경매로 부쳐 다른 사람이 저가로 낙찰받아 지료청구소송을 하여 토지지료를 지급하는 불리한 조건의 부동산으로서 첫 경매에서 낙찰받은 사람은 강남교육원에서 교육받은 수강생인 바, 이 사실을 늦게 알아 저자에게 질의하여 불허가결정이 나게 상담해 준 사건이다. 불허가결정이 난 뒤에 다음 재매각 나왔을 때에는 법원에서 대지권이 토지에 대한 임의경매로 인한 매각으로 964분의 64.3에서 964분의 16.1로 축소되었으며, 16.1 지분 이외의 부분에 대하여는 토지임대료를 지급하고 있다고 함이라는 내용을 공시했다.

제7절	대지권 미등기

1. 대지권(垈地權)

"건물의 대지"란 '전유부분이 속하는 1동의 건물이 있는 토지' 및 '규약에 따른 건물의 대지로 된 토지'[9]를 말하며, "대지사용권"이란 구분소유자가 전유부분을 소유하기 위하여 건물의 대지에 대하여 가지는 권리를 말한다. 즉, "대지사용권"을 줄여서 '대지권'이라 한다.

대지권은 구분건물에 대한 소유권과 대지사용권이 어느 시점에서든지 동일인에게 1회만 동시에 존재하면 그 시점에서 대지권이 성립하고 그 이후에는 대지권이 구분건물에 대한 종된 권리로서 구분건물의 처분에 따라 함께 이전한다.

2. 대지권 미등기

(1) 미등기 발생원인

대지권이 미등기로 표시된 상태로 경공매가 진행되는 경우 대지지분이 경매대상에서 제외된 채 건축물에만 입찰할 수 있는 경우도 있고, 대지지분이 감정가액에 포함되어 진행되는 경우가 있다.

미등기가 발생하는 원인을 살펴보면, 대지면적이 확정되지 못해 소유권이전등기를 하지 못한 경우를 들 수 있고, 건축업자가 소유권이전등기를 마쳤더라도 그중 일부가 소송 중이거나 주택단지의 필지 자체가 대규모일 경우 또는 환지 대상이었을 때 집합건물을 수분양자들에게 대지에 관한 소유권이전을 해주지 못하는 경우 등이다. 후자의 경우 업무처리가 지연되어 등기부상에 대지권의 표시가 나타나지 않는 경우이다.

---

9) 통로, 주차장, 정원, 부속건물의 대지, 그 밖에 전유부분이 속하는 1동의 건물 및 그 건물이 있는 토지와 하나로 관리되거나 사용되는 토지는 규약으로써 건물의 대지로 할 수 있다(집합건물법 제4조제1항).

(2) 대지권 미등기의 소유권

일반적으로 대지권의 토지가격이 감정가액에 포함되어 건축물과 함께 일괄적으로 경매가 진행되지만, 등기부등본상 대지권에 대한 지분등기는 되어 있지 않은 경우도 있다. 이는 최초로 분양받은 소유자가 건물만 등기하고 토지에 대한 추가적인 등기는 하지 않아 발생한다. 토지지분에 대한 취득세나 등록세를 내지 않은 상태이기 때문에 이를 매수자가 부담하여야 하는 경우도 있으므로 주의가 필요하다.

그러나 1) 수분양자가 경매 전에 그 대지권의 등기를 마쳤을 때, 2) 분양받은 사람이 건설업자에게 분양대금을 다 치르고 전유 및 공유부분을 매수하고도 대지권을 등기하지 않았을 때, 3) 대지권이 미등기이나 감정평가서상에 대지권에 대한 평가가 이루어졌을 때에는 대지권이 미등기라도 소유권을 취득한다.

위와 같은 사실 확인이 어려울 때에는, 최초에 분양한 분양사에 문의하여 입주 당시에 수분양자가 모든 분양대금을 완불하였는지를 확인해야 한다. 전액 납부하였다면 소유권 취득의 실질적 요건은 갖추었으므로 대지권도 함께 취득한다고 보아야 한다. 대법원은 "수분양자 및 그로부터 매수하거나 매수자가 적법하게 대지사용권을 취득한다"고 판시하였다.[10]

그러나 대지권 가격이 감정에서 제외된 부동산을 가격이 싸다고 낙찰받는 경우는 그 후에 대지권 소유자가 "구분소유권 매도청구권"을 행사하면 건물소유권을 넘겨줄 수도 있는 복잡한 문제가 발생된다는 점을 주의하여야 한다.

특히, 부동산 경공매에서 가장 위험한 물건 중 하나가 분양대금 미납으로 인한 대지권 미등기 물건이다. 대법원 판례에 의하면 "집합건물의 분양자가 수분양자에게 대지지분에 관한 소유권이전등기나 대지권변경등기는 지적정리 후 해주기로 하고 우선 전유부분에 관하여만 소유권이전등기를 마쳐주었는데, 그 후 대지지분에 관한 소유권이전등기나 대지권변경등기가 되지 아니한 상태에서 전유부분에 대한 경매절차가 진행되어 제3자가 전유부분을 경락받은 경우, 그 경락인은 집합건물법 제2조제6호의 대지사용권을 취득하고, 이는 수분양자가 분양자에게 그 분양대금을 완납한 경우는 물론 그 분양대금을 완납하지 못한 경우에도 마찬가지이다. 따라서 그러한 경우 경락인은

---

10) 대법원 2000년 11월 16일 선고 98다45652 판결

대지사용권 취득의 효과로서 분양자와 수분양자를 상대로 분양자로부터 수분양자를 거쳐 순차로 대지지분에 관한 소유권이전등기절차를 마쳐줄 것을 구하거나 분양자를 상대로 대지권변경등기절차를 마쳐줄 것을 요구할 수 있고, 분양자는 이에 대하여 수분양자의 분양대금 미지급을 이유로 한 동시이행항변을 할 수 있을 뿐이다."고 하였다.[11] 즉, 분양대금을 미납한 경매 물건을 낙찰받는다면 분양대금을 모두 완납하지 않으면 매수자(낙찰자)는 대지권을 취득할 수 없다는 의미이다. 때문에 아무리 가격이 저렴하게 나온 경매여도 물건을 꼼꼼히 알아보고 확인해서 낙찰을 받아야 훗날 다가올 위험 부담을 줄일 수 있다. 대지권 미등기 매물을 낙찰받을 땐 경매를 통한 수익만 고려하지 말고 법리 숙지 후 응찰해야 손해가 없을 것이다.

(3) 대지권 등기 없는 건물의 종류

대지권 등기 없는 집합건물은 두 가지 경우로 나누어볼 수 있다.

첫째, 실제 대지사용권이 없는 경우(예컨대 시유지에 건축된 집합건물, 연립주택 등의 사례) 둘째, 대지사용권이 있으나 환지 등 절차의 미비로 대지권의 등기를 경료하지 못한 경우로 후자의 경우가 주로 문제된다. 이 경우 만일 평가 제외되었고 위 두 가지 중 어느 경우도 아니라면 대지권 없이 건물만을 매입하는 것이므로 경공매에 신중한 접근이 필요하다.

3. 대지권 미등기 건물의 권리분석

(1) 권리분석

대지권이 미등기된 건축물은 대지권의 소유권을 취득하지 못함으로써 오는 철거나 지료지급의 문제가 남아 있음을 미리 알고 법리 숙지 후 철저한 권리분석이 필요하다.

어느 경우든 입찰참여자는 '대지권 미등기'라는 문구가 있으면 반드시 대지권 가격도 감정평가되었는지를 법원의 감정평가서를 통해 확인해야 한다. 대지권이 감정에 포함되어 있다면 아직 등기가 되어 있지 않았지만 추후 등기하면 소유권이 넘어올 수

---

11) 대법원 2006.9.22. 선고 2004다58611 판결 [소유권이전등기]

있는 것이라 입찰하여도 무방하지만, 감정에 포함되어 있다면 '대지권 없음'으로 분류되어 대지지분에 대한 소유권이 없어 신중한 의사결정이 필요하다.

(2) 어려운 법리나 사실파악에 의한 고수익 창출

반면, 대지권 없는 건축물이 경공매로 여러 번 유찰되어 저가로 매수하였을 때 대지권을 추가로 매입할 수 있다면 경공매로 매수한 자는 높은 수익률을 올릴 수도 있을 것이다. 이러한 것을 재무관리에서는 '위험프리미엄'이라 한다.

4. 대지권 미등기 건물에 대한 의사결정

대지권이 등기되지 않은 경공매 건축물을 매수했다면 물건의 종류에 따라 그 상황은 달라진다. 만약 '단독건물'이라면 토지의 소유자가 원하면 건물을 철거하고 토지의 소유자에게 인도해야 한다. '집합건물'이라면 상황이 다르다. 만약 낙찰받은 건축물이 아파트 10층의 1001호라면 1001호만을 철거할 수 없기 때문에 토지 소유자가 1001호의 구분소유자에게 그 전유부분을 자기에게 매도하라고 청구할 수 있다. 다른 방법으로는 구분소유자가 대지권을 매수하거나, 토지 소유자에게 지료를 지불하고 전유부분을 사용할 수도 있다. 그러나 지료도 연체되면 해당 전유부분이 경매당할 수도 있어 유의해야 한다.

따라서 대지권 미등기인 집합건물에 입찰할 때는 토지등기부등본을 확인하여 최초로 분양할 당시에 구분소유자가 대지권을 함께 취득했는지를 알아보는 것이 좋다. 관리사무소나 근처의 공인중개사사무소를 방문하여 대지권이 미등기인 이유를 알아보는 것도 좋은 방법이다.

V 기준 권리의 소멸 및 인수

1. 인수주의와 소멸주의

(1) 인수되는 권리

순위	권리내용	권리자	일자	인수 및 말소	배당
1	임차인	이미정	2016.5.4.	인수	
2	근저당	W은행	2016.7.21.	소멸기준권리	
3	가압류	○○캐피탈	2016.12.21.	말소	
4	건물철거가처분	박권리	2017.1.23.	인수	
5	강제경매기입등기	○○캐피탈	2019.1.9.	말소	
위 권리 중 부동산등기부등본상에서 등기일자가 가장 빠른 권리가 소멸기준권리가 됨					

○ 인수주의와 소멸주의의 선택(민사집행법 제91조)

① 압류채권자의 채권에 우선하는 채권에 관한 부동산의 부담을 매수인에게 인수하게 하거나, 매각대금으로 그 부담을 변제하는 데 부족하지 아니하다는 것이 인정된 경우가 아니면 그 부동산을 매각하지 못한다.

② 매각부동산의 모든 저당권은 매각으로 소멸된다.

③ 지상권·지역권·전세권 및 등기된 임차권은 저당권·압류채권·가압류채권에 대항할 수 없는 경우에는 매각으로 소멸된다.

④ 제3항의 경우 외의 지상권·지역권·전세권 및 등기된 임차권은 매수인이 인수한다. 다만, 그중 전세권의 경우에는 전세권자가 제88조에 따라 배당요구를 하면 매각으로 소멸된다.

⑤ 매수인은 유치권자(留置權者)에게 그 유치권(留置權)으로 담보하는 채권을 변제할 책임이 있다.

▶ 전세권 소멸 기준권리의 전부 또는 일부

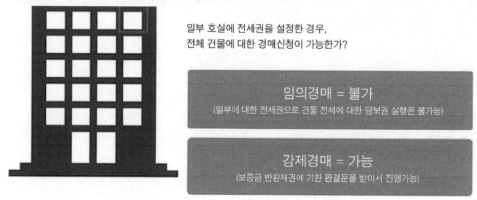

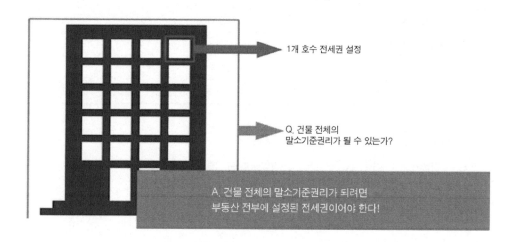

(2) 소멸되는 권리

소멸기준권리 이후에 전입신고한 임차인이나 그 외에 권리자들은 낙찰에 의해 소유권이전등기 시 그 권리가 소멸되는데, 이와 같이 대항력 없는 권리들이 소멸되는 것을 '소멸주의'라 한다.

- **■ 항상 소멸되는 권리**
  - ① (근)저당권, 담보가등기, 압류, 가압류, 배당요구 신청한 선순위전세권
  - ② 말소기준권리 이후에 등기된 용익물권(전세권, 지상권, 지역권)
  - ③ 말소기준권리 이후에 등기된 '가등기, 가처분, 환매등기'
  - ④ 말소기준권리 이후에 점유 및 전입신고한 임차인

순위	권리내용	권리자	일자	인수 및 말소	배당
1	가압류	OO캐피탈	2017.5.4.	소멸기준권리	
2	임차인	이미정	2017.7.21.	말소	전입일 익일부터 대항력 발생
3	가처분	나처분	2017.8.21.	말소	
4	가등기	박가등	2018.1.23.	말소	
5	근저당	OO은행	2018.10.8.	말소	
6	환매등기	김환매	2019.4.9.	말소	

(3) 인수주의

말소기준권리보다 선순위로 취득한 권리들은 낙찰로 인하여 소유권이전촉탁등기가 되더라도 소멸되지 않고 매수인에게 인수되는데 이를 인수주의라 한다.

- **인수되는 권리**

① 유치권(점유)

② 법정지상권, 분묘기지권(현장 확인)

③ 예고등기(등기)

④ 건물에 대한 철거가처분(등기)

⑤ 소멸기준권리보다 선순위 지상권, 전세권, 지역권, 임차권, 환매권

⑥ 소멸기준권리보다 전입과 점유가 빠르고 대항력 있는 선순위임차인

⑦ 소멸기준권리보다 전세권이 선순위이면 배당요구하면 소멸되고 배당요구하지 않으면 매수인에게 인수된다. 말소기준권리보다 늦은 전세권은 배당신청에 관계없이 소멸된다.(소액조견표 p.59 참조)

순위	권리내용	권리자	일자	인수 및 말소	배당
1	가압류	대우캐피탈	2017.5.4.	소멸기준권리	
2	전세권	이미정	2017.7.21.	소멸	
3	임차인(소액)	박권리	2017.12.21.	소멸	
4	임차인	나임차	2018.1.23.	소멸	
5	근저당	W은행	2019.4.28.	소멸	

2. 권리분석 방법

① 먼저 등기부등본상의 갑구, 을구의 권리들을 각각 순위별로 나열하여 적는다.

② 갑구, 을구 구분 없이 전체를 접수일자가 빠른 순으로 적는다.

　만일 갑구, 을구 접수일자가 같으면 접수번호가 빠른 것을 선순위로 한다.

③ 순서별로 정리한 권리 중 가장 앞선 (근)저당, (가)압류, 담보가등기 전세권(소멸·인수주의)이 기준권리가 된다.

순위	권리내용	권리자	일자	인수 및 말소	배당
1	전세권	이미정	2017.5.4.	말소	신청
2	압류	서울시청	2017.7.21.	소멸기준권리	
3	근저당	W은행	2017.12.21.	소멸	
4	가압류	나검토	2018.1.23.	소멸	
5	담보가등기	박권리	2019.4.28.	소멸	

④ 소멸기준권리가 결정되었으면 이번에는 임차인의 주민등록 전입일을 확인해야 한다. 임차인의 전입일이 기준권리보다 하루라도 빠르면 대항력 있는 선순위 임차인에 해당되어 임대차보증금은 낙찰자가 인수 부담하여야 한다.

순위	권리내용	권리자	일자	인수 및 말소	배당
1	임차인	이미정	2017.5.4.	인수	신청
2	가등기	김수요	2017.7.21.	인수	
3	근저당	W은행	2017.12.21.	소멸기준권리	
4	가처분	나검토	2018.1.23.	소멸	
5	지상권	박권리	2019.4 28.	소멸	

⊃ 대항력의 의미

주택임대차보호법에서 인정한 대항력이란 주택임차인이 주택의 점유와 주민등록을 마친 때에는 임차주택이 매매나 경매 등에 의하여 주인이 바뀌는 경우에도 새로운 임차주택의 소유자에 대해서 임차권을 주장할 수 있는 권리를 말한다.

우선변제권은 위 대항요건을 갖춘 임차인이 임대차계약서에 확정일자를 갖춘 경우에 임차주택이 경매 또는 공매될 경우 경락대금에서 후순위권리자보다 우선하여 배당금을 먼저 지급받을 수 있는 권리를 말하는 것이다.

주의해야 될 것은 대항력을 갖추었다 하더라도 그 이전에 임차주택에 대하여 선순위권리자가 있는 경우(저당권자, 압류채권자, 가압류채권, 담보가등기 등) 선순위권리자의 권리실행으로 인한 경매절차에서 소유권을 취득한 사람에 대하여는 대항력을 행사할 수 없다는 것이다. 이런 경우에 대비하여 계약서상의 확정일자를 반드시 받아두어 우선변제권을 확보하여야 한다.

〈사례〉 매각금액 1억 원(안성)

순위	권리내용	권리자	일자	인수 및 말소	배당
1	임차인	이미정 5,000만 원	2017.3.20.	인수(확정일자 없음)	신청
2	근저당	W은행 5,000만 원	2017.4.7.	소멸기준권리	
3	임차인	박권리 6,000만 원	2019.2.10.	소멸(확정일자 없음)	신청
4	임차인	나검토 6,000만 원	2019.9.12.	소멸(확정일자 없음)	신청
5	근저당	S저축은행 1,000만 원	2019.10.12.	소멸	
6	임차인	마창구 6,000만 원	2020.4.1.	소멸(확정일자 있음)	신청

대항력 있는 임차인은 확정일자가 말소기준권리보다 날짜가 선순위로 되어 있어야 매수인이 인수하지 않는다. 또 말소기준권리보다 대항력이 있는 임차인은 꼭 배당신청을 하여야 매수인이 인수하지 않고 배당금액에서 배당받고 소멸한다. (말소기준권리보다 대항력 있는 임차인은 확정일자, 배당요구신청이 있어야 한다.)

순위	권리내용	권리자	일자	인수 및 말소	배당
1	가처분	복부인	2018.5.4.	인수	
2	지상권	나검토	2018.7.21.	인수	
3	근저당	W은행	2018.12.21.	소멸기준권리	
4	유치권	갑을건설	2019.1.23.	인수	
5	예고등기	최재용	2020.4.28.	인수	

3. 소액임차인의 권리분석 (대법원 2001다 84824호)

소액보증금의 최우선변제 적용 여부 판단시점은 임차인이 임대차계약을 체결한 시점을 기준으로 하지 않고, 임차주택의 최초담보물권설정 시점을 기준으로 한다. 즉 소액임차인[12] 최우선변제의 혜택을 볼 수 있는 소액임차인의 범위와 배당액은 등기부상의 최초 근저당설정일자를 기준으로 해서 정해진다.

최초 저당권설정일 기준으로 임차인보증금 중 일정액을 최우선으로 배당받을 수 있다. 소액임차인 보증금액이 매각대금('대지를 포함한 주택가액'이라고도 한다.[13]) 1/2을 초과하면 1/2을 배당받는다.

<사례> 매각금액 1억 원(서울)(소액조견표 p.59 참조)

순위	권리내용	권리자	일자	인수 및 말소	배당
1	임차인	이미정 6,000만 원	2017.5.6.	인수 확정일자 있음	신청
2	근저당	W은행 1억 원	2019.7.1.	소멸기준권리	
3	임차인	박권리 6,000만 원	2019.10.2.	소멸 확정일자 있음	신청

<사례> 매각금액 1억 원(부천)(소액조견표 p.59 참조)

순위	권리내용	권리자	일자	인수 및 말소	배당
1	임차인	이미정 3,000만 원	2019.5.4.	인수	
2	근저당	S은행 2,000만 원	2019.7.21.	소멸기준권리	신청
3	근저당	W은행 4,000만 원	2019.12.21.	소멸	
4	임차인	박권리 1억 원	2020.4.23.	소멸 확정일자 있음	신청

<사례> 매각금액 1억 2,000만 원(인천)(소액조견표 p.59 참조)

순위	권리내용	권리자	일자	인수 및 말소	배당
1	임차인	이미정 6,000만 원	2019.5.4.	인수	신청
2	근저당	W은행 1억 원	2019.7.21.	소멸기준권리	
3	임차인	박권리 6,000만 원	2019.12.21.	소멸	신청
4	임차인	나검토 6,000만 원	2020.4.23.	소멸	신청

---

12) "'소액임차인'이라 함은 임차보증금이 일정금액 이하이고, 경·공매 공고에 대한 등기 또는 압류(경매개시결정)등기 이전에 주민등록의 전입과 주택의 인도(상가 건물의 경우 사업자등록 신청과 상가의 인도)를 마친 임차인을 말한다." 김찬우·이택준·김지원, 나만 따라오면 부자되는 공매, 2017, p.219 참조.

13) 김창식, 부동산경매백과, 2017, p.251.

4. 상가 임차인 권리분석

(1) 확정일자

우선변제권과 최우선변제권이 인정되는 기준금액이 법 적용의 범위와 관련하여 확정일자 우선변제권이 인정되는 보증금 상한액과 확정일자 여부와 관계없이 최우선변제권이 인정되는 소액보증금 및 그 기준금액을 정한다. (단, 최우선 변제되는 금액은 대지가격을 포함한 부동산가액의 1/2 범위 내에서만 인정된다.)

〈사례〉 서울 1억 원

순위	권리내용	권리자	일자	인수 및 말소	배당
1	근저당	W은행 5,000만 원	2019.6.4.	소멸기준권리	
2	상가임차인	이미정 5,000만 원/150	2019.7.20.	소멸(확정일자 있음)	
3	근저당	S은행 5,000만 원	2019.12.21.	말소	
4	상가임차인	마창구 4,000만 원/100	2020.2.23.	소멸(확정일자 있음)	

(2) 상가보증금 비율

임대료(월세)를 보증금액으로 환산하는 비율(보증금환산율)을 100으로 한다. 예를 들어 보증금 5천만 원에 월세 150만 원일 경우 이를 보증금액으로 환산하면 5천만 원 +(150만 원×100) = 2억 원이 된다.

(3) 차임증액청구의 상한선

당사자 사이 임대료 증감청구권을 인정하되, 증액청구의 경우 그 증액청구의 상한을 청구 당시 차임 등의 12%로 함

㉆ 보증금 5,000만 원에 월세 150만 원으로 임대차계약을 체결한 경우 임대인 측이 증액청구를 함에 있어서 보증금은 5천6백만 원 이하, 월세는 168만 원 이하의 금액까지만 증액청구할 수 있다.

(4) 기존 임차인에 대한 경과조치(부칙)

법 시행을 2002년 11월 1일부터로 하되, 시행 당시의 기존 임차인에게도 임대차계약

서상의 확정일자를 신청할 수 있도록 한다.

그러나 2002년 11월 1일 이전에 물권을 취득한 제3자에 대하여는 임차인이 확정일자에 의한 우선변제권을 주장할 수 없다.

예를 들면 기존 상가임차인이 2002년 10월 20일 확정일자를 받고 5일 후인 10월 25일자로 당해 건축물에 근저당권이 설정된 경우 임차인은 그 저당권자에게 확정일자가 앞선다는 것을 이유로 우선변제권을 주장할 수 없다.

순위	권리내용	권리자	일자	인수 및 말소	배당
1	상가임차인	이미정	2012.4.12.	소멸	
2	근저당	W은행 5,000만 원	2015.11.30.	소멸기준권리	
3	근저당	S은행 5,000만 원	2018.10.11.	소멸	
4	상가임차인	마창구 4,000만 원/100	2020.4.20.	소멸	

민사특별법
(民事特別法)

06 민사특별법

I 주택임대차보호법

「주택임대차보호법(住宅賃貸借保護法)」은 주거용 건물의 임대차에 관하여 민법에 대한 특례를 규정함으로써 국민 주거생활의 안정을 보장할 목적으로 1981년에 제정된 법률이다. 이 법은 임차인이 다른 권리자에 우선하여 대항력(전입신고 및 점유)과 확정일자를 갖춘 경우, 선순위 권리자로서 후순위 권리자들에 우선하여 임대차보증금 전액을 보장해 주는 등 임차인에게만 유리하게 제정된 '편면적 강행규정'으로 되어 있으며 제정 이후 수차에 걸쳐 수정 보완되어 2023년 현재에 이르렀다.

동법은 경매입찰자에게는 권리분석 시 매우 중요한 검토 대상 법률이다. 물론, 토지의 경우 법률상의 주택(주거용 건물과 그에 딸린 토지)이 아니므로 적용대상이 아니다. 목적 부동산이 주거용에 해당하는지의 구별실익은 첫째, 임차인의 보증금을 최고가 매수자(경락받아 잔금을 지불한 자)가 '인수'하는지 '소멸'되는지의 권리분석 판단에 중요한 위치에 있으며, 둘째, 낙찰 후 명도 시 '인도명령' 대상이냐 '명도소송' 대상이냐의 기준역할이 되기 때문이다.

1. 주택임차인

임차인은 주택에 대한 사용의 대가로 보증금을 지급하고, 건물을 사용하는 임차인을 말하며 이때 임대차기간은 기간을 정한 어느 정도 계속적인 관계에 있어야 한다. 일시 이용 및 출장 등을 위한 1~2개월 정도의 단순 임대차와 같이 일시 사용의 경우는 이 법의 적용대상이 되지 않는다. 법인은 원칙적으로 이 법의 보호대상이 되지 않는다. 이상의 적용대상자 및 주택을 개별적으로 살펴본다.

① 미성년자의 경우 자신이 직접 계약할 수 없고 보통 보호자인 부모님 명의로 계약하는 경우가 많다. 이 경우에는 거주하고 있는 미성년자가 전입신고를 하고 계약서에 확정일자를 받으면 대항력과 우선변제권을 취득할 수 있다.

② 외국인, 영주권자도 보호를 받을 수 있다. 외국인도 전입신고와 확정일자를 받으면 주택임대차 보호법 적용을 받을수 있다. 이 경우 외국인 등록증을 지참하여 출입국사무소 혹은 해당구청에 가서 체류지변경신고를 하면 우리나라 전입신고의 효력이 발생하게 된다. 그리고 나서 계약서를 가지고 가까운 등기소나 공증사무소, 혹은 지방법원에 가서 확정일자를 받으면 대항력을 갖추게 된다.

③ 법인은 보호받을 수 없다. 원칙적으로 법인의 경우 주택임대차보호법의 보호가 안된다. 법인은 법인 자신이 대항요건인 주민등록을 전입할 수도 없고 법인의 대표 명의로 주민등록을 전입한다 하더라도 이는 법인의 주민등록으로 볼 수 없으며 서민의 주거안정을 보호하려는 입법취지에도 어긋나기 때문이다. 주택임대차보호법은 자연인인 서민들의 주거생활의 안정을 보호하려는 데 목적을 두기 때문이다. 대법원에서도 '법인이 사원용 주택의 마련을 위하여 주택을 임차하고 그 소속 직원을 입주시킨 후 직원 명의로 주민등록을 마쳤다 하여도 이를 법인의 주민등록으로 볼 수는 없으며, 법인이 주택을 인도받고 확정일자를 구비하였다 하더라도 우선변제권을 주장할 수 없다'고 판시하고 있다(대법원 96다7236,96다7236 1997.7.11.).

단, 대통령령으로 정하는 법인인 경우, 중소기업법상 중소기업이 소속직원의 주거용으로 주택을 임차한 경우는 해당주택을 인도받고 주민등록을 마쳤을 때 보호법이 적용된다. 또한 주택임대차보호법의 제3조제2항에서 규정한 "대항력이 인정되는 법인의 범위"에 따른 법인은 한국토지주택공사법에 따른 LH공사와, 지방 공기업법에 따른 주택 사업목적으로 설립된 서울특별시의 SH공사와 같은 지방기업, 즉 두 곳이 있다.

④ 일시 사용을 위한 임대차가 명백한 경우는 주택임대차보법의 보호를 받을 수 없다.

2. 외국인의 경우

외국인은 주택임대차보호법의 보호대상이 된다. 출입국관리법 제32조 및 제36조에 의하면 90일을 초과하여 체류하는 외국인은 외국인 등록을 해야 하고, 체류지를 변경할 때에는 신 체류지에 전입신고를 해야 한다고 규정하고 있고 주민등록법 시행령에서 외국인은 주민등록신고 대신 출입국관리법에 의한 외국인 등록을 하면 된다고 명시하고 있으므로, 외국인도 대항요건(내국인의 전입신고)을 갖출 수 있으므로 본 법의 보호대상이 된다.

3. 임차인의 승계인

임차권도 재산권이므로 특별한 사정이 없는 한 임차인의 사망에 따라 상속인에게 포괄적으로 상속되어 상속인과 임대인 사이의 임대차관계로 상속하게 된다. 그런데 주택의 임차권은 단순한 재산으로서의 의미를 넘어 임차인 및 그와 공동생활을 하던 가족들이 주거생활을 영위할 현실적인 권리이므로, 공동생활을 하던 가족들이 상속인이 아니거나(예를 들어, 사실상의 혼인관계에 있는 자) 후순위 상속인인 경우(예를 들어, 부모나 형제)에는 이들의 주거안정을 보호하기 위해 「민법」의 상속제도에 대한 특례를 규정하고 있다.

즉, 임차인이 상속인 없이 사망한 경우에는 그 임차주택에서 가정공동생활을 하던 사실상의 혼인관계에 있는 사람이 단독으로 임차인의 권리와 의무를 승계한다(「주임법」 제9조제1항).

※ '가정공동생활'이란 동거를 하면서 생계를 함께하는 것을 의미한다.

4. 전대차인

임대인의 동의를 얻어 전 임차인(전대인)과 전대차계약을 체결한 임차인(전대차인)도 대항력(점유 및 전입신고)을 갖추었다면 본 법의 보호대상이 된다.

5. 임차인이 보호받을 수 있는 법적 제도

현행 주택임대차보호법은 국민 주거생활의 안정을 보장하기 위하여 주택임차인 보호를 위한 여러 요건 규정을 두고 있는바, 그중 대표적인 것이 대항력, 확정일자, 소액보증금의 세 가지이다.

대항력은 대항요건, 즉 전입신고(주민등록)와 점유(입주)만 해 두면 그 후에 주택이 매각(경공매 포함)되어도 승계인(새 주인)에게 임차권을 계속 주장할 수 있게 한 것이다. 단, 경매 때에는 최선순위의 (근)저당권, 가압류 등기보다도 앞서서 전입신고와 점유를 할 때에만 '대항력'이 인정된다는 점에 유의하여야 한다.

'확정일자에 의한 우선변제권'은 대항요건을 갖추고 계약서에 확정일자까지 받아 두면 경매되더라도 낙찰대금에서 후순위 담보권자나 기타 채권자보다 우선하여 보증금을 배당받을 수 있는 권리이다. 즉 "물권화되어 2순위로 진입한다"라고 할 수 있다.

배당에 관한 '배당순위 일람표'를 기준으로 설명할 필요가 있다. 2순위의 배당순서는 대항요건(전입신고 및 점유)을 갖춘 날의 다음 날과 확정일자 중 늦은 날을 기준으로 다른 담보권과의 선후를 가린다.

권리 발생	확정일자	대항력	배당신청	결론
2019.4.6. 전입 및 점유	×	○	해당 없음	2019.4.7. 0시 0순위 진입[1] 보증금 전액
2019.5.11. 근저당	2순위			소멸기준권리(등기)
2020.2.8.	○	×	○	2020.2.8. 낮 2순위 진입 보증금 전액

---

1) 원칙적으로 0순위는 소액보증금에 한하지만, 기준권리보다 앞서기 때문에 보증금 전액이 보호됨.

6. '대항요건'만 갖춘 경우와 '확정일자까지 갖춘 경우'의 비교

소멸기준권리(등기)인 저당권 설정이 없는 주택에 임대차계약하여 '대항요건'만 갖춘 주택임차인은 경공매로 소유자가 변경되더라도 임차권이 소멸하지 않아 그 '대항력'으로 소유권의 승계자인 최고가매수인(대금납부자)에게 대항해 보증금을 반환받을 때까지 점유를 이전하지 않아도 되지만, 저당권이 설정된 주택에 임차인으로 세 들면 '대항요건'을 갖추더라도 경공매되면 '임차권'이 소멸되어 낙찰자(대금납부자)에게 대항하지 못한다. 이때 '소액보증금'도 아니라면 배당에는 전혀 참여할 수 없다.

이 경우 '확정일자'까지 받았다면 2순위 배당권자로 진입되어 배당에 참가하여 다른 후순위 담보권자나 채권자보다 앞서 배당을 받을 수 있다. '확정일자'는 2순위 배당권자로서 배당참가 자격과 유사하다.

<사례> 부산광역시의 주택 확정일자 있는 경우(배당할 액수 1억 원)

순위	권리내용	권리자	일자	배당	
				배당금	배당누계
1	저당권 8,000만 원	물권 A	2018.3.18.	8,000만 원	8,000만 원
2	임차권 9,000만 원	채권 B	2019.3.19. 전입+확정일자	2,000만 원	1억 원
3	가압류 2,000만 원	채권 C	2019.4.20.	배당금 없음	1억 원

① 저당권 A가 B임차권보다 선순위이므로 8,000만 원 배당을 받는다. 배당가능 잔액은 2,000만 원이다. B임차권은 대항력은 없지만 확정일자가 있기 때문에 2순위의 권리로 진입하지만 1억 원 중 A 배당 후 남은 금원 2,000만 원 배당만 받고, 나머지 7,000만 원은 배당잔액이 없어 못 받을 뿐만 아니라, 매수자에게도 변제 요구할 수 없다.

② C가 압류는 후순위 채권자로서 남은 금원이 없어 전혀 배당받지 못하고 소멸된다.

<사례> 부산광역시의 주택 확정일자 없는 경우(배당할 액수 1억 원)

순위	권리내용	권리자	일자	배당	
				배당금	배당누계
1	저당권 4,000만 원	물권 A	2018.3.18.	4,000만 원	4,000만 원
2	임차권 8,000만 원	채권 B	2019.3.19. 전입	배당금 없음	4,000만 원
3	가압류 8,000만 원	채권 C	2019.4.20.	6,000만 원	1억 원

① 저당권 A가 B임차권보다 선순위이므로 4,000만 원 배당을 받는다. 배당가능 잔액은 6,000만 원이다.

② B임차권은 확정일자가 없어 배당에 참여할 자격이 없고, 대항력조차 없어 매수자에게 변제를 요구할 수도 없다. 확정일자의 중요성이 강조되는 상황이다. 대항력이 없는 임차권자가 확정일자를 받지 않는다는 것은 권리를 포기함과 유사하다. 단, 임차권이 8,000만 원이 아니라 6,000만 원 이하였다면(부산의 경우), 최우선변제권 2,000만 원의 배당은 받을 수 있다.

③ C의 압류는 남은 배당금 6,000만 원을 배당받고 소멸된다.

7. 확정일자를 받은 임차인과 전세권을 설정하는 것의 차이

확정일자를 받으면 그 일자에 전세권설정등기를 한 것처럼 경매 시 우선변제권이 생기는데 구체적으로는 다음과 같은 차이가 있다.

임대인이 보증금 반환을 지체하는 경우에 전세권은 전세주택을 경매 신청할 수 있으나 확정일자 임차인은 경매를 신청할 수는 없고 강제로 받으려면 다른 담보권자가 경매를 신청할 때까지 기다리거나 보증금반환소송을 제기해 판결을 받아 이 판결문으로 경매를 신청할 수 있을 뿐이다.

(1) 대항요건의 필요

확정일자에 의한 보증금 우선변제권은 입주와 주민등록이라는 대항요건을 갖추어야 하지만 전세권은 그런 요건이 필요 없이 단지 등기만 해 두면 된다.

(2) 별도의 배당요구

확정일자만 받은 경우에는 경매절차에서 별도의 배당요구를 해야 하나 전세권은 별도의 배당요구가 없어도 법원은 등기된 것을 보고 순위에 의한 배당을 해준다.

(3) 배당금에 대지가액 포함 여부

확정일자는 대지의 낙찰대금에서도 우선배당을 받으나 전세권은 건물에만 했으면 건물의 낙찰대금에서만 배당받는다. 단, 아파트, 연립주택 등 주택합건물은 대지를 지분으로 공유하고 있어서 대지에는 개별적으로 전세권 설정등기를 할 수 없게 되어 있다. 그래서 전세권을 설정하면 건물에만 하게 되는데 경매 시 건물의 경매대금에서만 배당해야 하나 실무에서는 민법 제358조의 유추해석과 대법원판례(94다12722·1995.8.22. 선고)에 따라 대지에도 권리가 미친 것으로 보고 대지의 경매대금을 포함하여 배당한다.

8. 임대기간 중에 비주거용 건물을 주거용으로 개조한 경우

이 법의 보호대상이 되는 주거용 건물은 등기부나 건축물관리대장 등 공부(公簿)상의 용도를 기준으로 하는 것이 아니라 실제로 어떻게 이용하고 있느냐에 따라 결정된다. 즉 임대차계약 체결 당시 건물의 구조상 실제용도와 임차의 목적에 따라 적용여부가 결정된다.

그러므로 공부상 상가, 공장 또는 창고로 되어 있더라도 사회통념상 건물로 인정될 수 있고 내부를 개조하여 사실상 주거용으로 사용하고 있다면 주거용 건물로 간주하여 보호된다.

9. 임차주택이 미등기건물인 경우

미등기건물이라도 주택인 이상 주택임대차보호법의 적용을 받는다. 즉, 전입신고가 가능하고, 확정일자를 받는다면 무허가, 미등기 여부와 상관없이, 주거생활의 용도로 사용되는 주택에 해당되는 이상 비록 그 건물에 관하여 아직 등기를 마치지 아니하였거나 등기가 이루어질 수 없는 사정이 있다 하더라도 다른 특별한 규정이 없는 한 동법의 적용대상이 된다.

임대차계약서에 확정일자를 받아 두면 앞으로 위 주택에 보존등기가 경료되고 저당권이 설정되어 경매되더라도 저당권자에 우선하여 임대보증금을 변제받을 수 있다. 다만, 임대차계약을 체결하기 전에 임대하는 사람이 실제소유자(건축물관리대장에 의하여 건물소유자로 확인된 신축자)이거나 그로부터 임대권한을 부여받은 사람인지 여부를 확인하여야 하고 계약서와 주민등록의 주소도 정확히 해야 한다. 그러나 미등기 건물의 소액임차인은 최우선 변제를 받지 못한다.

다만, 다세대 주택의 경우 그 법적 성격이 각 세대마다 소유자가 구분되어 있는 집합건물에 속하는 '공동주택'이기 때문에, 전입신고 시 등기상에 있는 세대 수까지 정확하게 기재해야 대항력을 갖게 된다. 그러나 다세대 주택에서 호수가 없는 옥탑방은 다세대 주택 내에서 소유가 구분된 별도의 주택이 아닌, 다세대 주택의 구분소유자들의 공용면적에 해당하는 곳을 임의로 주택처럼 만든 것이기 때문에 등기부등본에 나오지 않는다. 등기부등본에 나오지 않은 주소로 전입신고를 할 수 없으므로, 다세대주택 옥탑방의 경우 대항력을 취득할 수 없는 것이다.

이와는 반대로, 다가구 주택의 옥탑방은 주택임대차보호법의 보호를 받을 수 있다.

다가구 주택의 경우 그 현황과 법적 성격은 각 호실의 번호가 있어도 별도로 구분등기가 되어 있지 않은 '단독주택'이기 때문에, 각 호수를 정확히 기입하지 않더라도 건물의 지번만 정확히 기입한다면 각 호실의 전입신고가 가능하며 대항력을 가질 수 있다. 이러한 이유로 다가구 주택의 옥탑방은 다가구 주택 내에 있다면 주택임대차보호법의 보호를 받을 수 있는 것이다.

한편, 사무실로 허가를 받았으나 실제 주택용도로 사용되고 있고, 건축물 대장 및 등기부등본에 그 주소가 나와 있으므로 전입신고가 가능하다. 전입신고를 하고 확정일자를 받으면 대항력 및 우선변제권을 가질 수 있다. 그러나 위와 같은 개조의 경우 낙찰가율이 떨어지고 주택에 비해 사무실이 비교적 낮은 금액으로 낙찰되므로 경매로 넘어갈 경우 손해를 볼 수 있으니 주의가 필요하다.

10. 전세자금대출과 전세대출보증

전세자금대출을 받을 때는 전세대출보증이 반드시 필요하다. 부동산 안정화대책에서도 전세대출보증 규제내역이 있다. 특히, 전세대출보증에 대해 모르고 있다가 피해를 볼 수도 있다.

- 전세대출보증 3개 보증기관
- 현재 기준금리와 전세자금대출금리, 대출한도
- 보증기관별 전세자금대출 보증내역
    1. HF 한국주택금융공사
    2. HUG 주택도시보증공사
    3. SGI서울보증
- 주택도시기금의 전세자금대출(중소기업청년, 청년전용버팀목, 신혼부부전용, 버팀목전세)

전세금이 부족하여 월세로 사는 경우, 전월세 전환율이 서울의 경우는 약 4~6% 수준이며 일부지방은 7~9% 수준까지 높게 적용되기도 한다. 현재 전세자금대출의 금리가 약 3% 내외 수준으로 적용된다는 점을 감안하면, 전세자금대출을 받는 게 훨씬 이익일 수도 있다.

◎ LTV, DTI, DSR, RTI 등 부동산대출용어 정리

어떤 규제지역에 속하는지, 차주의 보유주택 수, 주택의 가격에 따라 대출여부나 대출비율이 완전히 달라진다.

- **LTV(Loan to Value) 담보인정비율**

    부동산 가격대비 대출금액 비율 의미한다(대출금액 / 부동산가격]. 대출금액이 4억, 부동산가격이 10억일 경우 LTV(4억 ÷ 10억 = 0.4)는 40%가 된다.

    부동산담보가치에 비해 얼마나 대출을 받을 수 있는지, 지역별로 정부규제정책에 따라 LTV 비율이 달라지므로, 같은 가격의 부동산이라도 부동산에 속한 지역에 따라 대출가능금액은 달라진다. 투기지역, 투기과열지역의 경우 주택담보대출 비율

(무주택세대, 1주택세대)은 40%, 조정대상지역의 경우는 60%, 조정대상지역 외 수도권은 70%가 적용된다. 투기지역, 투기과열지구의 시가 9억 원 이상의 주택일 경우 시가 9억 원 기준 차등적용(9억 이하분 40%, 9억 초과분 20%), 시가 15억 이상 초고가주택은 주택담보대출이 금지되기도 한다.

- DTI(Debt to Income)

차주(借主)의 연소득 중에서 갚아야 하는 부동산 담보대출의 원리금(원금＋이자)이 차지하는 비율로 [부채÷소득]이다. 부동산 담보가치가 높더라도, 대출받는 자의 소득이 부채를 갚을 만큼 충분히 높지 못하다면 대출을 받을 수 없도록 규제하는 것이다.

만약, DTI가 50%일 경우, 자신의 연소득이 7천만 원이라면 연간 원리금은 3천5백만 원을 초과하여 받을 수 없다. DTI의 경우 원리금은 상환기간에 따라 달라지는데, 상환기간이 길어지면 연간 원리금이 낮아지기 때문에 더 많은 대출금을 받을 수 있다. LTV는 부동산 가치에 따라 결정되는데, DTI는 차주(대출받는 사람)의 소득과 상환기간에 따라 달라지므로, DTI 비율을 규제한 경우 차주별로 대출금이 다르게 적용된다.

- DSR(Debt Service Ratio)

총부채원리금 상환비율이며, 연간소득 대비 모든 가계대출 원리금상환액의 비율이다.[DSR = 모든 가계대출 원리금 상환액/연간소득]

차주의 원리금뿐만 아니라 신용대출, 카드론, 학자금대출, 자동차담보대출 등 모든 대출의 원금과 이자를 합한 원리금상환액을 보는 것으로 DTI보다 강화된 대출규제이다. 현재는 각 금융회사별로 신규취급한 가계대출 평균 DSR을 40% 내로 관리하고 있다(개별 대출의 DSR이 40%를 초과해도 대출취급 가능, 은행권은 40%, 비은행권은 60% 수준). 시가 9억 원 초과 주택에 대해 담보대출한 차주에 대해 차주 단위로 DSR규제 적용 예정이다.

- RTI(Rent to Interest)

이자상환비율, 임대 부동산의 연간 이자비용 대비 연간 임대소득의 비율[연간임대소득/(연간이자비용＋기존대출의 연간이자비용)]을 의미한다.

월세 300만 원에 대출금리 4%를 적용하게 되면 RTI 1.2일 경우 대출액은 7.5억, RTI 1.5 적용 시에는 6억 대출이 가능하다. 투기지역, 투기과열지구 주택임대업 개인사업자 대출 RTI기준을 기존 1.25에서 1.5 이상으로 적용하고 있다.

11. 임차인의 대항력

주택의 임차인은 등기 없이도 '전입신고와 주택의 점유'만으로 그 다음날 0시부터 '대항력'을 취득한다.

○ 임대차계약의 대항력

- 임차인의 임대차계약기간 동안 주택을 사용할 수 있는 권리를 임대인이나 제3자에게 주장하여 임차인의 권리를 유지할 수 있도록 하는 제도이다.
- 주택임대차보호법에 의해 보호받는 임차인(개인)의 권리이다.
- 새로운 주택의 소유자 등 제3자에게 본인의 임대차 계약을 계속 주장할 수 있는 권능이다.
- 임차인의 대항력 성립요건은 '전입신고와 주택의 점유'이다. 즉, 대항력을 확보하기 위해서는 주택을 인도받아 점유권을 확보하여야 하며 주민센터에 주민등록을 전입신고하여야 한다. 주민등록(전입)이 변경되면 대항력을 상실하게 된다. 가족 중 일부가 일시적으로 옮기더라도 대항력은 유지된다.
- '임차권등기명령'을 신청하면 전출하더라도 대항력은 유지될 수 있다. 즉, 임차권을 권리로 등기하면 그 자체로 대항력을 보유하게 된다.
- 추가로 확정일자를 확보하면 배당받을 수 있는 권리인 우선변제력이 생긴다.

▶ 대항력 개념의 정리

대항력의 요건	주택의 인도 + 주민등록(전입신고) → 다음날 오전 0시부터 대항력 취득
대항력의 내용	① 대항력을 취득한 후 임차주택의 소유권을 취득한 양수인에 대해 임차인은 임차권을 주장할 수 있음 ② 임차주택의 양수인은 임대인의 지위를 승계한 것으로 봄

이미 성립한 권리관계를 타인에게 주장할 수 있는 힘을 말한다. 그 본래의 작용은 당사자 간에 효력이 발생한 법률관계의 변동을 제3자에게 공시(公示)하여 거래의 안전을 기하려는 데 있다.

(1) 대항력의 유지

대항력 발생(전입신고＋익일)이 경매개시결정등기보다 이전이고 배당기일까지[2] 주택의 점유와 주민등록을 계속 유지해야 한다. 판례는 매각결정기일까지라고 하지만 경매 매각은 불안전하다. 즉 추후 매각취소나 잔금미납 시에는 대항력을 잃기 때문에 최고가 매수인인 낙찰자에게 소유권이 이전되는 시점까지 보유하는 것이 좋다.

(2) 대항력의 순차적 구성 절차

① 대항요건 : 계약＋전입＋점유
② 대 항 력 : 계약＋전입＋점유＋익일 0시[3]
③ 대항력 있는 임차인 : 선순위＋계약＋전입＋점유

1) 대항요건 구비 후 임차주택이 다른 사람에게 양도된 경우

주택을 임차하여 입주 후 주민등록을 마친 후 임대인이 임차주택을 다른 사람에게 양도하였을 때에, 임차주택의 양수인에게 임차권을 주장할 수 있다. 왜냐하면 주택임차인이 대항요건을 갖춘 후 주택이 양도되면 양수인은 임대인의 지위를 당연히 승계하는 것으로 되기 때문이다. 따라서 양수인과 다시 임대차계약을 체결할 필요 없이 나머지 임대기간 동안 계속 거주하다가 임대기간이 끝나면 양수인으로부터 보증금을 반환받을 수 있다. 그리고 임대기간이 끝난 경우에도 임대보증금을 반환받을 때까지는 임대차관계는 계속하는 것으로 보게 되고, 그 상태에서 임차주택을 양수한 자는 임대인의 지위를 승계하게 되므로 설사 양수인이 명도를 청구하는 경우에도 보증금을 반환받을 때까지는 임차주택을 비워줄 의무가 없다.

---

[2] 경매에서 대항력의 존속 요건은 '배당요구종기일'까지 유지하면 된다. 배당요구종기는 배당을 요구할 수 있는 기한을 말한다.
[3] '0시로 정한 이유는 다음날 다른 권리가 설정되었을 때 임대차 권리를 보호하기 위이다.

2) 동거가족만 전입신고를 한 경우

주택을 임차하여 세대주 본인은 사정이 있어서 처와 자녀만 주민등록 전입신고를 하고 임차인은 전입신고를 하지 못하고 다른 곳에 살고 있을 경우에도 임차인의 처나 자녀만의 가족만이 주민등록 전입신고를 하여도 주택임대차보호법상의 대항요건인 주민등록을 마친 것으로 볼 수 있기 때문에 대항력이 있다.

3) 임차인이 점유보조자를 통하여 점유하는 경우

시골에서 교육문제 때문에 미성년자인 자녀를 시골에 거주하는 부모가 임대차계약을 체결한 경우에도 보호를 받을 수 있다. 임차인인 부모가 자녀를 통하여 점유하는 것으로 되기 때문에(점유보조자) 자녀가 점유와 주민등록이라는 대항요건을 갖춘다면 임차인인 부모가 대항력을 취득하는 것으로 되기 때문이다.

4) 전입신고를 잘못한 경우

임차주택의 지번이 112번지인 것을 임차인 착오로 1112번지로 전입신고를 잘못하여 주민등록부에 성명이 잘못 기재되거나 다른 지번에 주민등록이 되어 있는 경우와 같이 주민등록이 실제와 일치하지 않는 경우에는 주택임대차보호법상의 대항력이 없으며 실제와 같게 주민등록이 정정되면 정정된 날의 다음날부터 대항력을 주장할 수 있다. 그러므로 전입신고 시 필히 공부상의 주소와 일치하는지를 확인하고 전입신고를 하여야 한다.

5) 공무원의 실수로 주민등록부가 잘못 작성된 경우

주민등록 전입신고는 바르게 했는데 공무원의 착오로 주민등록부에 번지수를 잘못 등재한 경우는 이를 입증하면 대항력을 정상적으로 주장할 수 있다는 대법원판례가 있다. 동사무소가 보관하고 있는 전입신고서를 찾아보면 된다.

6) 공동주택의 동·호수 표시가 공부와 다른 경우

공동주택의 하나인 신축한 연립주택의 현관문에 '가동 101호'라고 되어 있어서 계약서에 그렇게 쓰고 전입신고도 마쳤는데, 후에 사용승인(또는 사용검사)이 끝나고 건축물대장이 작성되면서 'A동 지층 B01호'로 등재되고 부동산등기부에도 그렇게 된 경우에는 'A동 지층 B01호'로 정정된 날의 다음날부터 대항력을 인정받을 수 있다. 그러므로 신축한 주택을 임차할 때에는 반드시 건축물관리대장을 발급받아 주민등록지와의 일치 여부를 확인해 두는 것이 좋다.

7) 단독주택에 동·호수 표시가 기재되지 않은 경우

공동주택의 하나인 다세대주택을 임차하여 거주하고 있을 경우 주민등록상에 주택소재지의 지번만 기재되어 있고 동·호수 표시는 기재되어 있지 않았다면, 이러한 경우에는 주택임대차보호법의 보호를 받을 수 없다. 이것은 주민등록법 시행령 제5조제5항은 다세대주택과 같은 공동주택의 경우에는 지번 다음에 공동주택의 명칭과 동·호수를 기재하도록 규정하고 있고, 주민등록에 동·호수를 기재하지 않으면 제3자의 입장에서 임차인이 그 다세대주택의 몇 동·몇 호에 주소를 가지고 있는지 여부를 알 수 없기 때문이다. 다만, 단독주택의 경우 전입신고 시의 주소가 해당 임차주택의 주소와 완벽하게 일치하면 된다. 불일치하는 경우, 수정된 시점을 기준으로 대항력이 취득되었다고 볼 수 있다. 임차인이 전입신고를 하면서 주택소재지의 지번만 기재하여도 주택임대차보호법의 보호를 받을 수 있다. 예를 들어, 단독주택의 하나인 다가구주택(하나의 주택에 출입문 등을 각각 설치하여 2가구 이상이 독립된 생활을 할 수 있도록 건축된 건물)의 층·호수는 편의상 구분하여 놓은 데 불과하고 주민등록법 시행령에 기재하도록 규정되어 있지 않기 때문이다.

8) 두 필지 위에 축조된 다가구용 단독주택의 전입신고

다가구용 단독주택이 2개 이상의 필지(例 ○○동 123의 1, 2로 되어 있을 경우)에 축조되어 있을 경우 이러한 경우에 주민등록표에 주택소재지의 위 양 지번 중 하나만 기재(例 123의 1)되어 있어도 주택임대차보호법의 보호를 받을 수 있다. 이것은 건축법 제2조제1항제1호, 같은 시행령 제3조제1항은 한 채의 건물이 2필지 이상에 걸쳐 건축된 경우에는 이를 하나의 대지로 보도록 규정하고 있고, 행정관서에서도 위와 같은 경우에 주민등록상에 한 필지의 지번만을 기재하고 있으므로 주택의 대지인 여러 필지 지번 중 하나만 기재한 주민등록도 유효한 공시방법이라고 할 수 있기 때문이다.

9) 일시적으로 주민등록을 이전한 경우

주택에 세 들어 주민등록과 확정일자까지 마쳤는데 얼마 후 경매가 신청돼 진행되고 있다. 이러한 상황에서 자녀의 진학문제, 직장문제 때문에 주민등록을 옮기려 할 때가 있다. 이때 계약서상 확정일자가 있으니 옮기더라도 배당받는 데 별 문제가 없는 것이라 생각을 할 수 있다.

"확정일자는 대항요건을 전제로 하는 것이고 대항요건은 매각결정기일까지는 그대로 유지되어야 한다"는 대법원판결이 있다. 즉 대항요건인 전입과 점유를 상실하면 확정일자는 의미가 없어진다는 것이다. 그러므로 매각결정기일 전에 주민등록을 옮기면 배당을 받을 수 없다. 그러나 매각결정 이후 매각결정취소가 되었거나 잔금을 납부하지 않아 재매각이 되면 점유를 상실하여 새로운 매수자에게 대항력이 없어지는 위험한 결과를 가져올 수 있기 때문에 동시이행의 방법을 택하여 배당받을 때까지는 점유를 유지해야 마음을 놓을 수 있다.

10) 전입신고 후 저당권이 설정되고 그 후에 확정일자를 받은 경우

전입신고 당시 저당권 등 어떤 권리도 없는 주택을 임대차계약을 하여 입주와 전입신고를 했고 그 후 후순위로 저당권이 설정돼 서둘러 확정일자를 받았다. 그 후 경매가 되었고 배당 결과 앞선 저당권자가 받아간 후 남은 것이 없거나 적어져서 보증금의 배당을 못 받을 수도, 일부만 받을 수도 있다. 이럴 때에는 확정일자를 늦게 받아서 배당에는 밀렸지만 매수자에 대한 대항력과 우선변제권은 동시에 행사할 수 있다는 대법원판례(96다53628 - 1997.8.22. 선고)가 있어, 배당에서 밀려 못 받게 된 보증금을 매수자가 줄 때까지 주택을 비워주지 않을 권리가 있다.

11) 가압류등기가 된 주택을 임차한 경우

선순위가 저당권이 아닌 가압류가 되어 있는 주택에 임대차계약을 하고 주민등록과 확정일자까지 마쳐두었을 경우에는 가압류도 저당권과 마찬가지로 이보다 후순위로 입주와 주민등록을 했으면 경매 시 낙찰자에게는 대항할 수 없다. 이 경우 확정일자가 있으므로 배당에는 참가할 수 있다. 가압류가 앞에 있으면 저당권과는 다르다. 저당권처럼 순서에 의해 배당되는 것이 아니라 가압류와 임대보증금의 채권비율만큼씩 배당된다. 단, 소액보증금이라면 가압류보다 우선하여 일정 금액을 먼저 배당받고 나머지는 가압류와 안분(비율)배당된다. 이 내용은 물권 채권에서 설명한 내용이다.

12) 소유권이전등기청구권 보전을 위한 가등기나 처분금지가처분이 된 주택을 임차하여 대항요건을 갖춘 경우

임차하여 입주 및 전입신고를 마쳤는데, 그 당시에 이미 임차주택에 다른 사람 명의로 소유권이전청구권 보전의 가등기가 되어 있다면, 그 후 가등기권자가 가등기에 기한 소유권이전의 본등기를 마친 후 명도를 요구하면 임대보증금의 반환을 받지 못한 채 무조건 주택을 비워주어야 하고 임대보증금은 종전 소유자인 임대인으로부터 반환받을 수밖에 없다. 이것은 가등기경료 시보다 나중에 대항요건을 갖춘 이상, 설사 가등기에 기한 소유권이전의 본등기 시보다는 앞선다 하더라도 본등기를 경료한 자에 대하여 대항할 수 없기 때문이다. 이것은 처분금지가처분자가 본안소송에서 승소확정판결을 받아 소유권이전등기를 경료한 경우에도 마찬가지이다. 그러나 반대로 만일 임차인이 대항요건을 구비한 후에 가등기가 경료된 경우에는 본등기를 경료한 자에 대하여 대항할 수 있다.

13) 선순위 저당권이 있는 주택을 임차하였을 경우의 법원경매 시의 대항력

저당권을 설정한 이후 전입신고를 한 경우에는 대항력이 없다. 그것은 저당권설정등기 전에 주택의 인도 및 주민등록을 모두 갖추어야만 주택임차인이 매수인에 대하여 대항력을 취득한다. 다만, 소액임차인일 경우 소액보증금에 대하여만 우선변제권이 있을 뿐이다.

14) 확정일자받은 임차인의 배당절차

확정일자가 있거나 소액임차인이어서 배당에 참가하려면 먼저 법원에 '임차인권리신고'와 '배당요구'를 해야 한다. 임대차계약서와 주민등록등본을 첨부한 '임차인 권리신고 및 배당요구 신청서'를 배당종기일까지 경매계에 제출해야 한다.

1. 소액임차인의 배당

   소액임차인은 확정일자 없어도 배당받는다. 배당요구는 하여야 한다.

2. 임차인의 배당요구 필수요건

   저당권보다 먼저 전입하면 배당도 먼저 받는다. 확정일자 없는 배당은 없다.

15) 대항력 없는 임차인의 순위변동방법

1순위 저당권과 2순위 저당권 사이에 주택임차인의 대항요건이 구비된 경우에 경락인의 지위는 1순위 저당권을 기준으로 정하여지기 때문에 경락인에게 대항할 수 없다. 다만, 경락되기 전에 1순위 저당권을 대위변제하여 그 근저당권설정등기를 말소하면 경락인에 대하여 대항력을 행사할 수 있게 되어(대법원 1996.2.9. 선고 95다49523 판결) 임대보증금을 회수할 수 있으므로 1순위 근저당채무가 임대보증금보다 소액인 경우에는 위와 같이 대위변제하는 방법도 고려하여 볼 만하다. 또 대항요건 이외에 계약서에 확정일자를 갖추었다면 경매절차에서 배당요구를 하여 경락대금 중 1순위 저당권자의 변제에 충당하고 남은 금액에서 2순위 저당권자보다 우선하여 임대보증금의 변제를 받을 수 있다.

16) 임대주택법상 임차인의 부도임대주택의 경매에 관한 우선매수권

우선매수권은 공유자에게만 있는 법이지 임차인에게는 존재하지 않는 법이다. 그러나 임대주택법 제15조제1항의 건설임대주택을 민사주택행법에 따라 경매하는 경우에는 제15조의 규정에 의하여 우선분양전환받을 수 있는 임차인은 매각기일까지 민사집행법 제113조에 따른 보증을 제공하고 최고매수신고가격과 같은 가격으로 채무자인 임대사업자의 임대주택을 우선 매수하겠다는 신고를 할 수 있다(임대주택법 제15의2 제1항).

이는 국민주택기금의 지원을 받아 민간이 건설한 공공임대주택이 임대사업자의 부도로 인한 임차인의 피해를 줄이기 위하여 부도임대주택을 경매하는 경우 임차인에게 우선매수권을 부여하여 임차인들의 피할 수 없는 피해를 조금이나마 줄여서 임대주택법이 추구하고 있는 국민주거생활안정과 서민들의 주거생활에 관련된 행복추구권에 일조하기 위한 것이다.

이 경우 법원은 최고가매수신고가 있더라도 그 임차인에게 매각을 허가하여야 한다. 위 임차인이 우선매수신고를 한 경우에는 최고가매수신고인을 민사집행법 제114조의 차순위 매수신고인으로 본다.

17) 임차권의 양도와 대항력

주택소유자인 임대인의 동의를 받아 대항력 있는 임차인으로부터 적법하게 임차권을 양도받은 주택에 양도한 원래의 임차인이 대항력을 취득한 후 임차권을 양도받기 전에 임차주택에 관하여 저당권이 설정되고 그 저당권에 기한 경매절차가 현재 진행

중에 있을 경우 임차인의 주민등록 퇴거일부터 주민등록법상의 전입신고기간인 14일 이내에 전입신고를 마치고 주택에 입주하였다면 원래의 임차인이 갖고 있던 대항력을 주장할 수 있다. 따라서 위 요건을 갖추었다면 임차권을 양도받기 전에 저당권이 설정되었어도 그 실행을 위한 경매절차에서 경락받은 자에 대하여 임대보증금을 반환받을 때까지 임차주택을 비워주지 않아도 된다.

18) 대항력이 없는 주택임차인의 임대보증금 회수

선순위 저당권이 있는 것을 모르고 계약을 했거나 알았어도 선순위 저당권의 액수가 적은 주택을 임차하여 입주하고 주민등록전입신고를 마쳤다면 주택인도 및 주민등록을 갖추기 전에 이미 저당권이 설정되어 있었기 때문에 매수인에게 대항력을 행사할 수 없다. 그러나 계약서에 확정일자를 받아두었다면 배당요구를 하여 순위배당을 기대할 수 있다.

19) 대지에만 근저당권이 설정된 신축주택에 입주하여 주민등록을 마쳤는데 대지의 근저당 권자가 건물을 포함하여 경매를 신청했을 경우

주택임대차보호법 제3조제1항에 "임대차는 그 등기가 없는 경우에도 임차인이 주택의 인도와 주민등록을 마친 때에는 그 다음날부터 제3자에 대하여 효력이 생긴다. 이경우 전입신고를 한 때에 주민등록이 된 것으로 본다."라고 규정하고 있고, 여기서 '제3자에 대하여 효력이 생긴다.'라고 함은 임대인 이외의 자, 즉 양수인, 경매 매수인에 대하여도 임차인은 그 주택의 임차권을 주장할 수 있다는 의미이다.

12. 우선변제권과 최우선변제권

우선변제권의 의미는 대항요건과 확정일자를 갖춘 주택임차인은 임차주택(대지 포함)의 환가대금에서 후순위권리자 기타 채권자보다 우선하여 보증금을 변제받을 수 있는 권리를 말한다. 최우선변제권은 임차인이 보증금 중 일정액을 다른 담보물권자보다 우선하여 변제받을 권리를 의미한다.

우선변제권의 행사를 위해 임차인이 임차주택에 대하여 보증금반환청구소송의 확정판결 기타 이에 준하는 집행권원에 기한 경매를 신청하는 경우에는 반대의무의 이행 또는 이행의 제공을 집행개시의 요건으로 하지 아니한다. 임차인은 임차주택을 양수인에게 인도하지 아니하면 보증금을 수령할 수 없는데 이는 임차인이 보증금을 수령하기 위해서는 임차주택을 명도한 증명을 하여야 한다는 의미이지, 주택인도의무가 보증금반환의무보다 선이행되어야 한다는 의미가 아니다.

◪ 우선변제권과 최우선변제권의 개념 정리

요건 검토	① 우선변제권 = 대항요건 + 확정일자 　* 대항요건은 배당요구의 종기까지 존속하여야 함 ② 최우선변제권 : 대항요건만 필요(확정일자 불요) ③ 우선변제권과 최우선변제권 모두 배당요구채권에 해당

(1) 소액임차인의 적용범위

주택임대차보호법상 소액임차인에 대하여 그 순위에 관계없이 소액보증금 중 일정금액에 대하여 경·공매 등 매각 시 모든 담보물권 및 조세채권자보다 최우선하여 먼저 배당함으로써 경제적 약자인 소액임차인을 보호하려는 취지에서 제정하였다.

소액보증금은 지역에 따라 다르고 물가변동에 따라 여러 차례 개정되었다. 소액보증금 최우선변제권은 '선순위 담보권'이 설정된 당시의 동법 시행령에서 정한 범위의 소액보증금이면 경매 시 낙찰대금에서 최우선적으로 일정액을 배당해 주는 것이다(본서에서는 0순위로 취급한다). 예를 들어, 두 개의 근저당권이 설정되었다면 먼저, 첫번째 근저당권 설정 당시를 기준으로 각 임차인의 소액 여부를 따져 0순위로 최우선변제를 한 후 그 근저당권자에게 배당하며, 첫 번째 근저당권이 배당으로 소멸하면 다음엔 두 번째 근저당권 설정 당시를 기준으로 각 임차인의 소액여부를 판단하여 두번째 근저당권보다 먼저 0순위로 최우선변제를 한다. 각각의 담보권을 기준으로 각각 소액 여부를 따지는 것이다. 물론 담보물권 설정이 전무한 주택이라면 현행 규정에 따른다. 소액보증금 중 일정액에 관하여 선순위 담보권자보다도 우선하여 임차주택(대지 포함) 경락가액의 1/2의 범위 내에서 배당을 받을 수 있고, 근로기준법 제30조의2 제2항 소정의 임금우선채권(최근 3월간의 임금 및 재해보상금)과는 같은 0순위로 배당을 받는다.

소액임차인으로서 인정받으려면 그 주택의 '경매신청등기'가 있기 전에 대항요건을 갖춰야 한다. 담보권이 없거나 있더라도 부산의 경우 2018.9.18. 이후에 설정된 주택에 대해서는 6,000만 원(서울의 경우; 1억 1천만 원) 이하까지 소액에 해당되고 그중 2,000만 원(서울의 경우; 3,700만 원)을 최우선 배당해 준다.

(2) 소액임차보증금의 확정 시점

주택임대차 보증금은 사정변경 등의 이유로 계약기간 중에도 증감 변동하는데, 경매절차가 진행되면 임차보증금은 어느 시점을 기준으로 해서 확정되어야 소액보증금에 해당하는지를 판단할 수 있는데 그 시점은 임의경매 또는 강제경매의 '경매개시결정기입등기 시점'에 보증금이 확정되어 소액임차인 여부를 결정하게 된다.

<사례> 소액임차인에 해당되는 경우(경매기입등기 전) (배당금 8,000만 원) : 부산의 경우

순위	권리내용	권리자	일자	배당
1	근저당 4,000만 원	A	2015.3.27.	4,000만 원 배당(2순위)
2	임차권 7,000만 원	B	2016.9.18. 전입	배당청구 없음. 소액 대상 아님
3	가압류 3,000만 원	C	2017.3.8.	2,000만 원 배당(공탁)(4순위)
4	보증금 감액 5,500만 원	B	2018.3.10.	소액 해당 2,000만 원 배당(0순위)
5	임의경매	A	2019.9.20.	소액임차보증금의 확정 시점

<사례> 소액임차인이 아닌 경우(경매기입등기 후) (배당금 8,000만 원) : 부산의 경우

순위	권리내용	권리자	일자	배당
1	근저당 4,000만 원	A	2011.2.17.	4,000만 원 배당(2순위)
2	임차권 8,000만 원	B	2018.8.8. 전입	소액 해당 안 됨(소멸)
3	가압류 4,000만 원	C	2019.3.8.	4,000만 원 배당(공탁)(4순위)
4	임의경매	A	2019.4.20.	소액임차보증금의 확정 시점
5	보증금 감액 7,500만 원	B	2020.4.17.	소액 해당 안 됨(2019.4.20. 기준 8,000만 원 〉 6,000만 원)

(3) 소액임차보증금의 적용 기준일

1) "최초 담보물권 설정일"이 소액 기준

소액임차인 여부를 판단하는 시점을 '임차인의 전입신고일' 또는 '임대차계약일'로 보는 소수설도 있으나, 이러한 판단은 오류이다. 예를 들어, 부산시에서 2008.8.19. 저당권 1억 2천만 원이 설정된 주택에 2019.11.20. 보증금 6,000만 원에 임대차계약을 한다면, 계약 시점(2019.11.20.)을 기준으로 소액보증금 기준이 5,500만 원이므로 소액임차인에 해당하는 것으로 오판할 수 있는바, 소액임차보증금 기준은 해당 '주택에 최초로 담보물권(저당권, 근저당권, 담보가등기)'이 설정된 시점(2008.8.19.)을 기준으로 판단해야 하므로, 2008.11.22. 당시 주택임대차보호법 시행령에는 소액기준이 3,500만 원이하 1,400만 원이 되므로, 계약시점의 6,000만 원은 소액임차인에 해당되지 아니한다.

소액임차인의 해당 여부는 경공매 부동산의 "최초 담보물권 설정일"을 기준으로 판단하는 것이지, 계약시점, 전입시점, 입주시점과는 전혀 관계가 없다는 점에 유의하여야 한다.

2) 담보물권이 존재하지 않는 경우

해당 주택에 담보물권이 없는 경우에는 확정일자를 기준으로 하고, 또 확정일자도 없이 강제경매기입등기나 가압류만 존재하는 경우에는 "임대차계약의 최종 갱신일을 기준으로 하여 그 최종 갱신일 현재 적용되는 소액보증금 중 일정액을 우선하여 변제받을 수 있다."는 것이 다수설이나, 실무에서는 계약일 또는 계약갱신일을 따지지 아니하고 현행법을 기준으로 하여 배당한다.

소액임차인에 확정일자부 임차인이 포함되는지에 대하여는, 확정일자부 임차인은 부동산 담보권자에 유사한 지위(본서에서는 2순위)에 있다는 판례(대판 1992.10.13. 선고 92다 30597판결)를 근거로 긍정하는 견해가 다수설이다.

▶ 최우선변제권과 우선변제권의 차이점

구분	최우선변제권의 범위	최우선변제권 + 확정일자의 범위
성립 요건	소액보증금	확정일자
임차보증금의 제한	소액보증금 중 일정액에 한정	무제한
대항요건 구비시기	경매신청등기 전까지 매각기일 전 배당요구	매각기일 전까지 배당요구
우선변제권의 행사 범위	선순위 담보권자보다 일정액에 대하여 우선	후순위 담보권자에 대하여만 액수에 제한 없이 행사
변제받을 수 있는 주택가액의 범위	주택·대지가격 모두 포함 주택가액의 1/2에 한하여 변제권	주택·대지가격 모두 포함 제한 없음

3) 소액임차인의 요건

① 보증금액수가 주임법령이 정하는 소액보증금일 것

② 첫 경매개시결정등기 전에 인도와 주민등록을 갖추었을 것

③ 배당요구 종기까지 배당요구를 하였을 것

④ 배당요구 종기까지 대항요건을 유지할 것

4) 소액임차인의 배당

① 소액보증금은 최초의 담보물권, 즉 저당권과 근저당권, 전세권, 담보가등기를 기준으로 계산한다.

② 소액보증금은 총배당금액의 50%의 범위 내에서만 우선 변제한다.

③ 배당요구종기일까지 권리신고해야 한다.

④ 소액임차인이 배당된 임차보증금을 수령하기 위해서는 임차주택을 매수인에게 인도해야 하는데 배당금 수령과 주택의 인도는 동시이행의 관계에 있다. 임차인은 매수인 명의의 인감증명서가 첨부된 명도확인서와 임차인의 주민등록등본을 제출해야 배당금을 수령할 수 있다.

⑤ 소액임차인이 확정일자 임차인의 지위를 겸할 때 소액임차인이면서 확정일자를 받을 경우 양 지위가 모두 인정되므로 먼저 소액임차인으로서 최우선변제를 받고 나머지 변제받지 못한 금액에 대하여 확정일자부 임차인으로서 그 순위에 따라 배당받는다.

⑥ 한 채의 주택에 소액임차인이 여러 명 있는 경우에는 하나의 주택에 소액임차인이 수인이고 소액임차인들은 모두 경매신청기입등기 전에 대항요건을 구비하였다면, 각 보증금액의 합계가 낙찰금액의 1/2이 초과되면 아무리 특별법인 주택임대차보호법에서 보장하고 있는 최우선변제라고 해도 소액임차인들이 각 임대차계약의 선후나 보증금액수와는 관계없이 낙찰가액의 1/2에 해당하는 금액을 평등하게 분할하여 배당을 받게 된다(주택임대차보호법 시행령 제3조제3항).

즉, 매각대금이 8,000만 원이라면 최우선변제는 그 50%인 4,000만 원의 범위 내에서만 받을 수 있다.

<사례> 매각대금 1억 원, 부산 지역

순위	권리내용	권리자	일자	배당
1	근저당 6,000만 원	A	2012.1.9.	5,000만 원
2	임차권 4,000만 원	B	2016.3.2. 전입	1,500만 원
3	임차권 3,000만 원	C	2017.4.17. 전입	1,500만 원
4	임차권 3,000만 원	D	2019.2.19. 전입	1,500만 원

"담보물권(근저당)설정일"을 기준으로 소액 여부를 판단하면, 2012년 부산 지역의 소액은 5,500만 원 이하에 1,900만 원이다. BCD 모두가 소액에 해당되나 매각대금(경매에서는 '주택가액'이라 함. 2017타경 1167) 1억 원의 50%인 5,000만 원만 배당하게 되어 소액보증금(본서에서는 0순위)조차 모두 만족할 수는 없다.

따라서 다음과 같이 5,000만 원을 소액비율로 안분(按分)배당한다.

B는 5,000만 원×4,000만 원÷(4,000만 원+3,000만 원+3,000만 원) = 2,000만 원

C는 5,000만 원×3,000만 원÷(4,000만 원+3,000만 원+3,000만 원) = 1,500만 원

D는 5,000만 원×3,000만 원÷(4,000만 원+3,000만 원+3,000만 원) = 1,500만 원

으로 배당한다.

A근저당권(본서에서는 2순위)은 위 소액보증금(0순위) 배당 후 남은 5,000만 원을 배당받고, 남은 잉여금(매각재단)이 없어, BCD는 소액보증금 중 일부금원을 배당받은 것으로 만족해야 한다.

5) 수도정비계획법 중 과밀억제권역

- 서울특별시, 의정부시, 구리시, 하남시, 고양시, 수원시, 성남시, 안양시, 부천시, 광명시, 과천시, 의왕시, 군포시, 시흥시(반월특수지역을 제외한다.)

- 남양주시(호평동, 평내동, 금곡동, 일패동, 이패동, 삼패동, 가운동, 수석동, 지금동 및 도농동에 한한다.)

- 인천광역시[강화군, 옹진군, 중구 운남동, 운북동, 운서동, 중산동, 남북동, 덕교동, 을왕동, 무의동, 서구 대곡동, 불로동, 마전동, 금곡동, 오류동, 왕길동, 당하동, 원당동, 연수구 송도매립지(인천광역시장이 송도신시가지 조성을 위하여 1990년 11월 12일 송도 앞 공유수면매립공사면허를 받은 지역을 말한다) 남동유치지역을 제외한다.

6) 주택 소액임차금의 최우선변제금

주택 소액임차금의 최우선변제금을 받을 임차인의 보증금 중 일정액의 범위와 기준은 주택가액의 1/2의 범위 이내로 정한다.

▶ 최우선변제의 범위(기간별 정리)

최초담보물권 설정일	지 역	보증금 범위	최우선변제액
1984.6.14.~ 1987.11.30.	특별시, 직할시	300만 원 이하	300만 원까지
	기타 지역	200만 원 이하	200만 원까지
1987.12.1.~ 1990.2.18.	특별시, 직할시	500만 원 이하	500만 원까지
	기타 지역	400만 원 이하	400만 원까지
1990.2.19.~ 1995.10.18.	특별시, 직할시	2,000만 원 이하	700만 원까지
	기타 지역	1,500만 원 이하	500만 원까지
1995.10.19.~ 2001.9.14.	특별시, 광역시, 군지역 제외	3,000만 원 이하	1,200만 원까지
	기타 지역	2,000만 원 이하	800만 원까지
2001.9.15.~ 2008.8.20.	수도정비계획법 중 과밀억제권역	4,000만 원 이하	1,600만 원까지
	광역시(부산, 대구, 대전, 광주, 울산)	3,500만 원 이하	1,400만 원까지
	기타 지역	3,000만 원 이하	1,200만 원까지
2008.8.21.~ 2010.7.25.	수도정비계획법 중 과밀억제권역	6,000만 원 이하	2,000만 원까지
	광역시(군지역과 인천광역시 지역은 제외한다)	5,000만 원 이하	1,700만 원까지
	기타 지역	4,000만 원 이하	1,400만 원까지
2010.7.26.~ 2013.12.31.	서울특별시	7,500만 원 이하	2,500만 원까지
	과밀억제권역	6,500만 원 이하	2,200만 원까지
	광역시, 안산시, 용인시, 김포시 및 광주시	5,500만 원 이하	1,900만 원까지
	기타 지역	4,000만 원 이하	1,400만 원까지
2014.1.1.~ 2016.3.30.	서울특별시	9,500만 원 이하	3,200만 원까지
	과밀억제권역	8,000만 원 이하	2,700만 원까지
	광역시, 안산시, 용인시, 김포시 및 광주시	6,000만 원 이하	2,000만 원까지
	기타 지역(세종시 포함)	4,500만 원 이하	1,500만 원까지

2016.3.31.~ 2018.9.17.	서울특별시	1억 원 이하	3,400만 원까지
	과밀억제권역	8,000만 원 이하	2,700만 원까지
	광역시, 안산시, 용인시, 김포시 및 광주시	6,000만 원 이하	2,000만 원까지
	기타 지역	5,000만 원 이하	1,700만 원까지
2018.9.18.~ 2023.7.18.	서울특별시	1억 1천만 원 이하	3,700만 원까지
	과밀억제권역(용인, 화성, 세종 포함)	1억 원 이하	3,400만 원까지
	광역시, 안산시, 용인시, 김포시 및 광주시, 파주시	6,000만 원 이하	2,000만 원까지
	기타 지역	5,000만 원 이하	1,700만 원까지
2023.7.19.~ 현재	서울특별시	1억 6천5백만 원 이하	5,500만 원까지
	과밀억제권역(용인, 화성, 세종 포함)	1억 4천5백만 원 이하	4,800만 원까지
	광역시, 안산시, 용인시, 김포시 및 광주시, 파주시	8,500만 원 이하	2,800만 원까지
	기타 지역	7,500만 원 이하	2,500만 원까지

현재 적용되는 법령에 의한 소액임차인이라 하더라도 소액임차인이 대항력을 취득한 시점 이전에 이미 확정일자를 갖춘 임차인이 있고, 그 임차인의 확정일자 시점의 법령에서는 소액임차인에 해당하지 않는다면, 그 확정일자임차인보다 소액임차인의 최우선 배당순위는 후순위로 된다.

7) 소액임차인의 최우선변제권 행사요건

소액임차인으로서 우선변제권을 행사하기 위해서는 임대보증금액에 관한 요건 이외에 다음 두 가지 요건을 갖추어야 한다.

첫째, 주택의 인도 및 주민등록(대항요건)을 경매신청기입등기 전까지 갖추고 이를 매각결정기일까지 계속 유지하여야 하고,

둘째, 임차주택이 경매 또는 압류재산공매에 의하여 매각되어야 한다.

8) 처와 남편 명의로 소액임대차계약서가 별도 작성된 경우

소액보증금 혜택을 받기 위해 처와 남편이 한 주택을 각각 소액보증금으로 계약하여 임차해 살고 있을 경우와 하나의 주택에 여러 임차인이 부부와 같이 가정공동생활을 하는 경우에는 이들을 1가구의 임차인으로 보고 각 보증금을 합산한 금액으로 소

액 여부를 정하게 된다.

9) 배당종기일까지 배당요구를 하지 않은 경우

소액임차인이라도 배당종기일까지 배당요구를 하지 않으면 우선변제를 받을 수 없다. 따라서 매수인이 명도를 청구하는 경우에는 무조건 주택을 비워주어야 한다. 다만 배당요구를 하지 아니하여 배당을 받지 못하더라도 최선순위 담보물권 등이 등기되기 전에 임차주택에 입주하고 전입신고를 하여 대항력이 있는 경우에는 매수인으로부터 보증금을 반환받을 때까지 임차주택을 비워주지 않아도 된다.

10) 보증금을 소액으로 감액한 경우

임대차관계가 지속되는 동안 임대차보증금의 증감·변동이 있는 경우, 보증금이 소액임차인에 해당하는지 여부의 판단시점은 원칙적으로 배당시점으로 봄이 상당하고, 따라서 처음 임대차계약을 체결할 당시 임대차보증금의 액수가 적어서 소액임차인에 해당한다고 하더라도 그 후 갱신과정에서 증액되어 그 한도를 초과하면 더 이상 소액임차인에 해당하지 않게 되고, 반대로 처음에는 임대차보증금의 액수가 많아 소액임차인에 해당하지 않는다 하더라도 그 후 갱신과정에서 감액되어 한도 이하로 되었다면(경매신청등기 전까지) 소액임차인에 해당한다(대구지법 2004. 3. 31. 선고 2003가단 134010 판결).

11) 임차인으로부터 주택을 전차한 경우

주소지는 서울이고 임대보증금이 1억 5,000만 원인 임차인으로부터 임대인(주택주인)의 동의하에 방 1칸을 보증금 2,500만 원에 다시 빌려(전차하여) 입주한 후 주민등록까지 마쳤다면 전차인은 분명 소액에 해당되어 경매나 공매 시 2,500만 원은 최우선 변제받을 것처럼 보이지만 이럴 경우에는 보호받을 수 없다. 방 1칸을 빌려준 임차인(전대인)이 소액임차인에 해당하여야만 그로부터 임차한 전차인도 소액전차인으로 보호받을 수 있기 때문이다.

12) 소액임차인의 경우 확정일자의 필요성

소액보증금은 확정일자가 없어도 그 일정액을 최우선 변제해 준다. 보증금 전액이 아니라 어디까지나 일부금액이라는 데 유의해야 한다. 덜 받은 나머지 보증금은 확정일자가 있어야 한다.

(4) 확정일자와 우선변제권

확정일자란 그 날짜에 임대차계약서가 존재한다는 사실을 증명하기 위해 공신력 있는 공증기관(법원, 공증인, 주민센터 등)에서 사문서(私文書)에 확인 도장을 찍어 공식적으로 확인하는 날짜증명이다. 확정일자를 받아놓으면 채권인 임차권이 물권화되어 일반채권보다 우선해서 변제받을 수 있음은 물론이고 후순위 물권에 앞서 우선변제를 주장할 수 있고 배당요구를 할 수 있다.[4]

1) 법적 근거는 다음과 같다.

- 민법부칙 제3조제4항의 대법원 유권해석
- 공무소에서 사문서에 어느 사항을 증명하고 기입한 일자를 확정일자로 한다(공무소 : 읍면동, 출장소, 사문서 : 주택임대차계약서, 어느 사항 : 전입신고사항).

2) 확정일자를 받는 방법은 다음과 같다.

- 전입신고 후 주택임대차계약서를 동 주민센터 주민등록전입 업무 담당공무원에게 제시하고 확정일자 부여를 구두로 청구하는 방법
- 임대차계약서를 들고 가까운 법원·등기소에 가는 방법
- 공증인사무소·법무법인 또는 공증인가 합동법률사무소 등 공증기관에서 임대차계약서를 공정증서로서 작성하는 방법

3) 구비서류

- 임대차계약서(반드시 원본이어야 함)

4) 성립 및 효력 요건

- 주민등록 전입신고
- 주택의 점유
- 임대차 계약서 임대인 및 임차인의 서명, 기명날인이 있는 문서의 원본으로서 완

---

4) 다만, 대항력과 확정일자를 갖춘 임차인은 경공매 시 '후순위' 권리자 또는 채권자보다 우선하여 보증금을 반환받을 수 있는 권리인바, '모든 순위'보다 우선할 수 있다는 의미는 아님에 유의할 필요가 있다.

성된 문서

5) 법적 효과

- 주택임대차보호법 제3조의2에 의한 임차보증금의 우선변제권 획득
  우선변제권을 취득하면 선순위 담보권자가 실행한 경매로 인해 임차권이 소멸하고 경락인에게 대항할 수 없게 되더라도 일반채권자나 후순위권리자보다는 먼저 보증금을 배당받을 수 있게 된다.
- 임대차계약서, 주민등록전입일자, 확정일자 중 제일 나중에 기입된 일자를 기준으로 효력발생. 단 전입일자는 익일부터 효력발생[5]
- 임차인이 거주하고 있는 건물이 아닌 대지에 대한 경공매라고 할지라도 우선변제를 받을 수 있다.

〈임차인이 배당받을 의사가 있을 경우〉

- 입주와 주민등록전입신고를 하고 임대계약서에 확정일자를 받아 두었어야 한다.
- 소액보증금에 해당되면 확정일자가 없어도 된다. [단, 배당기일 엄수하여 배당요구는 해야 한다.(Jhering, "법은 잠자는 자를 보호하지 않는다.")]
- 배당요구종기 내에서는 자유롭게 철회가 가능하다. 다만, 종기가 끝난 후에는 경매시 매수인의 인수 조건 등이 바뀔 가능성이 있으므로 철회가 불가능하다.

(5) 우선변제권

① 확정일자인이 성립의 핵심 요건이다.
② 주임법상 제3자 대항력 구비요건 : 계약 + 주택의 점유 + 전입신고 + 확정일자
③ 확정일자 효력발생은 대항력 취득일부터 발생 : 본서에서 2순위인 후순위 권리자나 기타 채권자보다 문자 그대로 '우선변제권'을 취득한다.
  - 확정일자 효력발생이 말소기준권리보다 앞선 경우, 선순위 임차인으로서 배당에 참여하여 보증금을 우선변제받을 수 있는 권리

---

5) http://www.gm.go.kr/pt/complaint/information/PTMN006.jsp

■ 말소기준권리보다 늦는 경우, 선순위자가 배당을 받고 나서 후순위 물권에 앞서 차순위자로 배당받을 수 있는 권리

④ 우선변제권의 효력이 발생하는 시점

임대차 계약서에 확정일자(도장)를 부여받은 "당일"부터 효력이 발생한다.

⑤ 우선변제권의 존속기간

우선변제권을 계속 인정받으려면 배당요구 기간이 끝나기 전에 이사를 가거나, 전출을 하면 우선변제를 받을 수 없다. 이사를 가거나 전출하게 되면 대항력의 조건인 '전입신고＋점유'가 성립하지 않기 때문이다.

⑥ 임차인이 경공매에서 본인의 보증금을 우선변제받고 싶다면, 법원에 '배당'을 요구해야 한다.

■ 배당요구는 경매법원에서 정한 일자(배당종기일)까지 신청해야 유효하다.

■ 만약, 임차인의 소송 결과 강제경매로 진행된다면 별도의 배당요구는 필요없다.

■ 임차인이 배당을 통해 보증금을 전액 변제받으면, 더이상 임차인의 권리를 주장할 수 없다. 배당요구 자체가 '계약 종료'에 대한 의사표시로 간주되기 때문이다.

■ 다만, 일부 배당만을 받는 경우에는 임대차계약이 종료되었다고 보지 않는다.

(6) 최우선변제권

① 최우선변제권의 요건 : 경매개시결정 등기 전에 계약＋주택의 입주(점유)＋전입신고＋일정 소액보증금. 확정일자와는 무관함에 주의. 확정일자인은 우선변제 요건이지 최우선변제 성립요건이 아님에 유의할 필요가 있다.

② 효력 : 일정소액보증금 중 일정액에 대하여 우선적으로 변제받을 수 있는 특권

1) 대항력 발생(전입신고＋익일)이 경매등기보다 이전이고 배당기일까지 주택의 점유와 주민등록을 계속 유지할 것

2) 확정일자 부여방법

임대차계약서상의 확정일자란 그 날짜 현재 그 문서가 존재하고 있었다는 사실을 증명하기 위하여 임대차계약서의 여백에 기부(記簿)번호를 기입하고 확정일자인을 날인해 주는 것을 말한다. 확정일자는 첫째, 임대차계약서에 위 공증기관에서 확정일자

인을 날인해 주는 방법 둘째, 임대차계약서에 법원·등기소의 공무원과 읍·면·동사무소의 공무원이 확정일자인을 날인해 주는 방법의 세 가지 유형에 의하여 부여받을 수 있다. 그런데 현재 일반 국민들이 주로 이용하는 방법은 세 번째 방법인데 그중에서도 특히 인근 읍·면·동사무소를 이용하면 주민등록전입신고를 하면서 동시에 확정일자를 부여받을 수 있으므로 시간과 노력을 절약할 수 있다. 그리고 임대차계약서의 확정일자는 임대인의 동의 없이 임차인 또는 계약서 소지인이 언제든지 계약서 원본을 제시하고 구두로 청구하면 받을 수 있고 공증인사무소, 법무법인 또는 공증인가합동사무소 등 공증기관에서 임대차계약서를 공정증서로 작성하여도 확정일자를 받은 것과 동일한 효력이 있다.

확정일자를 받지 않으면 선순위 담보권자 등이 있는 경우 경락으로 임차권이 소멸하여 경락인에게 대항하지 못하고 소액임차인이 아닌 한 배당을 받을 수 없으나, 확정일자를 받아두면 후순위 담보권자나 일반채권자에 우선하여 배당받을 수 있다. 따라서 확정일자는 임차인에게 우선변제권을 인정하는 반면 그 절차가 간단하고 비용도 거의 들지 않기 때문에 받아두면 편리하다.

3) 확정일자부 임차인이 일시적으로 주민등록을 이전한 경우

주택을 임차하여 주민등록과 확정일자를 마치고 살다 잠시 주민등록을 옮겼다가 원상회복하였을 때는 확정일자를 다시 받을 필요는 없다. 다만 대항력은 주민등록 재전입일 다음 날부터 새로이 발생하게 되고 배당순위도 이날을 기준으로 하게 되므로 만일 옮긴 사이에 저당권이 설정되면 경매 배당 시 저당권보다 후순위로 밀려나게 된다.

4) 확정일자 부여일과 (근)저당권 설정일이 같은 경우

주택임대차보호법 제3조의2 제1항에 규정된 주택임차인의 우선변제권은 주택의 인도와 주민등록, 임대차계약증서상의 확정일자 부여라는 3가지 요건을 모두 갖춘 시점에 즉시 취득한다 할 것이고, 따라서 주택의 인도 후 주민등록 및 확정일자 부여가 같은 날에 이루어진 경우 우선변제권을 취득하는 시점은 주민등록을 한 그 다음날이 아니라 주택의 인도와 주민등록, 임대차계약증서상의 확정일자 부여라는 3가지 요건을 모두 충족한 그 시점이므로, 동일 건물에 대해 임차인이 위 3가지 요건을 모두 갖춘 날과 근저당권 설정일이 같은 경우, 그 임차권과 근저당권은 배당절차에 있어서 같은

순위로 보아야 한다.[6]

따라서 저당권자와 같은 순위에서 채권액에 비례하여 평등배당을 받는다.

5) 전입신고일과 저당권설정등기일이 같은 날짜인 경우

이 경우는 임차인이 불행한 경우이다. 임차인의 대항력은 전입일 익일(0시)부터 발생하기 때문에 저당권에 순위가 밀려나게 된다.

6) 확정일자와 같은 날짜에 수 개의 저당권이 설정된 경우

주택임대차계약을 체결하고 입주와 주민등록을 모두 갖춘 다음날에 계약서에 확정일자도 받았다. 그런데 우연히 확정일자를 받은 날에 순위 1, 2, 3의 저당권이 설정되었다. 이때 다른 저당권자들 사이의 우선순위는 먼저 임차인의 임대보증금액과 각 저당권자의 피담보채권액에 비례하여 평등배당을 하고, 저당권자 상호 간에는 선순위 저당권자가 그 채권액을 만족받을 때까지 후순위 저당권자의 배당액을 흡수 배당하여 가져간다.

예컨대 경락대금이 8,000만 원이고, 임차인의 보증금액이 4,000만 원, 저당권자들의 채권액이 각 2,000만 원이라면 임차인은 3,200만 원(8,000×4/10)을 배당받고, 1, 2, 3의 저당권자들의 배당액은 각 1,600만 원(8,000×2/10)이 되지만(4,800만 원), 실제로는 1, 2순위 저당권자가 각 2,000만 원(1,600＋400)을 배당받고, 3순위 근저당권자는 800만 원(1,600−400−400)만을 배당받게 된다.(최선순위 저당권설정일 1998년 기준)

그 이유는 저당권자 상호 간에는 우선순위가 분명히 정해지나 임차인이 대항요건과 확정일자를 모두 갖춘 최종시점과 저당권설정등기를 경료한 시점의 선후를 정하는 것은 설정정부기관이 상이해서 사실상 불가능하기 때문이다.

7) 저당권자에 우선하는 확정일자부 임차인이 여러 명 있는 경우

임차인이 여러 명 있고 각 임차인은 모두 입주와 전입신고를 마친 후 확정일자도 갖추었을 때 대항요건 및 확정일자를 갖춘 최종 시점이 모두 저당권자보다 우선하고 임차인 간의 우선순위가 서로 다를 때에는 임차인별로 저당권자에 대한 우선변제권을 인정하되 그들 상호 간에는 대항요건 및 확정일자를 최종적으로 갖춘 순서대로 우선

---

6) 서울고법 1997.4.16. 선고, 96나50393, 판결 : 확정.

순위가 결정된다.

8) 우선변제권의 일회성

① 같은 주택에 임차인 A가 우선변제권을 갖춘 이후에, 또 다른 임차인 B가 임차인 으로 들어와 '대항력'과 '확정일자'를 갖춘 경우 임차인 B는 우선변제권을 행사할 수 있다.

② 하나의 임대차 계약에는 한 번의 우선변제권만 인정된다.

- 드물긴 하지만, 경공매에서 우선변제권을 한 번 사용하고 나면, 보증금 변제 금액과 상관없이 우선변제권은 소멸한다.
- 동일 건물에는 한 번의 우선변제권만 가능하다.

【판시사항】

[1] 대항력과 우선변제권을 겸유하고 있는 임차인이 배당요구를 하였으나 보증금 전액을 배당받지 못한 경우, 그 잔액에 대하여 경락인에게 동시이행의 항변을 할 수 있는지 여부(적극) [2] 대항력과 우선변제권 을 겸유하고 있는 임차인이 배당요구를 하였으나 보증금 전액을 배당받지 못한 경우, 경락 후 새로이 경료 된 근저당권에 기한 경매절차에서 우선변제권을 행사할 수 있는지 여부(소극)

【판결요지】

[1] 주택임대차보호법상의 대항력과 우선변제권의 두 가지 권리를 겸유하고 있는 임차인이 먼저 우선변제 권을 선택하여 임차주택에 대하여 진행되고 있는 경매절차에서 보증금 전액에 대하여 배당요구를 하였으 나 그 순위가 늦은 까닭으로 보증금 전액을 배당받을 수 없었던 때에는, 보증금 중 경매절차에서 배당받을 수 있었던 금액을 뺀 나머지에 관하여 경락인에게 대항하여 이를 반환받을 때까지 임대차관계의 존속을 주장할 수 있고, 이 경우 임차인의 배당요구에 의하여 임대차는 해지되어 종료되며, 다만 같은 법 제4조 제2항에 의하여 임차인이 보증금의 잔액을 반환받을 때까지 임대차관계가 존속하는 것으로 의제될 뿐이 어서, 경락인은 같은 법 제3조제2항에 의하여 임대차가 종료된 상태에서의 임대인의 지위를 승계하고, 임 차인의 우선변제권은 경락으로 인하여 소멸하는 것이다. [2] 대항력과 우선변제권을 가진 임차인이 임차주 택에 관한 경매절차에서 보증금에 대하여 배당요구를 함으로써 임대차계약이 해지되어 종료되고 그 주택 이 경락된 이상, 그 경락인이 마침 임대인의 지위에 있던 종전 소유자이고 임차인은 후순위 권리자이어서 전혀 배당을 받지 못한 채 계속하여 그 주택에 거주하고 있었다고 하더라도, 그 후 그 주택에 관하여 새로 이 경료된 근저당권설정등기에 기한 경매절차에서 그 낙찰대금으로부터 우선변제를 받을 권리는 없고, 다 만 경락인에 대하여 임차보증금을 반환받을 때까지 임대차관계의 존속을 주장할 수 있을 뿐이다.[7]

---

7) 【대법원 1998.6.26. 선고 98다2754 판결 【배당이의】.

9) 임대보증금을 올려준 경우 재계약서를 작성하지 않고 증액분에 대한 영수증에만 확정일자를 받았을 경우의 효력범위

영수증에 받은 확정일자는 주택임대차보호법의 보호를 받을 수 없다고 본다. 반드시 재계약서를 작성하고 이에 확정일자를 받은 경우에만 그 시점부터 증액분에 대해 우선변제의 효력이 생긴다. 이때 처음에 작성한 계약서를 찢어버리는 경우가 간혹 있는데 이렇게 하면 이전의 권리는 상실되므로 이전 계약서도 재계약서와 함께 보관해 둬야 한다.

10) 전입 전에 확정일자를 먼저 받았다면 그 확정일자의 효력

확정일자를 먼저 받고 전입을 나중에 했어도 무효는 아니다. 다만 확정일자의 효력은 전입일부터이다. 여기에서 대항력은 전입일 다음날부터이지만 확정일자의 우선변제권은 전입일부터이다. 반대로 전입일 이후에 확정일자를 늦게 받는 경우가 많은데 이는 위험하다. 전입일과 확정일 사이에 다른 저당권이 설정된다면 우선변제권은 저당권보다 늦어질 수밖에 없기 때문이다.

13. 임대차 존속기간과 계약 갱신

(1) 임대차 기간

제4조에 의하면 기간을 정하지 아니하거나 2년 미만으로 정한 임대차는 그 기간을 2년으로 본다. 다만, 임차인은 2년 미만으로 정한 기간이 유효함을 주장할 수 있다. 또한 임대차 기간이 끝난 경우에도 임차인이 보증금을 반환받을 때까지는 임대차 관계가 존속되는 것으로 본다고 하였다 .

임대기간을 1년으로 한 경우 임대기간이 종료되었을 때 주택임대보호법에는 임대기간을 최소한 2년으로 규정하였다고 임대인이 2년을 고주택하며 임대보증금을 돌려주지 않는 경우가 있다. 이는 주택임대차보호법을 오해한 행위이다. 임대기간을 최소한 2년으로 규정한 취지는 임차인의 주거 안정을 도모하기 위한 것이므로 임차인이 원하는 경우에는 임대기간을 2년 미만으로 정한 것이지 계약에 관계없이 무조건 2년을 살아야 한다는 것은 아니다. 단, 임차인이 계약은 1년을 했어도 2년을 살겠다고 주장한다면 이는 가능하다.

(2) 계약의 갱신

대개 임대기간이 끝나기 불과 며칠 전에야 주택주인이 임차인에게 임대보증금을 인상하여 주거나 그것이 불가능하면 기간 만료와 동시에 주택을 비워 달라는 통지를 한다. 이러한 행위는 주택주인으로서는 아주 위험한 행위이다. 그 이유는 임대인의 계약이 묵시적으로 갱신되는 것을 막기 위해서는 임차인에게 임대기간 만료 시의 명도 또는 계약갱신거절의 통지를 임대기간 만료 전 6월부터 1월까지 사이에 하여야 하는데 이를 하지 않으면 임차인에게 모든 권리가 넘어가기 때문이다. 기간이 끝난 경우 계약이 종전과 동일한 조건으로 묵시적으로 갱신되었기 때문에 앞으로 2년간 같은 조건으로 계속 점유할 수 있다. 단, 임차인으로서의 의무를 현저하게 위반한 경우에는 보호받을 수 없다. 법 조항은 다음과 같다.

> 제6조[계약의 갱신] ① 임대인이 임대차기간이 끝나기 6개월 전부터 1개월 전까지의 기간에 임차인에게 갱신거절의 통지를 하지 아니하거나 계약조건을 변경하지 아니하면 갱신하지 아니한다는 뜻의 통지를 하지 아니한 경우에는 그 기간이 끝난 때에 전 임대차와 동일한 조건으로 다시 임대차한 것으로 본다. 임차인이 임대차기간이 끝나기 1개월 전까지 통지하지 아니한 경우에도 또한 같다.
> ② 제1항의 경우 임대차의 존속기간은 2년으로 본다.
> ③ 2기의 차임액에 달하도록 연체하거나 그 밖에 임차인으로서의 의무를 현저히 위반한 임차인에 대하여는 제1항을 적용하지 아니한다.
> 제6조의2 [묵시적 갱신의 경우의 계약 해지] ① 제6조 제1항의 경우 임차인은 언제든지 임대인에게 계약해지를 통지할 수 있다.
> ② 제1항에 따른 해지는 임대인이 그 통지를 받은 날부터 3개월이 지나면 효력이 발생한다.

(3) 계약을 갱신하면서 임대보증금을 인상하는 경우의 대항력 및 우선변제권

- 2013.11.5. 전세보증금 9,700만 원, 전세기간 2년, 같은 날 확정일자
- 2015.2.10. 신한은행의 저당권 1억 원 설정
- 2015.11.22. 계약연장 보증금 1,000만 원 인상

위와 같은 경우 임대인과 임차인이 임대차계약을 갱신하면서 임대보증금을 인상하기로 합의하였을 때, 인상된 금액은 인상되기 전에 설정된 저당권에 기한 경매절차의

매수인에 대하여 대항할 수 없을 뿐만 아니라 위 저당권자에 우선하여 배당을 받을 수도 없다. 왜냐하면 위 저당권자는 인상 전의 임대보증금을 전제로 저당권을 취득하는 것이고 장래 임대보증금이 얼마나 인상될지 예상할 수도 없기 때문에 인상된 보증금 전액에 대하여 대항력과 우선변제권을 인정한다면 저당권자의 이익을 너무 침해하는 것이 되기 때문이다. 따라서 이 경우 저당권 설정 전의 보증금액인 9,700만 원에 한하여 경락인에게 대항력을 행사할 수 있고 배당절차에 참가하더라도 위 9,700만 원에 한하여 저당권자에 우선하여 변제받을 수 있다. 다만, 위 인상된 보증금 1,000만 원에 대하여 재계약서를 작성하고 이에 대하여 확정일자를 받았다면 이보다 후순위인 담보권자나 일반채권자에 대하여 우선변제권을 주장할 수 있다.

14. 임차권등기명령제도

종래에는 임차인이 임대차가 종료된 후 보증금을 반환받지 못한 상태에서 다른 곳으로 이사를 가거나 주민등록을 전출하면 임차인이 종전에 가지고 있던 대항력과 우선변제권을 상실하게 되어 사실상 보증금을 반환받는 것이 곤란하게 되자 임차권등기명령제도를 도입하였다.

(1) 임차권등기명령 내용

종래에는 임대차가 종료된 후 임차인이 보증금을 받지 못하고 다른 곳으로 이사를 가거나 주민등록을 전출할 경우에 대항력과 우선변제권이 상실되어 보증금을 반환받지 못한 문제점이 있어 1999.3.1.부터 주택임대차보호법을 개정하여 약자인 임차인의 권익 보호에 충실히 기한 임차권등기명령 제도를 신설하였다. 임차권등기명령 제도는 임대차 종료 후 보증금을 받지 못한 임차인이 근무지 변경 등으로 이주할 필요가 있는 경우에 단독으로 임차권등기를 마치면 그 이후로부터 주택의 점유와 주민등록요건을 갖추지 아니하더라도 이미 취득하고 있던 대항력과 우선변제권이 상실되지 않아 자유롭게 주거를 옮길 수 있다.

임차권등기명령이 주요 내용은 다음과 같다.

① 임대차가 끝난 후 보증금이 반환되지 아니한 경우 임차인은 임차주택의 소재지

를 관할하는 지방법원. 지방법원지원 또는 시·군 법원에 임차권등기명령을 신청할 수 있다. 우선변제권을 승계한 금융기관은 임차인을 대위하여 임차권등기명령을 신청할 수 있다.

② 임차권등기명령의 집행에 의한 임차권등기를 마치면 임차인은 대항력과 우선변제권을 취득한다. 다만, 임차인이 임차권등기 이전에 이미 대항력 또는 우선변제권을 취득한 경우에는 그 대항력 또는 우선변제권은 그대로 유지되며, 임차권등기 이후에는 대항요건을 상실하더라도 이미 취득한 대항력 또는 우선변제권을 상실하지 않는다.

③ 임차권등기명령의 집행에 따른 임차권등기가 끝난 주택을 그 이후에 임차한 임차인은 최우선변제를 받을 권리가 없다.

④ 임차인은 임차권등기명령의 신청 및 그에 따른 임차권등기와 관련하여 든 비용을 임대인에게 청구할 수 있다.

(2) 신청방법

임차인은 신청서(당사자 수＋법원용 1통) 3통과 첨부서류(임대차계약서 사본 1통, 주민등록표등본 1통, 부동산등기부등본 1통, 대리인이 접수할 경우에 위임장 1통 등)를 준비하여, 부동산 소재지 관할 시·군·구청에서 등록세 과세표준 및 세액신고서를 작성하여 등록세·교육세를 납부하고, 임차주택이 있는 곳을 관할하는 지방법원·지방법원 지원 또는 시·군 법원에 가서 인지 3,000원 정도를 법원 구내 우체국에서 구입하여 신청서 표지에 붙이고, 송달료 15,000원은 법원 구내 은행에 송달료예납전표를 작성하여 납부하고 그 영수증과 함께 신청서를 제출하면 된다.

(3) 법원의 판결

임차권등기명령의 신청이 있으면 법원은 당사자를 소환하지 않고 신청서만으로 심리를 하여 신청이 이유 있으면 임차권등기명령을 발령하고, 신청이 이유 없으면 기각한다. 기각한 결정에 대하여 임차인은 항고할 수 있다.

임차권등기명령을 발령한 법원은 지체 없이 촉탁서에 재판서 등본을 첨부하여 임차주택이 있는 곳을 관할하는 등기소에 임차권등기를 촉탁하고, 등기공무원은 이 촉탁에 의하여 건물등기부에 임차권등기를 기입한다. 즉 부동산등기부등본에 그 사실을 기입한다. 따라서 결정이 있고 약 7일 후 부동산등기사항전부증명서를 보거나 등본교부신청을 하면 그 사실을 알 수 있다.

(4) 효력

임차권등기명령의 집행에 의한 임차권등기를 마치면 임차인은 대항력 및 우선변제권을 그대로 취득한다. 만일 임차인이 임차권등기 이전에 이미 대항력 또는 우선변제권을 취득한 자인 경우에는 종전의 대항력과 우선변제권을 그대로 유지하며, 임차권등기 이후에는 주택의 점유와 주민등록이라는 대항요건을 갖추지 않더라도 임차인이 종전에 가지고 있는 대항력과 우선변제권을 상실하지 아니한다. 효력 발생은 결정이 임대인에게 송달된 때에 그 효력이 발생하므로 임차권등기명령을 신청한 후 바로 다른 곳으로 이사 가거나 주민등록 전출을 하여서는 안 되고 반드시 임차권등기가 되어 있는지 확인을 하여야 한다.

15. 특수한 경우

(1) 주택의 명의신탁자와 임대차계약을 체결한 경우

임대차는 임대인이 반드시 주택의 등기부상 소유자이어야 하는 것이 아니므로, 등기부상 소유자는 아니지만 임대차계약을 체결할 수 있는 권한을 가진 자와도 임대차계약을 체결할 수 있다. 따라서 예컨대 임대인이 주택의 등기부상 소유자가 아니라고 하더라도 주택의 실제 소유자로서 사실상 이를 제3자에게 임대할 권한을 가지는 이상 임차인은 등기부상 소유명의자에 대하여도 임차권을 주장할 수 있다고 본다(대법원 1995.10.12. 선고 95다22283 판결).

(2) 공유자 중 일부와 주택임대차계약을 체결한 경우

민법 제265조 본문은 공유물의 관리에 관한 사항은 지분의 과반수로써 결정하도록 규정하고 있어 공유주택의 임대행위는 지분 과반수의 공유지분을 보유한 누구와도 임대차계약을 체결하면 공유자 일부가 임대인에서 제외되었다고 하여도 이 계약은 공유자 모두에 대하여 유효하다.

(3) 임대인의 동의 없이 전대차계약을 체결한 경우

임차인이 임대기간 중에 임차주택을 다른 사람에게 전대 시 임대인의 동의가 없었다면 전차인은 임대인에게 자신의 전차권을 주장할 수 없다. 이 경우 전차인은 비록 대항요건을 갖추었더라도 소유자에 대하여 임차인, 전차인 사이에 체결한 임대차계약 관계를 주장할 수 없고 임대보증금도 임차인에게만 그 반환을 청구할 수 있을 뿐이다.

(4) 임대보증금의 감액청구

주택임대차보호법 제7조는 임대기간 중 약정한 차임 또는 보증금이 임차주택에 관한 조세·공과금 기타 부담의 증감이나 경제사정의 변동으로 인하여 상당하지 아니하게 된 때에는 당사자는 장래에 대하여 그 증감을 청구할 수 있다고 규정하고 있다. 따라서 임차인은 경제상황의 변화로 주택 가격과 임대보증금이 급락함에 따라 당초 약정한 임대보증금이 인근 주택의 임대보증금과 비교할 때 부당하게 과다한 때에는 임대인에게 장래를 향하여 객관적으로 적정한 임대보증금으로 감액하여 줄 것을 청구할수는 있으나 아직 법원에 이에 관한 선례가 없기 때문에 어느 정도 임대보증금이 하락하면 감액청구가 인정된다고 단정할 수는 없다.

(5) 주택임차권과 전세권과의 비교

주택임대차보호법상의 보호대상이 되는 주택 등의 전입자 형태를 보면 대다수는 채권적 전세형태인 임차권과 극히 일부가 물권인 전세권자로 나누어진다. 해당 부동산이 법원경매에 붙여졌을 때 어느 쪽이 더 강력한 법적 권한을 갖는지 살펴본다. 일반적으로 전세권을 등기부에 등재하여 전세권을 확보하는 것이 더 많은 법적인 권한과 보호를 받을 수 있다고 생각하는 것을 자주 본다.

그러면 임차권과 전세권을 비교해 볼 때 과연 그러한가. 즉 물권인 전세권이 채권형태인 임차권에 비해 타인의 부동산을 임차해서 사용하는 경우에 더 유리한가 말이다. 실제로는 채권인 임차권이 물권인 전세권보다 임차인의 입장에서 더 유리하다는 것이다. 다음과 같은 이유로 임차권이 훨씬 더 강력한 보호를 받고 있는 것을 쉽게 알 수 있다.

첫째는 확보방법에서 임차권이 훨씬 간단하다. 물권인 전세권은 임대인의 동의를 구해야 하는데 여러 가지 이유로 현실적으로 쉽지 않다.

그리고 전세권은 설정 시 금액에 따라 많은 설정비용이 드는데 전세권자가 부담하는 것이 통상이고 또한 말소등기를 할 때도 전세권자가 말소비용을 부담한다는 조건인 경우가 일반적인 데 반해, 임차권은 비용도 저렴하며 아주 간단한 방법으로 확보된다. 전세보증금을 지불하고 해당 부동산의 번지로 정확하게 전입신고를 마치고 이사 들어와 사는 것만으로 주택임대차보호법이 규정하는 임차권이 확보된다. 단, 아파트나 연립 등 공동주택의 경우는 동·호수까지 일치해야 한다는 것이 법원의 입장이다. 그리고 확정일자까지 갖춘다면 채권이지만 물권화되어 물권자들과 동등한 자격으로 순위배당되어 자신의 임차보증금을 확보할 수 있다.

▶ 전세권과 임차권의 비교표

요건		전세권	임차권
권리		물권	채권(물권화된 채권)
대항요건		등기	전입+점유+계약
우선변제권		등기설정일	전입+점유+계약+확정일자 구비일
접수관청		법원	주민센터
접수서류		등기부등본, 계약서	계약서
임대인동의		필요	불필요
대항력 발생		등기접수일(접수순)	전입신고일 익일 0시부터
경매신청권		있음	없음. 집행권원(판결문, 공정증서)이 있어야 경매신청권 있음
배당	배당신청	선순위 전세권은 배당 여부에 따라 배당, 후순위 전세권은 당연배당, 순위배당	배당신청해야 배당 확정일자가 배당청구요건(단, 전입일과 확정일이 다른 경우에는 그중 늦은 것을 적용. 소액은 확정일자 불필요)
	토지건물	건물에만 배당(집합건물은 예외)	토지건물 모두에 배당
	소액	해당 없음	일정 보증금 이하 해당, 배당청구 필요 소액임차인이 많으면 배당금 1/2 범위 내에서 다른 채권자보다 우선배당
	선순위 배당금이 부족한 경우	배당청구하면 배당받고 소멸. 배당금이 부족한 경우 매수자에게 요구할 수 없음	배당금 외 미배당금에 대해서는 매수자가 인수해야 함

II 상가건물임대차보호법(약칭 : 상가임대차법)

1. 입법목적

상가건물임대차보호법은 주택임대차보호법의 제정 목적과 같이 경제적 약자를 보호하고자 시행되었다. 입법목적은 상가임차인을 보호하여 국민 경제생활의 안정보장이다.

소액의 상가임차보증금 중 일정 금액의 한도 내에서 상가건물이 경매나 공매로 신소유자에게로 승계되어도 임차보증금을 주택과 마찬가지로 '최우선변제'를 받을 수 있다. 그리고 사업자등록일자와 임대차계약서의 세무서확정일자를 기준으로 임대보증금은 일반채권자들보다 우선해서 보호하는 '우선변제' 효력도 인정되며 임대료를 인상할 때도 인상률을 5%/년 범위로 제한을 두었다. 다만, 사업자등록 없이는 임차권 보호를 받을 수 없게 되었다.

2. 요건 : 우선변제와 최우선변제

우선변제는 대항요건과 확정일자를 갖춘 임차인이 임차건물(대지 포함)의 환가대금에서 후순위권리자 및 기타 채권자보다 우선하여 보증금을 변제받을 권리를 말한다. 우선변제권은 대항요건과 확정일자를 갖추어야 한다. 최우선변제는 임차인이 보증금 중 일정액을 다른 담보물권자보다 우선하여 변제받을 권리를 말한다. 최우선변제권은 확정일자 없이 대항요건만 필요하다. 우선변제권과 최우선변제권 모두 배당요구 채권에 해당된다.

3. 상가건물임대차보호법의 적용범위

① 이 법은 사업자등록의 대상이 되는 건물(임대차 목적물의 주된 부분을 영업용으로 사용하는 경우를 포함한다)의 임대차에 대하여 적용한다. 따라서 동창회사무실 등 비영리 단체의 건물임대차에는 동법이 적용되지 않는다.

② 상가건물임차인 중에서 보증금이 일정 금액 이하인 영세상인만이 이 법의 적용을 받는다.

③ 보호대상 금액은 당해 지역의 경제여건 및 상가 규모를 고려하여 동법 시행령에서 구체적으로 정하고 있으며, 환산보증금이 아래에 해당하여야 상가건물 임차인은 동법의 적용을 받는다.

④ 아래의 동법 시행령(대통령령)으로 정하는 보증금액을 초과하는 임대차에 대하여는 동법을 적용하지 아니한다. 상가건물 소액임차금 및 최우선변제금은 표에 제시하였다.

■ 상가건물 소액임차금 및 최우선변제금 기간별 변동표

최선순위담보권설 정일자기준일	지역	(환산) 보증금 (보증금+월세×100)	소액보증금	
			적용범위	최우선변제액
2002.11.1.~ 2008.8.20.	서울특별시	2억 4천만 원 이하	4,500만 원 이하	1,350만 원 이하
	수도권 중 과밀억제권역	1억 9천만 원 이하	3,900만 원 이하	1,170만 원 이하
	광역시(군지역, 인천 제외)	1억 5천만 원 이하	3,000만 원 이하	900만 원 이하
	기타 지역	1억 4천만 원 이하	2,500만 원 이하	750만 원 이하
2008.8.21.~ 2010.7.25.	서울특별시	2억 6천만 원 이하	4,500만 원 이하	1,350만 원 이하
	수도권 중 과밀억제권역	2억 1천만 원 이하	3,900만 원 이하	1,170만 원 이하
	광역시(군지역, 인천 제외)	1억 6천만 원 이하	3,000만 원 이하	900만 원 이하
	기타 지역	1억 5천만 원 이하	2,500만 원 이하	750만 원 이하
2010.7.26. 이후 ~ 현재	서울특별시	3억 원 이하	5,000만 원 이하	1,500만 원 이하
	과밀억제권역	2억 5천만 원 이하	4,500만 원 이하	1,350만 원 이하
	광역시, 김포, 광주, 용인, 안산(군지역, 인천 제외)	1억 8천만 원 이하	3,000만 원 이하	900만 원 이하
	기타 지역	1억 5천만 원 이하	2,500만 원 이하	750만 원 이하
2014.1.1.~ 2018.1.25.	서울특별시	4억 원 이하	6,500만 원 이하	2,200만 원까지
	과밀억제권역	3억 원 이하	5,500만 원 이하	1,900만 원까지
	광역시(군지역 제외)	2억 4천만 원 이하	3,800만 원 이하	1,300만 원까지
	기타 지역	1억 8천만 원 이하	3,000만 원 이하	1,000만 원까지
2018.1.26.~ 2019.4.1.	서울특별시	6억 1천만 원 이하	6,500만 원 이하	2,200만 원까지
	과밀억제권역	5억 원 이하	5,500만 원 이하	1,900만 원까지
	광역시(군지역 제외)	3억 9천만 원 이하	3,800만 원 이하	1,300만 원까지
	기타 지역	2억 7천만 원 이하	3,000만 원 이하	1,000만 원까지
2019.4.2. ~ 2024.6.7.	서울특별시	9억 원 이하	6,500만 원 이하	2,200만 원까지
	과밀억제권역 및 부산	6억 9천만 원 이하	5,500만 원 이하	1,900만 원까지
	광역시(군지역 제외)	5억 4천만 원 이하	3,800만 원 이하	1,300만 원까지
	기타 지역	3억 7천만 원 이하	3,000만 원 이하	1,000만 원까지
2024.6.8. ~ 현재	서울특별시	9억 원 이하	6,500만 원 이하	2,200만 원까지
	과밀억제권역 및 부산	6억 9천만 원 이하	5,500만 원 이하	1,900만 원까지
	광역시(군지역 제외)	5억 4천만 원 이하	3,800만 원 이하	1,300만 원까지
	기타 지역	3억 7천만 원 이하	3,000만 원 이하	1,000만 원까지

■ '환산보증금'이란 보증금과 월세환산액(원세×100)을 합한 금액을 말하며, 환산보증금의 합산한 금액이 영 제2조제1항의 한도를 초과하면 동법의 보호를 받을 수 없다(법 제2조제1항, 제2항).

4. 권리금의 보호 여부(법 제10조의3 이하)

'권리금'이란 임대차 목적물인 상가건물에서 영업을 하는 자 또는 영업을 하려는 자가 영업시설·비품, 거래처, 신용, 영업상의 노하우, 상가건물의 위치에 따른 영업상의 이점 등 유형·무형의 재산적 가치의 양도 또는 이용대가로서 임대인, 임차인에게 보증금과 차임 이외에 지급하는 금전 등의 대가를 말한다(동법 제10조의3 제1항). 그리고 '권리금 계약'이란 신규임차인이 되려는 자가 임차인에게 권리금을 지급하기로 하는 계약을 말한다.

권리금 회수기회 보호 등은 당초에는 보호대상이 아니었지만, 2015.5.13. 동법 제10조의5를 신설하면서 명문화된 제도이다. 권리금은 회계학상 '영업권'이다. 관행상 기존 임차인과 새로운 임차인 사이에 유상 승계 시 계상되는 '무형자산'이다. 권리금을 보호하기 위하여 동법은 "임대인은 임대차기간이 끝나기 6개월 전부터 임대차 종료 시까지 다음 각 호의 어느 하나에 해당하는 행위를 함으로써 권리금 계약에 따라 임차인이 주선한 신규임차인이 되려는 자로부터 권리금을 지급받는 것을 방해하여서는 아니 된다."고 규정하고 있다(동법 제10조의4). 물론 예외적으로 다음과 같은 정당한 사유가 있는 경우에는 거절할 수 있도록 예외 규정을 두고 있다(동조 제2항).

① 임차인이 주선한 신규임차인이 보증금 또는 임대료 지급 자력이 없는 경우
② 의무를 위반할 우려가 있거나 임대차 유지가 어려운 상당한 사유가 있는 경우
③ 해당 상가건물을 1년 6개월 이상 비영리 목적으로 사용할 경우
④ 임대인이 선택한 신규임차인이 임차인과 권리금 계약을 체결하고 그 권리금을 지급한 경우

5. 보호대상 보증금액 환산방법(법 제2조)

보호대상 보증금액의 적용범위에서 보증금액을 정할 때에는 해당 지역의 경제 여건 및 임대차 목적물의 규모 등을 고려하여 지역별로 구분하여 규정하되, 보증금 외에 차임이 있는 경우에는 그 차임액에 「은행법」에 따른 은행의 대출금리 등을 고려하여 대통령령으로 정하는 비율을 곱하여 환산한 금액을 포함하는바(동법 제2조), 보호대상

보증금액은 보증금과 월세환산액(임대료(월세)×100)을 더한 금액이다.

　예를 들면, 보증금 5,000만 원에 월세 100만 원으로 상가건물을 임차한 경우

　보호대상보증금 = 5,000만 원(보증금)+100만 원/월×100 = 1억 5,000만 원이 된다.

6. 임대차 계약기간(법 제9조)

① 계약기간은 자유로이 정할 수 있다. 다만, 기간을 정하지 아니하거나 1년 미만으로 정한 임대차는 그 기간을 1년으로 보게 되나, 이때에도 임차인은 1년 미만으로 정한 기간이 유효함을 주장할 수 있다. 동법이 임차인만을 위한 '편면적 강행규정'으로 되어 있기 때문이다.

② 임대차가 종료한 경우에도 임차인이 보증금을 돌려받을 때까지는 임대차 관계는 존속하는 것으로 본다.

③ 임차인은 재계약을 원하면 임대차기간 만료 전 6월부터 1월까지 사이에 계약갱신 요구(내용증명 등 발송)를 하여야 한다.

④ 임대인은 임차인이 임대료를 3회 이상 연체, 임대인의 동의 없이 건물을 전대하는 경우 등 8가지 요건에 해당되는 경우 재계약을 거부할 수 있다.

7. 10년간 계약 갱신요구 기간의 적용례(법 제10조제1항 본문, 부칙 제2조)

(1) 임차인의 계약갱신 요구

　임대인은 임차인이 임대차기간이 만료되기 6개월 전부터 1개월 전까지 사이에 계약갱신을 요구할 경우 정당한 사유 없이 거절하지 못하는바, 임차인의 계약갱신요구권은 최초의 임대차기간을 포함한 전체 임대차기간이 10년을 초과하지 아니하는 범위에서만 행사할 수 있다(동법 제10조제2항, 제3항).

　동 조항은 이 법 시행 후 최초로 체결되거나 갱신되는 임대차부터 적용한다(2018. 10.16. 부칙 제2조). 따라서 이 법 시행일 전에 체결된 계약의 임차인은 이 법의 시행일 이후 경료되는 임대차는 10년의 계약갱신 혜택을 받을 수 없다.

(2) 임대인의 계약갱신 거절사유(법 제10조제1항 단서)

① 임대인은 원칙적으로 임차인의 계약갱신 요구를 정당한 사유 없이 거절하지 못하지만, 다음의 경우에는 거절할 수 있다.

    ㉠ 임차인이 3기의 차임액에 해당하는 금액에 이르도록 차임을 연체한 사실이 있는 경우

    ㉡ 임차인이 거짓이나 그 밖의 부정한 방법으로 임차한 경우

    ㉢ 서로 합의하여 임대인이 임차인에게 상당한 보상을 제공한 경우

    ㉣ 임차인이 임대인의 동의 없이 목적 건물의 전부 또는 일부를 전대(轉貸)한 경우

    ㉤ 임차인이 임차한 건물의 전부 또는 일부를 고의나 중대한 과실로 파손한 경우

    ㉥ 임차한 건물의 전부 또는 일부가 멸실되어 임대차의 목적을 달성하지 못할 경우

    ㉦ 임대인이 다음 각 목의 어느 하나에 해당하는 사유로 목적 건물의 전부 또는 대부분을 철거하거나 재건축하기 위하여 목적 건물의 점유를 회복할 필요가 있는 경우

        ⓐ 임대차계약 체결 당시 공사시기 및 소요기간 등을 포함한 철거 또는 재건축 계획을 임차인에게 구체적으로 고지하고 그 계획에 따르는 경우

        ⓑ 건물이 노후 · 훼손 또는 일부 멸실되는 등 안전사고의 우려가 있는 경우

        ⓒ 다른 법령에 따라 철거 또는 재건축이 이루어지는 경우

    ◎ 그 밖에 임차인이 임차인으로서의 의무를 현저히 위반하거나 임대차를 계속하기 어려운 중대한 사유가 있는 경우

② 임차인의 계약갱신요구권은 최초의 임대차기간을 포함한 전체 임대차기간이 10년을 초과하지 아니하는 범위에서만 행사할 수 있다.

③ 갱신되는 임대차는 전 임대차와 동일한 조건으로 다시 계약된 것으로 본다. 다만, 차임과 보증금은 제11조에 따른 범위에서 증감할 수 있다.

④ 임대인이 제1항의 기간 이내에 임차인에게 갱신 거절의 통지 또는 조건 변경의 통지를 하지 아니한 경우에는 그 기간이 만료된 때에 전 임대차와 동일한 조건으로 다시 임대차한 것으로 본다. 이 경우에 임대차의 존속기간은 1년으로 본다.

⑤ 제4항의 경우 임차인은 언제든지 임대인에게 계약해지의 통고를 할 수 있고, 임대인이 통고를 받은 날부터 3개월이 지나면 효력이 발생한다.

8. 대항력과 우선변제권(법 제3조)

(1) 대항력과 요건

'대항력'은 임차인이 대항요건 취득 이후에 매매 등으로 임차건물의 소유권을 취득하는 제3자에 대하여 대항할 수 있는 권리를 말한다. 따라서 임차인은 임대차계약기간 동안은 소유자가 바뀌더라도 임차권자로서의 지위를 유지하여, 임대차계약기간 동안 거주할 수 있음은 물론 임대차기간이 끝나더라도 보증금을 반환받을 때까지 계속 점유하고 사용할 수 있다.

임차인은 임대인으로부터 건물을 인도받고, 세무서에 사업자등록을 신청한 경우 신청일의 다음 날 0시부터 대항력이 발생한다. 임대차계약서상 내용이 사업자등록사항과 일치하고, 임대차계약서상 임대차 목적물이 등기부등본 등 공부와 일치하여야 대항력이 보장되므로 이를 일치시키도록 하여야 한다. 또한 사업자등록정정신고 사유에 임대차계약의 내용이 변경되는 경우를 포함시켰으므로 계약변경 시 반드시 사업자등록정정신고를 하여야 한다.

(2) 대항력이 발생하는 시점

대항력은 건물의 인도(점유의 이전; 입주) 및 사업자등록의 두 가지 요건을 모두 갖추어야 하고, 두 가지 요건 중 가장 늦은 날을 기준으로 대항력이 발생된다.

확정일자 순위에 따른 우선변제권은 '건물의 인도, 사업자등록, 확정일자'라는 세 가지 요건을 모두 갖추어야 하고, 3가지 요건 중 가장 늦은 날을 기준으로 순위가 결정된다.

- 이 법 시행 전에 금융기관 등이 상가건물에 설정한 저당권의 우선변제권, 이 법 시행 전에 설정한 저당권 등 우선채권이 있는 경우에는 임차인이 우선변제권을 요구할 수 없다. 본서에서 2순위라고 부르는 이유와 같은 맥락이다.

- 사업자등록
  ① 현재 상가를 임차하여 사업을 하고 있으나 사업자등록을 하지 않은 임차인의 경우 이 법의 보호를 받으려면 반드시 사업자등록신청을 하여야 한다. 확정일자는 사업자등록신청과 동시에 받을 수 있다.
  ② 동법 시행 전 사업자등록을 한 임차인이 이 법의 보호를 받으려면 반드시 사업자등록정정신고를 하여야 한다. 이 법 시행 전 사업자등록을 한 임차인의 경우에도 부가가치세법 시행령 등의 개정으로 위의 내용이 새로 사업자등록 정정사항에 포함되었으므로 이를 포함한 사업자등록정정신고서를 작성하여 신고하여야 이 법의 보호를 받을 수 있다.
  ③ 건물소재지가 등기부등본(또는 건축물관리대장), 사업자등록신청서, 임대차 계약서상에서 일치하지 아니하는 경우 보호를 받지 못할 수도 있다. 따라서 임대차의 목적물이 사실과 일치하도록 하여야 하므로 차이가 나는 경우 사업자등록정정신고 등을 통하여 일치시켜야 한다.
  ④ 임차인은 임대인의 인적사항, 보증금, 차임, 임대차기간, 면적, 임대차 목적물, 건물 일부 임차 시 해당 도면 등이 변경되는 경우 사업자등록정정신고를 하여야 이 법의 보호를 받을 수 있다.

(3) 우선변제권

경매 또는 국세징수법에 의한 공매 시 임차건물의 환가대금에서 후순위권리자나 그 밖의 채권자에 우선하여 보증금을 변제받는 권리를 말한다.

임차인이 '건물의 점유와 사업자등록 신청'으로 대항력 요건을 갖추고 임대차계약서상 확정일자를 받은 경우 확정일과 다른 담보물권설정일을 비교하여 우선순위(본서에서는 2순위를 말한다)를 가린다. 결국 이 법은 확정일자가 대항력을 위한 등기와 대등한 효력(2순위)을 갖도록 한 것이다.

9. 소액임차인의 최우선변제권(법 제14조)

① 임차 상가건물이 경매 또는 압류공매에 의하여 소유권이 이전되는 경우에도 경

매절차에서 '소액보증금 중 일정액'을 모든 권리자보다 최우선하여 배당을 받을 수 있는 권리(본서에서는 0순위)를 말한다.

② 최우선변제권은 임차인이 대항력을 갖추면(건물인도와 사업자등록 신청) 발생하는 것으로 확정일자와는 상관이 없다. 확정일자 없이도 대항력을 갖추면 당연히 우선변제권(본서에서는 2순위)이 발생된다.

10. 차임 등의 증감청구권과 증액청구의 기준(법 제11조, 영 제4조)

임대료는 차임 또는 보증금이 임차건물에 관한 조세, 공과금, 그 밖의 부담의 증감이나 경제 사정의 변동으로 인하여 상당하지 아니하게 된 경우에는 당사자는 장래의 차임 또는 보증금에 대하여 자유롭게 증감을 청구할 수 있다.

그러나 증액의 경우에는 대통령령으로 정하는 기준에 따른 비율(청구 당시의 차임 또는 보증금의 5%)을 한도로 인상할 수 있고(감액의 경우 제한이 없음) 증액 청구는 임대차계약 또는 약정한 차임 등의 증액이 있은 후 1년 이내에는 하지 못한다.

11. 확정일자 부여 및 임대차정보의 제공 등(법 제4조제1항, 제2항)

건물을 인도받고 사업자등록신청을 하고 임대차계약서상 확정일자를 받아야 한다. 확정일자는 임대차가 경매 처분 시 다른 저당권 등의 물건에 대해 우선변제권을 갖지 못하기 때문에 임차보증금을 물권화시켜 다른 채권에 대해 우선변제효력을 갖게 만든 것이다. 채무관계인 임대차를 전세권 설정 같은 별도의 과정 없이 확정일자로 간편하게 물권화시켜 임차인의 보증금 보전을 위한 안전장치를 강화시킨 것이다. 쉽게 말해 세입자 전세금을 지켜주기 위해 은행에서 설정한 근저당설정등기와 권리가 동등하다. 확정일자보다 늦게 등기에 들어온 융자(근저당)들은 확정일자에게 대항할 수 없다.

확정일자는 상가건물의 소재지 관할 세무서장이 부여한다(동법 제4조제1항). 관할 세무서장은 해당 상가건물의 소재지, 확정일자 부여일, 차임 및 보증금 등을 기재한 확정일자부를 작성하여야 한다. 이 경우 전산정보처리조직을 이용할 수 있다(동법 제4조제2항).

(1) 임차사업장이 넓어 여러 임대인과 각각 계약한 경우에는 각자의 계약서를 별도로 확정일자 신청을 하여야 하며 각자의 계약서에 별도의 확정일자를 부여받아야 한다.

(2) 전차인은 확정일자를 신청하여도 상가건물 임대차보호법상 우선변제권이 발생하지 않는다.

(3) 계약연장 시 원 계약서의 보증금만 증가되는 경우, 연장된 기간과 증가된 보증금의 추가증액부분만 별도의 계약서를 작성하였다면 이 별도의 계약서에만 확정일자를 받아야 된다.

(4) 동일 건물 내에서 사업장을 이전였을 경우 임대인이 동일인인 경우에도 별개의 목적물로 인식되며, 종전 사업장의 보호받을 권리는 상실되며 새로운 사업장의 권리가 이전시점(점유와 사업자등록정정신고 다음날)에 새롭게 발생하게 된다.
따라서 임차인은 사업자등록정정신고 및 새로운 임대차계약서상에 확정일자를 받아야 한다.

(5) 확정일자와 전세권등기의 차이를 살펴보면, 확정일자를 받아 두면 임차건물이 경매 또는 공매되는 경우 확정일자보다 후순위 담보권자나 일반채권자보다 우선하여 배당을 받을 수 있다. 대항력과 확정일자를 갖추어 우선변제권을 취득한 임차인과 전세권등기를 한 전세권자는 배당의 우선순위에 있어 동등한 지위(본서에서 2순위)를 갖게 된다.
전세권등기가 임대인의 협력 없이는 불가능하고 등기비용이 소요되며 절차가 복잡한 반면, 확정일자는 임대인의 동의가 필요 없으며 신속·간편하게 받을 수 있는 장점이 있다.

(6) 사업자등록 신청을 하기 전에 확정일자 신청을 먼저 한 경우

이 경우 임차인의 우선변제권은 '사업자등록의 신청, 건물의 인도(입주), 확정일자'의 3가지 요건 중 가장 늦은 날을 기준으로 순위가 결정된다.
그러므로 확정일자 신청을 사업자등록보다 먼저 하는 경우 실익이 없다. 이러한 폐단 때문에 사업자등록 신청(정정신고)과 확정일자 신청을 동시에 하여야 안전하다.

(7) 임차인이 건물소재지 관할세무서장에게 확정일자 신청 시 구비할 서류

① 사업자등록을 한 임차인의 경우 : 임대차계약서 원본, 사업자등록정정신고서(확정일자 신청겸용서식), 사업자등록증 원본, 임대차의 목적이 건물의 일부인 경우에는 해당부분의 도면 1부

② 신규사업자로 등록하는 임차인의 경우 : 임대차계약서 원본, 사업자등록신청서(확정일자 신청겸용서식), 임대차 목적물이 건물의 일부인 경우에는 해당부분의 도면 1부

③ 현재 미등록사업자로서 확정일자만 우선 신청하는 경우 : 임대차계약서 원본, 확정일자신청서

위의 구비서류를 준비하여 세무서를 방문할 때에는 본인 여부를 확인 가능한 신분증(주민등록증, 운전면허증 등)을, 대리인인 경우는 위임장, 대리인 신분증을 소지하여야 한다.

(8) 확정일자 신청 시 사업자등록정정신고서를 함께 제출하는 이유

임차인의 사업자등록 사항 등이 임대차계약서상의 내용과 다를 경우에는 정확한 공시가 불가능하고, 임차인의 권리인 대항력 등의 효력에 중대한 문제가 발생할 수 있다.

위와 같은 문제를 사전에 방지하기 위하여 임차인이 확정일자 신청 시 임대차계약 내용을 사업자등록사항과 일치시키기 위하여 사업자등록정정신고를 함께 하도록 안내하고 있다.

12. 이해관계인이 사업자등록사항 등 임대차 정보의 제공 등을 신청하는 절차

관할 세무서장은 해당 상가건물의 소재지, 확정일자부여일, 차임 및 보증금 등을 기재한 확정일자부를 작성하고, 이해관계가 있는 자의 제공 요청이 있는 경우 정당한 사유 없이 이를 거부할 수 없도록 하였다(동법 제4조).[8]

---

8) 상가건물 임대차보호법 [시행 2015.11.14.] [법률 제13284호, 2015.5.13., 일부개정] 【제정·개정이유】 참조.

　상가건물의 임대차에 이해관계가 있는 자는 관할 세무서장에게 해당 상가건물의 확정일자 부여일, 차임 및 보증금 등 정보의 제공을 요청할 수 있다. 이 경우 요청을 받은 관할 세무서장은 정당한 사유 없이 이를 거부할 수 없다.

　임대차계약을 체결하려는 자는 임대인의 동의를 받아 관할 세무서장에게 제3항에 따른 정보제공을 요청할 수 있다.

　확정일자부에 기재하여야 할 사항, 상가건물의 임대차에 이해관계가 있는 자의 범위, 관할 세무서장에게 요청할 수 있는 정보의 범위 및 그 밖에 확정일자 부여사무와 정보제공 등에 필요한 사항은 대통령령으로 정한다(동조 제3항 내지 제5항).

　세무서 납세서비스센터에 비치된 등록사항 등을 열람(제공)코자 하는 경우 요청서를 작성하여 건물소재지 관할세무서장에게 신청하면 되며, 이해관계인의 적정 여부를 확인하는 데 필요한 입증서류와 신분증(주민등록증 등), 대리인의 경우는 위임장(인감증명서 첨부)과 대리인 신분증을 소지하여야 한다.

▶ 이해관계인의 범위와 입증방법

이해관계인의 범위	이해관계인의 입증방법	열람 · 제공의 범위
임대인	임대차계약서	임대차계약 상대방인 임차인의 사업자등록 등에 관한 사항
임대인의 재산관리인	입증서류	
임차인	임대차계약서	당해 임차인에 관한 등록사항 등
임차인의 재산관리인	입증서류	
채권 또는 채무관계에 의하여 당해 상가건물의 등기부등본상에 기재된 권리자	등기부등본 등 권리자임을 입증하는 서류	당해 상가건물의 임차인에 관한 등록사항 등
채권 또는 채무관계에 의하여 당해 상가건물의 등기부등본상에 기재된 권리자의 재산관리인	입증서류	
열람 또는 제공과 관련하여 법원의 판결을 받은 자	판결문	문서에 명시된 범위
세무서장이 필요하다고 인정하는 자	입증서류	이해관계 범위 내의 등록사항 등

13. 편면적 강행규정

　상가건물을 임차하는 과정에서 동법보다 불리한 약정을 맺는 것은 본법의 취지에 위반한 사항이기 때문에 임차인에게 불리하게 정한 약정은 효력이 없다.

14. 임차인이 확정일자 신청을 위해 세무서에 제출한 임대차계약서상 보증금·월세가 착오가 있을 경우

임차인이 확정일자 신청을 위해 세무서에 제출한 임대차계약서상 보증금·월세가 임대인이 이미 신고한 금액보다 클 경우 세무서에서 임차사업자에 대하여 확정일자를 부여하는 것은 상가건물 임대차보호법상 일정한 요건을 갖춘 자에게 우선변제권을 부여하여 영세임차사업자를 보호하기 위한 것이므로 임대인의 부가가치세 신고의무와는 별개의 사안이다.

15. 전차인의 보호

전차인은 전대인에게 계약갱신요구권, 차임 등의 증감청구권 및 월차임 시 산정률 제한 등의 권리가 적용된다. 하지만 전대인에 대하여 권리를 행사할 수 있을 뿐이며 임대인에게는 그 권리를 주장할 수 없다. 다만, 임대인의 동의를 받고 전차한 경우에는 임차인의 계약갱신요구권 기간 내에서 임차인을 대위하여 계약갱신권을 주장할 수 있다.

① 전차인의 확정일자 : 전차인은 확정일자의 부여대상이 아니다. 전차인은 제3자에 대한 대항력 및 우선변제권 등의 권리가 상가건물 임대차보호법에 규정되어 있지 않다. 다만, 전차인은 전대인이 임차인으로서 사업자등록 및 확정일자를 받아 우선변제권을 득한 경우 임차인의 임대보증금에 대하여 민법 규정의 채권자대위권을 행사하여 적극적으로 채권(임차보증금)을 변제받을 수 있다.

② 업무처리 과정에서 전차인과 임차인을 구별할 수 없어 확정일자를 부여한 경우에도 전차인은 대항력이 발생대상이 아니므로 우선변제권을 얻을 수 없다.

16. 사업자등록증과 관련된 사항

사업자등록증은 주민등록증과 같은 것이다. 따라서 사업을 시작하는 경우에는 규모나 업종에 관계없이 세무서에 신청해서 사업자등록증을 발급받아야 한다. 사업자등록을 하면 사업자등록번호가 나오는데, 이 번호는 모든 상거래에 있어서 그 사업체를 표시하며 거래 시마다 사용되는 고유번호를 말한다.

(1) 신청

사업자등록은 사업을 시작한 날로부터 20일 이내에 구비서류를 갖추어서 관할 세무서 민원봉사실에 신청하면 된다. 민원봉사실에서는 과세특례자와 제조·도매업을 제외한 일반과세자는 컴퓨터를 이용하여 즉시 발급하고 수동발급 대상인 경우에는 발급일시를 기재한 접수증을 발급하여 납세자가 예정된 발급일시에 민원봉사실에서 사업자등록증을 받을 수 있다. 이 경우 처리기한은 7일이다.

그러나 사업자가 사업을 개시하기에 앞서 상품을 구입하거나 시설투자를 하고자 하는 경우 매입 시 부담한 부가가치세를 돌려받으려면 사업을 개시하기 전에 사업자등록을 할 수 있다. 이 경우 미리 사업자등록을 해서 매입 세금계산서를 교부받는 것이 유리하다.

사업개시 전에 사업자등록을 했지만 사실상 사업을 시작하지 않게 된 경우에는 지체 없이 관할 세무서에 폐업신고를 해야 한다.

(2) 필요한 서류

① 사업자등록 신청서 2부(세무서 민원봉사실에 비치)
② 개인은 주민등록등본 2부, 법인은 법인등기부등본 1부
③ 사업허가증 사본 1부
④ 전세임대차계약서 사본 1부
⑤ 법인설립등기 전 또는 사업허가 전에 등록을 할 때는 법인설립을 위한 발기인의 주민등록등본 또는 사업허가신청서 사본이나 사업계획서를 첨부

▶ 주택임대차보호법과 상가건물임대차보호법, 민법상 전세권의 비교

구분	주택임대차보호법	상가건물임대차보호법	전세권(민법)

적용 범위	① 주거용 건물의 전부·일부의 임대
	② 미등기, 무허가, 일부도 가능
	③ 제외되는 점
	  ㉠ 일시사용을 위한 임대차
	  ㉡ 지정된 법인이 아닌 경우
	④ 보증금액수의 제한 없음
	  (소액은 일정액 제한)
		① 상가건물(사업자등록의 대상)
		② 제외되는 점 : 일시사용을 위한 임대차
			부동산(단, 농경지는 제외)
			① 외국인
			② 법인

대항력(익일)	계약 + 주택인도 + 주민등록전입일 익일부터	사업자등록일 익일부터 대항력 발생	전세권 설정 등기일부터
열람·발급	동사무소에서 전입세대 열람(경매지, 신분증 지참)	세무서에서 사업자등록 여부 열람, 이해관계인에게만 제공(일반인은 제외)	등기부등본 발급 전세권 내역 확인
소액보증금의 변제 범위	배당금액의 1/2범위 내	배당금액의 1/2범위 내	해당 사항 아님
보증금 계산 우선변제권	보증금만 계산 (월세는 포함하지 않음)	환산보증금 계산 (보증금 + 월세 × 100)	해당 사항 아님
우선변제권 (당일)	대항요건 + 확정일자(전액, 후순위 채권자에 대항 가능)		해당 사항 아님
	확정일자(주민센터 등)	확정일자(관할 세무서장)	해당 사항 아님
존속기간	2년(주거생활의 안정)	1년(경제생활의 안정)이나 10년 연장 가능	해당 사항 아님
	묵시의 갱신 : 임차인은 언제든지 해지 통고(3개월 경과로 소멸)할 수 있고 갱신요구권 있음	묵시의 갱신 : 임차인은 언제든지 해지 통고(3개월 경과로 소멸)할 수 있고 갱신요구권 있음	① 최단기간 : 1년 ② 최장기간 : 10년 갱신 시 10년까지
증액청구율	5/100(5%)	5/100(5%) 환산초과임대차는 제한없음	해당 사항 아님
임차권의 승계	인정됨	인정되지 않음	양도, 전전세, 상속 가능 (단, 양도금지 특약이 없는 경우)
임차인의 계약 갱신 청구권	없음(재계약과 묵시의 갱신만 가능)	만료 6월 1월 전까지, 전 기간 포함 5년 내	갱신거절 및 조건변경의 통지 없는 경우(전 전세권과 동일 조건으로 갱신)
임대인의 해지 통고	만료 6월~1월, 1월 전(임대인이 임차인에게 해지 통고)	만료 6월~1월 전(임대인이 임차인에게 해지 통고)	해당 사항 아님
임차권등기 명령	기간 종료 + 보증금 반환 불이행 시(2주 정도 소요, 대항력 등 유지)		해당 사항 아님

기타
① 민법 제621조에 의한 주택임대차등기 → 대항력과 우선변제권 인정 ② 경매 → 임차권 소멸 ③ 소액사건심판법 적용 ④ 일시사용을 위한 임대차 적용대상 아님 ⑤ 사용대차는 적용대상 아님

07

경 · 공매(競 · 公買)

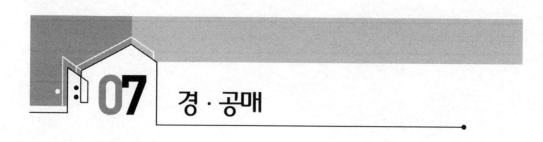

07 경·공매

I 경매의 의의 및 종류

제1절 경매의 의의

일반적으로 '경매'라 함은 매도인이 불특정다수인 중 임의의 매수희망자에게 매수의 신청(청약)을 하게 하고 그중에서 최고가격으로 청약을 한 신청인에게 목적물(부동산)을 취득하게 매도(승낙)함으로써 이루어지는 매매제도 내지 형식을 말한다.

민사집행법상 '경매'란 채권자나 담보권자가 자신의 금전채권의 만족을 얻기 위하여 채무자의 부동산 등을 법원에 경매신청하여 그 대금으로 채권회수를 하는 일련의 절차, 즉 '민사집행'을 의미한다.

제2절	경매의 종류

1. 공경매(公競賣)와 사경매(私競賣)

광의의 경매에는 국가기관이 하는 공경매와 사인이 하는 사경매가 있다.

공경매에는 민사집행법상 강제집행에 의한 협의의 법원경매(競賣)와 국세징수법 등에 의한 자산관리공사등 공매(公賣)가 있다.

사경매에는 개인 사이에 행하여지는 경매(예, 미술품이나 공동품 등)를 의미한다.

다시 법원경매에는 일반채권자에 의한 강제경매와 담보권의 실행을 위한 임의경매가 있다. 일반적으로 경매라 함은 공경매 중 법원경매를 의미한다.

공경매에 있어서 매수인(경락인)이 새롭게 권리를 취득하는 시기는 경락인이 경락대금을 완납한 때이다(민사집행법 제135조).[1] 국세징수법에 의한 공매에 있어서도 매수대금을 납부한 때에 매각자산을 취득한다(국세징수법 제77조).[2]

일반채권자에 의한 통상의 경매(강제경매)에는 경매신청을 위하여 집행권원(종전, 채무명의)이 필요하나, 담보권실행을 위한 경매(임의경매)에는 집행권원을 필요로 하지 않는다.

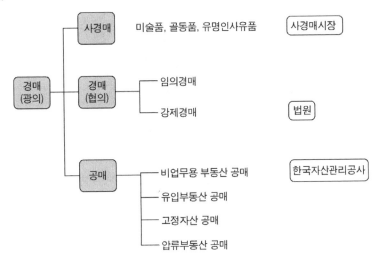

---

1) 민사집행법 제135조(소유권의 취득시기) 매수인은 매각대금을 다 낸 때에 매각의 목적인 권리를 취득한다.
2) 제77조(매수대금 납부의 효과) ① 매수인은 매수대금을 납부한 때에 매각재산을 취득한다.

거액의 돈을 가장 빠르게 벌 수 있는 순위는 복권, 부동산, 주식, 예금, 경마, 도박이다. 수익률 측면에서의 부동산 투자는 복권 다음으로 보고 있다.[3]

Ⅱ 경·공매의 장·단점

부동산 활동 중 취득방법에는 법률행위인 "매매, 증여, 분양 등"과 법률규정인 "경공매"의 두 가지가 있다. 매매 등은 개인 간 혹은 상인인 중개업자(공인중개사 등)를 통한 거래당사자 간 자유로운 거래 방법이고, 경·공매는 법원과 한국자산관리공사 등 공공기관을 통한 제한된 취득 방법이다.

국가나 공공기관의 경·공매를 통한 취득활동은 복잡한 권리를 법원 등에서 정리하여 공고하고 유찰 시마다 10%, 20%, 30% 감액하여 주는 제도이다.

먼저, 경·공매의 장점을 살펴보면 다음과 같다.

① 저가 취득

최초의 시작 가액을 감정가격으로 하여, 유찰 시마다 저감하여 매각하기 때문에 저렴하게 구입할 수 있다. 일반 시세보다 경쟁력 있게 매도할 수 있어 매각이 쉽고 수익성도 보장되어 매매차익도 기대할 수 있다. 재개발·재건축 등 정비사업이나 환지방식에 의한 도시개발이 이루어질 때 임차인이나 전세권자인 세입자는 이주보상비만 받지만 소유자는 상당한 시가로 적법하게 보상을 받을 수 있다.

② 부동산 소유욕 충족 및 사업용 재산 취득 용이

소유자로의 진입이 가능하고 공개경쟁입찰에 의한 취득임을 인정받아 부동산금융 혜택이 용이하여 사업용 재산 취득이 용이하다.

③ 다음과 같은 다양한 종류의 부동산 및 준부동산, 유체동산 취득 가능[4]
- "주거용 부동산 등" : 아파트, 주택, 다가구(원룸 등), 다세대(빌라), 근린주택,

---

3) 권오현, 『재테크를 위한 현장 실전경매』, 범론사, 2016, 11면 참조.
4) '구인경매' 사이트 참조.

근린상가, 근린시설, 오피스텔, 사무실, 창고

- "상업용 및 업무용" : 공장, 아파트형 공장, 숙박시설, 숙박(콘도등), 교육시설, 종교시설, 농가관련시설, 의료시설, 주유소(위험물), 목욕탕, 노유자시설, 분뇨쓰레기처리, 자동차관련시설, 장례관련시설, 문화 및 집회시설
- "토지" : 대지, 농지, 임야, 잡종지, 과수원, 도로, 묘지, 목장용지, 공장용지, 학교용지, 창고용지, 체육용지, 종교용지, 기타 용지, 구거, 하천, 유지, 제방, 주차장
- "차량 및 선박" : 승용차, 버스, 화물차, 중장비, 선박
- "준물권" : 광업권, 어업권
- 기타 : 염전, 양어장(축양, 양식), 가재도구, 사무실 비품

④ 토지거래허가구역의 허가 적용 제외

토지거래허가구역의 토지라도 법률규정에 의한 취득이므로 관할 지자체장(시군구청장)의 토지거래허가 없이 취득 가능하다.[5]

⑤ 소액의 보증금으로도 쉽게 응찰 가능(예시)

감 정 가	1,000,000,000원
최 저 가	(64%) 640,000,000원
보 증 금	(10%) 64,000,000원

경공매 모두 최저가격의 10%인 입찰보증금만 있으면 응찰이 가능하다. 위 예시의 경매 공고 내용을 살펴보면 "최저가격이 감정가격의 64%이고 보증금은 10%"라는 내용은 바로 입찰보증금을 최저가격의 10%만 가지고 응찰하면 된다는 뜻이다. 최저가(64%) 640,000,000원보다 더 많은 7억 원에 응찰하든 6억 5천만 원에 응찰하든, 보증금은 항상 '최저가격'의 10%라는 점이다. 예전에 경매 시 구법(2002년 7월 1일 전) 즉, 민사소송법에 의한 입찰 시에는 '입찰가격'의 10%를 적용했던 것과 다르다는 점에 유념해야 한다.

---

5) 부동산 거래신고 등에 관한 법률 제14조(국가 등의 토지거래계약에 관한 특례 등) ② 다음 각 호의 경우에는 제11조(허가구역 내 토지거래에 대한 허가)를 적용하지 아니한다. 1. 「공익사업을 위한 토지 등의 취득 및 보상에 관한 법률」에 따른 토지의 수용 2. 「민사집행법」에 따른 경매 3. 그 밖에 대통령령[동법 시행령 제11조(국가 등의 토지거래계약에 관한 특례)으로 정하는 경우]

⑥ 등기를 하지 않아도 소유권 취득 가능

경매물건은 '법률규정'에 의한 물권변동이므로, 계약 등 '법률행위'에 의한 부동산 취득과는 달리 소유권이전 등기를 하지 않더라도 잔금만 납부하면 소유권을 취득한다(민사집행법 제135조, 국세징수법 제77조). 등기는 별도로 필요 시 이행해도 괜찮다(민법 제187조 참조). 「지방세법」에서는 잔금납부 시점을 소유권 '취득일'로 규정하고 있어, 60일 이내에 취득세를 납부할 의무가 있을 뿐이다.[6]

한편, 부동산 경·공매의 단점을 살펴보면 다음과 같다.

① 권리분석 등 어려움

일반적으로 부동산 취득은 매수인이 대상 부동산의 권리를 알고 있거나 중개업자 등 직업인인 상인이 권리관계에 대한 조언을 해주어 부동산을 매수하거나 임차하게 된다. 반면, 경·공매의 경우 매수인 스스로 권리관계를 분석해야 하는바, '권리분석'에 대해서 지식과 요령이 필요하여 어렵다.

② 취득 과정에서의 법정 절차 준수

'계약자유의 원칙'[7]상 편의대로 매수하는 법률행위인 '계약'의 경우와는 달리, 경·공매를 통한 경우 법령에 정해진 절차를 따라야 한다. 최고가매수금액을 잘못 기재하는 등 실수를 하더라도 취소[8]할 수 없어 입찰보증금의 회수불가능에 따른 손해 등이 발생할 수 있다.

③ 인수 내지 명도 문제 등 완전한 권리 취득까지의 시간 소요

경·공매를 통한 부동산 등의 권리관계를 취득하려면 입찰진행에서부터 법정 절차를 파악하고, 대상 물건을 선정 후 조사하고, 임장활동[9]까지 하여야 대상 물건의 현황

---

6) 지방세법 시행령 제20조(취득의 시기 등) 제2항제1호 : 법 제10조제5항제4호 규정에 해당하는 유상승계취득(공매방법에 의한 취득)의 경우에는 그 사실상의 잔금지급일.
7) '계약자유의 원칙(契約自由의 原則)'이란 "당사자가 자유롭게 선택한 상대방과 그 법률관계의 내용을 자유롭게 합의하고, 그 계약을 체결할 것인지 여부까지도 자유롭게 하도록 법이 그 합의를 법적 구속력 있는 것으로 승인하는 원칙"을 말한다. '근대민법의 3대 원리'로 형성되어 현대까지 이르는 중요한 원칙이다.
8) "취소"란 일단 유효하게 성립한 법률행위의 효력을 제한(무)능력이나 의사표시의 결함을 이유로 취소권자가 그 효력을 소멸시키는 것을 말한다. 이에 대해 "무효"란 결함이 중대하고도 명백하기 때문에 법률행위가 성립한 때부터 즉, 처음부터 법률상 당연히 효력이 없는 것으로 확정된 것을 말한다. 따라서 당사자가 의도한 법률상의 효과는 발생하지 않는다(국가법령정보센터, 『법령용어사전』 참조). 따라서, '취소'는 취소권자가 취소라는 단독행위를 하여야 효력이 소급하여 상실됨에 반하여, '무효'는 누구라도, 언제나 처음부터 효력 없음을 주장할 수 있다. 이 둘의 법률관계는 각종 민사 또는 행정소송법상 주장함에 있어 차이를 보인다.

이 어느 정도 파악되고, 매각기일에 법원에 가서 입찰을 진행해야 한다. 또 응찰가격이 최고가로 인정되면 매각결정을 받을 수 있지만, 그렇지 않으면 다시 다른 물건을 찾아 유사한 절차를 거쳐야 한다. 그러면, 또 시간이 소요될 수밖에 없다. 최고가로 매각결정된 것으로 끝나지 않고, 잔금납부와 60일 이내 취득세 신고·납부 및 등기 등과 완전한 상태의 점유권 인수(명도) 과정이 남아 있고, 이후 부동산 최유효이용으로 관리하다가 처분에까지 가서야 목적달성 노력이 끝난다.

명도 문제와 관련하여,10) 일반적인 부동산 취득의 경우 당시의 소유자나 점유자와 협의를 통해 부동산의 인도 등을 계약내용에 포함할 수 있어 점유자 등이 갑자기 연락이 두절되거나 마음이 바뀌어 이사를 가지 못하겠다고 하는 등 문제가 생길 수도 있지만 그러한 경우는 극히 드물다. 왜냐하면 '동시이행의 항변권'이 있기 때문이다.11) 그러나 법원 등 경·공매를 통한 매수는, 소유권자가 점유자이든, 임차인이든 이해관계를 구하지 못한 상태에서 강제적으로 법률(민사집행법, 국세징수법)의 힘을 빌려 소유하고 그 점유권을 가져오므로 취득 당시 점유자에게 일방적으로 협조를 요구하기는 어렵다.

다만, 경매의 경우 '인도명령' 제도 등을 통해 명도소송 전에 인도명령 신청만으로 법원으로부터 결정문을 받아 하나의 강제집행 권원을 획득할 수 있도록 해주고 있다.

물론 강제집행의 경우 그에 따른 비용이 추가적으로 든다. 그래서 가장 좋은 방법은 공손하게 점유자를 잘 설득하고, 협의를 통해 명도를 이뤄내는 것이 최고의 소송보다 더 효율적이고 효과적일 수 있다. 물론, 경험과 요령뿐만 아니라 지혜가 필요하다.

---

9) '임장활동'이란 부동산 소재지 즉, 현장에 임하여 문서상 자료와 실제 현황이 일치하는지를 살펴보고, 눈으로 확인하는 과정이다.

10) 구 민사소송법에는 부동산 등의 인도청구 집행이라는 제목으로 '채무자가 부동산 선박을 인도 또는 명도할 때'라면서 점유를 현상 그대로 이전시키는 '인도'와 부동산 안에 있는 점유자의 물품 등을 부동산 밖으로 반출시키고 점유를 이전하는 '명도'를 구분해 사용하고 있었다. 그러나 2002년에 제정된 민사집행법은 명도와 인도를 포괄하는 의미로 '인도'를 사용하고 있다. 출처 : https://ljhlawyer.tistory.com/503 [이주헌 변호사의 부동산·건설 법률정보 마당].

11) '동시이행의 항변권(同時履行의 抗辯權)' 혹은 '계약불이행의 항변권'은 쌍무계약에서 당사자 일방이 동시이행에 있는 상대방의 채무이행(여기서는 점유의 이전; 인도)이 없음을 이유로 자신의 채무이행(여기서는 잔금 납부)을 거절할 수 있는 권능으로 불안의 항변권이라고도 한다. : 2020.4.9. https://www.google.co.kr/search?source...

④ 현황 파악을 위한 임장활동의 효과 미흡

중개업자 등 상인[12])을 통한 거래는 그들의 협조를 받아 부동산의 내부 등을 파악함에 있어 매도인 측의 점유자 등 자의적인 협조를 받을 수 있다. 그러나 경·공매의 경우 점유자 등이 오히려 협조하지 않는 경우가 많다. 즉, 수리비 등 추가비용 발생 여부를 파악하지 못한 손실 등은 고스란히 최고가매수인에게 돌아온다. 최대한 임장활동을 많이 하면서 점유자를 설득하든지 관리주체, 금융기관, 이웃 등으로부터 현황파악 노력을 많이 하여야 한다.

⑤ 관리비 등 추가 부담 문제

여러 번 유찰되는 물건의 경우, 최저가격이 낮아 저렴한 가격에 입찰할 수 있지만 잔금 납부 후 취득세 등 납부(1.1% 내지 4.6%), 국민집채권 등 매입, 전기료, 수도료뿐만 아니라 관리비 등을 부담할 수밖에 없는 경우도 허다하다. 믈론, 이런 물건일수록 권리분석을 잘하고 합리적인 사람들에게는 유리할 수 있다는 점을 간과하면 안 된다.

---

12) '상인'의 행위인 '기본적인 상행위'에 대해서는 상법 제46조 참조.

▣ 법원경매를 통한 저가 취득의 예

사건번호	2019타경0000 (임의)			부산동부지방법원경매O계	
소재지	부산광역시 해운대구 OO동 외 1필지, 해운대 OOO 건축물 3층 35호				
물건종별	상가(점포)	채권자	A 은행	감정가	700,000,000원
전유면적	69.22㎡(20.9평)	소유자	김O우	최저가	(15%)107,374,000원
대지권	12.57㎡(3.8평)	채무자	김O우	보증금	(10%)10,740,000원
		매각대상	토지/건물일괄매각	청구금액	250,000,000원
입찰방법	기일입찰	배당종기일	2020-03-05	개시결정	2020-01-15

구분	매각기일	최저매각금액	결과
1차	0000-03-05	700,000,000원	유찰
2차	0000-04-13	640,000,000원	유찰
3차	0000-05-17	512,000,000원	유찰
4차	0000-06-15	409,600,000원	유찰
5차	0000-07-20	327,680,000원	유찰
6차	0000-08-31	262,144,000원	유찰
7차	0000-10-11	209,715,200원	유찰
8차	0000-11-15	167,772,000원	유찰
9차	0000-12-20	134,217,000원	유찰
10차	0000-01-31	107,374,000원	예정

물건현황/토지이용계획	면적(단위 : ㎡)	임차인/대항력 여부
지하철 2호선 및 3호선 OO 역 남동측 인근에 위치	[대지권]OO동 OO 23,000㎡ 분의 12.57 12.57㎡(3.8평)	이O인 사업자 등록 : 2019-06-15 확정일자 : 없음 배당신청 : 없음 월임대료 : 1,600,000원 점유 : 3층 35호, 36호
주위는 공동주택, 상가 등 이 소재	[건물]상가(점포)3층 35호 34.61㎡ (10.18평) 40층 건중 3층 상가(점포) 3층 36호 34.61㎡ (10.18평) 40층 건중 3층	
전철역 및 버스정류장이 인 근에 소재 대중교통 여건은 보통		등기부등본 / 소멸 여부
포장도로와 접함. 포장상태 는 보통		(현)소유권 2018.4.17. 김O우 매매로 취득 근저당 A은행 2018.4.17. 80,000,000원
근린상업지역		근저당 H은행 2019.3.2. 60,000,000원 가압류 H은행 2019.10.22. 301,950,000원
이용상태[공실		가압류 S은행 2019.11.5. 300,000,000원
감정시점	2019-3-5 ▽▽감정	가압류 W은행 2019.11.12. 636,715,760원
감정가	700,000,000원	임의경매 A은행 2020.1.15. 2020타경3213청구 : 250,000,000원
토지	250,000,000원(35.7%)	압류 부산시 OO 구청장 2020.1.18. 압류 OO 세무서장 2020.1.20.
건물	450,000,000원(64.3%)	압류 부산시 OO 구청장 2020.1.23. 건물열람 : 2019.2.25.

위 부동산은 부산 ○○역 부근에 있는 건물로 9차에 걸쳐 유찰되었다. 유찰 시마다 서울, 부산 등은 20%, 경기도 등은 30%를 적용하고 있다.

감정가격 7억 원에 9차까지 유찰되어 2020년 1월 31일 10차 입찰에는 감정가 대비 15%로 저감된 107,374,000원에 입찰했다는 것이다. 부동산의 시세에 비하여 저렴하다는 것은 명백하다. 경·공매의 매력을 느낄 수 있다.

■ 말소기준권리에 우선하는 권리 외에는 모두 소멸

위 문서를 보면, 등기부란에 2018년 4월 17일 설정된 최초 근저당(A은행 80,000,000원)이 '말소기준권리'[13]가 되어 그 뒤에 설정된 모든 권리와 근저당보다 늦게 계약된 임차권도 소멸된다는 내용이다. 즉, 소유자의 채무와 임대차계약은 말소기준권리보다 이후에 성립되어 '최고가매수인'에게 인수되지 않고 소멸된다. 일반매물이라면 저 중에 하나의 권리라도 소멸시키려면 소송을 통해야만 가능한데 법률규정에 의한 경·공매로 당연히 소멸되므로 경·공매제도의 장점이 드러난다.

■ 말소기준권리만으로 분석해서는 아니되는 권리

아래에서 말소기준권리가 될 수 있는 권리는 가압류 4건, 압류 5건, 강제경매개시결정등기 1건이다. 이 중에서 설정 순위가 가장 빠른 외환신용카드의 가압류가 말소기준권리가 된다. 그 이후의 모든 권리는 매각과 함께 소멸된다. 말소기준권리의 설정일자보다 늦게 전입신고를 한 임차권도 낙찰자에게 인수되지 않는다. 그런데 문제는 말소기준권리보다 먼저 설정된 박씨의 가등기, 변씨의 전세권은 매각 후에도 소멸하지 않고 낙찰자에게 그대로 인수된다는 점이다. 이 아파트를 낙찰받으면 변씨에게 전세보증금 1억 4,000만 원을 돌려주어야 한다. 그래도 시세보다 아주 싼 가격에 낙찰받았으니 보증금은 문제가 되지 않을 수 있다. 문제가 되는 것은 박씨의 가등기이다. 낙찰을 받았더라도 박씨가 가등기에 의한 본등기로 소유권을 취득하면, 낙찰자는 소유권을 잃게 된다. 그래서 입찰자는 뒤늦게 수천만 원을 손해 보면서도 낙찰을 포기했던 것이고, 그 이후에도 7회나 유찰되었던 것이다. 말소기준권리로 권리분석을 하면 안되는 대표적인 사례이다.[14]

---

13) 실정법상 개념이 아닌 강학상 개념으로 보다 자세한 내용은 후술한다.
14) https://www.google.co.kr/search...

소재지	서울 강남구 압구정동 447 현대 206동 1층 11호 도로명검색			
물건종류	아파트	사건접수	2008.07.30.	경매구분	경매
건물면적	84.98m²(25.71평)	소유자	김○○	감정가	1,450,000,000원
대지권	57.99m²(17.54평)	채무자	김○○	최저가	(17%) 243,270,000원
매각물건	건물전부, 토지전부	채권자	용○○	입찰보증금	(10%) 24,327,000원

	토지이용계획	과밀억제권역	대공방어협조구역	도로(접함)	도시지역	아파트지구	일반미관지구	제3종일반주거지역	지구단위계획구역(압구정전략정비구역)			
감정서	현황위치	강남구 압구정동 소재 지하철 3호선 "압구정역" 북측인근에 소재하는 현대아파트 제206동 1층 11호임 본건까지 차량 진출입 자유로우며, 인근의 압구정로에 버스정류장이 소재하고, 지하철은 3호선 압구정역이 도보 5분 이내의 거리에 소재하는 등 일반 대중교통사정은 양호함 압구정동의 대구모 아파트단지 밀집지역으로 인근에 학교, 대형유통시설, 압구정로변 등의 각종 생활편의시설의 이용이 편리한 점 등 제반 환경조건은 양호한 편임 철근콘크리트조 슬래브지붕 15층건 계단식 아파트 중 1층 제111호로서 외벽 : 몰탈 위 페인트 마감 내벽 : 벽지, 타일마감, 바닥 : 비닐장판, 타일마감 등 창호 : 알미늄샷시 및 목재 2중창임 '87년 4월 사용승인된 아파트 중 본건은 방3, 거실, 주방 겸 식당, 욕실 겸 화장실 1, 발코니 등으로 이용함 급탕 및 위생설비가 되어있고, 열병합 지역난방임. 승강기, 소화설비 등이 갖추어져 있음					

면적	건물	압구정동 447 현대 206동 1층 111호 총 15층 증 1층 84.98m²(25.71평)	870,000,000 10,237,703(원/m²)	보존등기 : 1992.05.15.
		대지권(대지) 22442.8m²의 지분 51.871/ 20074.11. 57.99m²(17.54평)	580,000,000 10,001,724(원/m²)	

진행결과	1차	2013-02-19	1,450,000,000	유찰
	2차	2013-03-26	1,160,000,000	유찰
	3차	2013-04-30	928,000,000	유찰
	4차	2013-06-04	742,400,000	유찰
	5차	2013-07-09	593,920,000	유찰
	6차	2013-08-13	475,136,000	유찰
	7차	2013-09-24	380,109,000	낙찰
	낙찰 : 416,500,000원 (29%) (응찰 : 1명 / 낙찰자 : 신○○) 매각결정기일 : 2013.10.01. - 매각허가결정 대금지급기한 : 2013.11.08. / 미납			
	8차	2013-12-03	380,109,000	낙찰
	낙찰 : 385,500,000원 (27%) (응찰 : 1명 / 낙찰자 : 이○○) 매각결정기일 : 2013.12.10. - 매각허가결정 대금지급기한 : 2014.01.10. / 미납			
	9차	2014-02-11	380,109,000	유찰
	10차	2014-03-18	304,087,000	유찰
	11차	2014-04-22	243,270,000	낙찰
	낙찰 : 243,271,000원 (17%) (응찰 : 1명 / 낙찰자 : 이○○) 매각결정기일 : 2014.04.29. - 매각허가결정 대금지급기한 : 2014.06.10. 대금납부 : 2014.05.16. / 배당기일 : 2014.06.17. 배당종결 : 2014.06.17.			

임차관계	이화준	없음	전부 / 주거 (점유 : 2005.12.15.~) (이화선의 여동생)	전입 : 2006-10-16 확정 : 2007-02-05 배당 : 2008-09-03	보증 : 20,000,000 월세 : 1,200,000	배당액 : 20,000,000 미배당 : 0 인수액 : 없음	소액임차인
	변희자		전부 / 주거 (전세권자)	전입 : - 확정 : 1997-01-10 배당 : -		배당액 : 미상 미배당 : 미상 인수액 : 없음	전세권자
	총보증금 : 20,000,000 / 총월세 : 1,200,000						

등기권리	1987.05.06.	소유보존				
	1996.12.24.	소유권이전가등기	박○○			인수
	1997.01.10.	전세권	변○○	140,000,000	~1998.10.19.	인수
	1998.05.13.	가압류	외환신용카드	22,028,185	말소기준권리	
	1999.02.03.	가압류	한빛은행	10,207,095		소멸
	2000.06.07.	압류	서울특별시 강남구			소멸
	2004.02.09.	가압류	용○○	70,000,000		소멸
	2004.02.17.	압류	국민건강보험공단			소멸
	2007.01.25.	가압류	최○○	139,155,000		소멸
	2008.07.31.	강제	용○○	청구금액 89,178,060		소멸
	2011.02.21.	압류	국민건강보험공단			소멸
	2013.02.25.	압류	서울특별시 강남구			소멸
	2013.07.10.	압류	국민건강보험공단			소멸

III 경매와 공매의 차이점

 '공매'는 다양하다. 경매와 공매의 공통점은 첫째, 공개 경쟁입찰을 통해 최고가 입찰자에게 매각된다. 둘째, 매각 당일 매수자가 나오지 않으면 유찰되어 다음 입찰기일에는 가격을 낮춰 입찰한다. 셋째, 채권회수를 위해 법률규정에 의거 강제집행에 해당한다.

 부동산 '공매(公賣)'란 광의로는 공공기관에서 보유한 부동산 등을 공개매각하는 제도를 말하고, 협의로는 체납된 세금이나 국가추징금을 대신해 압류한 재산을 공개 경쟁입찰하는 것을 말한다. 당해 업무는 KAMCO(한국자산관리공사)에서 진행하는바, 공고, 입찰 등의 절차는 경매와 비슷하다.[15] 그러나 공매에는 국세나 지방세, 4대 보험료 등 체납에 따른 압류재산 등을 강제 매각하는 압류재산공매 외에도, 유입재산, 수탁재산 공매가 있고, 국공유재산에 대한 국가기관 공매, 금융기관 공매, 예금보험공사 등 공기업, 파산재산 공매 등 법원경매보다 다양하다. 공매는 수임기관마다 각각 다른 방식으로 시행한다. 법원경매는 전국 어느 법원에서나 그 방식이 동일하지만, 공매는 시행기관마다, 제도별로 분류재산마다 다르기 때문에 입찰자들에게는 생소할 수 밖에 없다.

공매는 재산 소관기관, 물건 종류마다 각각 매각부서가 다르다.

① KAMCO의 공매
② 예금보험공사의 파산재산의 공매
③ 신탁회사의 신탁재산의 공매
④ 공기업보유부동산의 공유재산의 공매
⑤ 국유재산의 공매
⑥ 관세청, 경찰청의 밀수품, 점유이탈물, 유실물에 대한 동산공매

이상을 정리하여 경매와 공매를 비교하면 그 차이는 다음과 같다.

① 근거 법률이 다르다.
　경매는 「민사집행법」에, 공매는 일반적으로 「국세징수법」 및 개별법에 근거를 둔다.
② 집행기관이 다르다.
　경매는 법원에서, 공매는 한국자산관리공사 등 각각의 기관에서 집행한다.
③ 입찰방법이 다르다.
　경매는 법원에 직접 찾아가 입찰해야 하지만, 공매는 온비드에서 공인인증서로 인터넷 입찰을 한다.
④ 소유권 취득
　경매는 잔대금 모두 납부에 따라 취득하나, 공매는 매매대금 전액을 납부하지 않아도 소유권 이전이 가능한 경우도 있다.

---

15) https://1boon.kakao.com/realcast/rc116

▣ 경매와 공매의 차이

구분	법원경매	공매(자산관리공사)
매각방법	기일입찰, 기간입찰, 호가경매	입찰 또는 수의계약
가격인하율	20% 또는 30% 인하	10% 인하
대금납부	일 시 불	분할납부 가능
토지거래허가	면제	3회 이상 유찰 시 면제
농지취득자격증명	적용	
계약자명의변경	불가	가능
사전점유사용	불가	가능(매수대금 1/3 납부)
장점	① 가격 저렴 ② 물량이 많아 선택의 폭이 넓음 ③ 농지취득자격증명 외 허가절차 면제 ④ '매각물건명세서'에서 말소기준 권리를 찾을 수 있다. ⑤ '인도명령 제도'가 있다.	① 비교적 안전 ② 권리분석 용이 ③ 대금납부조건 유리 ④ '매각물건명세서'가 없어 말소기준권리를 입찰자가 알아내야 한다.
단점	① 권리분석이 까다롭다. ② 항고 등 변수가 많아 대금납부일 예측 곤란	① 법원경매에 비해 비쌈 ② 인도명령 제도가 없어 '명도소송'이 필요하다.

※ 경매

　┌ 임의경매 : 담보권 실행, 예견된 경매, 특정 재산에 대한 경매

　└ 강제경매 : 집행권원에 기초, 예견되지 않은 경매, 일반재산에 대한 경매

법원경매(法院競買)

08 법원경매

I 민사집행법의 체계

(1) 민사집행법과 하위 법령

① 법률

민사집행법

② 대통령령

민사집행법 시행령

③ 대법원규칙

각종분쟁조정위원회등의조정조서등에대한집행문부여에관한규칙

민사집행규칙

송달료규칙

재산조회규칙

정보처리시스템에 의한 집행관 사무처리규칙

(2) 민사집행법

제1편 총칙

제2편 강제집행

제301조 가압류절차의 준용

제302조 삭제 〈2005.1.27.〉

제303조 관할법원

제304조 임시의 지위를 정하기 위한 가처분

제305조 가처분의 방법

제306조 법인임원의 직무집행정지 등 가처분의 등기촉탁

제307조 가처분의 취소

제308조 원상회복재판

제309조 가처분의 집행정지

제310조 준용규정

제311조 본안의 관할법원

제312조 재판장의 권한

II 민사집행법상 법원경매 절차

1. 법원경매의 의의

법원경매는 돈을 받을 권리가 있는 사람(채권자)이 돈을 갚을 의무가 있는 사람(채무자)이 약속 기일까지 갚지 않을 때, 채무자 소유의 부동산을 법원에 신청하여 법원으로 하여금 압류한 후 강제로 매각하여 환가된 매각대금으로 채권을 받아내는 강제집행절차이다.

즉, '법원경매'는 입찰자들이 입찰기일에 참가해 "법원을 통해 부동산을 공개경쟁을 통해 매입하는 것"이다.

반면, 경매로 집행되더라도 모든 채권자에게 만족을 주는 것은 아니다. 유찰이 거듭되어 당초 예상했던 가격보다 낮게 매각(종전; 낙찰)되면 채권자나 임차인 등은 채권의 일부에 만족해야 하고, 경매대상 재산가치가 감소하는 결과가 초래되기도 한다.

그러나 경매부동산을 낙찰받아 매입하는 매수자는 시가보다 저렴하게 취득하는 효과를 누릴 수 있어 인기 있는 투자수단으로 알려져 있다.

2. 부동산경매의 종류

(1) 임의경매

임의경매는 ① 담보권자에게 우선변제를 얻게 하기 위하여 행(실질적 경매)해지는 일반적인 경매인 담보권의 실행으로 행하여지는 경매와, ② 민법, 상법 기타 법률의 규정에 의하여 재산의 보관 또는 정리, 가격보존 등의 목적으로 그 목적물을 환가하는 절차인 특별한 목적을 위한 형식적인 경매(예, 공유물분할을 위한 경매, 상사계약에 있어서의 자조매각)가 있다.

임의경매는 저당권, 질권, 유치권, 담보가등기, 전세권 등 '담보물권'의 성격이 가지고 있는 경매권에 의해 실행되는 경매로서 채무자의 특정재산에 대한 예견된 경매이다. 예를 들면, 채권자가 빌려준 돈에 대하여 안전성 보장을 위해 채무자나 물상보증인의 부동산에 (근)저당권이나 가등기담보권을 설정하고, 만약 채무자가 약정 이자나 원금을 지급기일까지 납부하거나 변제하지 않을 때에는 채권자가 교환가치를 목적으로 하는 담보권을 원인으로 법원에 경매신청을 하게 되는바, 이를 '임의경매'라 한다.

금융기관이 행하는 경매가 이에 속하며 「민사집행법」에서는 '담보권 실행을 위한 경매'라고 한다(동법 제3편).

아래 경매사건은, 근저당권자 KB은행에서 토지(지목; 대)에 동일자로 근저당과 지상권을 설정했던바, 채무 불이행하자 경매 신청한 사건이다. 이렇게 담보물권이나 용익물권을 설정하고 채무자의 채무불이행이 있을 때 담보권을 보유한 채권자는 임의대로 경매를 신청한다는 의미에서 '임의경매'라 한다.

채 권	소재지 면적(㎡)	감정평가액	임차인/액	등기부상의 권리관계
채무 · 소유	감정내역지가	최저경매가	주민등록 확인	
2019-000 대(垈) KB은행 이○○ 김○○	부산시 사하구 괴정동 2XX-0000 대 : 333㎡(100평) (전용주거지역) 입찰 외 : 주택 및 사무실 50평 소재=법정지상권 성립 여지 있음 *○○ 초등학교 남측 인근 서민층 주택지대 동측 9m 포장도로 접함	감정평가액 : 900,000,000 최저경매가 : 574,000,000 유찰 2019.2.11. 유찰 2019.3.14. 낙찰 2019.4.21. 600,000,000	점유 2019.2.11. 6,000만 박○○- 200만/월	근저당권 2014.3.25. 1억 8,000만 원 KB은행 지상권 2014.3.25. KB은행 저당권 2018.2.12. 6억 원 수협 압류 2018.8.28. 사하구 임의 2018.8.14. KB은행

(2) 강제경매

'임의경매'와는 달리, 판결문 등 집행권원(執行權原)을 가지고 있는 채권자가 그 집행권원에 표시된 이행청구권의 실현을 위하여 채무자 소유의 부동산을 압류한 후, 매각(환가)하여 그 매각대금으로 채권자의 금전채권의 만족을 얻는 것을 목적으로 하는 강제집행절차이다. 즉, 예견되지 않은 경매(채무자의 일반재산에 대한 집행)를 의미한다.

다음과 같은 방법이 있다.

첫째, 우선 차용각서 등을 근거로 먼저 쉽게 소명(저도의 개연성)만을 요구하는 가압류(임시압류)를 한 후, 대여금을 돌려달라는 본안소송의 재판을 통하여 판결문(집행권원)을 입수해서 하는 강제경매를 신청할 수 있다.

둘째, 약속어음이나 차용증을 받은 후 공증을 받아 바로 그것을 집행권원으로 하여 판결문 없이 즉시 강제경매 신청할 수 있다. 물론, 약속어음 등을 가지고 시간이 걸리더라도 판결, 지급명령이나 각종 조서(화해조서, 인낙조서 등)를 받아서 강제경매할 수 있으나 공증과는 달리 시간이 많이 걸린다. 따라서 '공증'이 시간 절약상 매우 유리하다.

법원경매나 압류재산공매는 소유자나 점유자를 쉽게 퇴거시키고 완전한 상태에서 최고가매수인에게 인도되는 물건은 극히 드물기 때문에, 신중하고 철저한 권리분석 및 명도대책이 필요하다.

(3) 임의경매와 강제경매의 비교

구분		임의경매	강제경매
차이점	개념	담보권실행을 위한 경매	집행권원상 이행청구권 실현 위한 경매
	근거	민사집행법 준용	민사집행법 명문규정
	집행대상	특정의 담보물(저당권, 전세권, 질권, 유치권, 저당권 등이 설정된 부동산)	임의경매대상 외 모든 부동산 (채무자의 일반재산: 일반채무나 임대차 등)
	경매신청	담보권실행에 의함	집행권원에 의함 (판결문, 공정증서 등)
	특징	집행권원 불요, 예견된 경매	집행권원 필요, 예견치 못한 경매
	배당관계	담보권이 설정된 순서에 따른 순위 배당	안분(비율)배당
	경매취하시기	대금 납부 전까지 가능	매각 이후 매수인의 동의 필요
	공신력	없음	있음
공통점	경매절차	경매개시결정부터 낙찰에 따른 소유권이전까지 절차가 동일함	
	진행주체	자력구제가 금지되므로 집행기관인 법원이 주체가 됨	

III 경매입찰 실무

1. 경매절차 및 방법

(1) 입찰에서 명도까지의 절차

부동산경매의 주요 절차는 다음과 같이 최고가매수결정, 명도 및 배당절차이다.

경매신청	채권자의 경매신청 - 법원의 접수 및 수리
미등기건물 조사	신청일로부터 3일 내 조사명령, 2주간 조사
제1단계 경매개시결정 및 압류등기촉탁	접수일로부터 2~3일(법원 심사기간) 내 경매개시결정 또는 보정명령
제2단계 현황조사 및 감정평가 명령 (기간 : 2주내)	임의경매(담보 등) : 경매개시결정일로부터 3일 내 집행관에게 강제경매(압류 등) : 등기필통지서 접수일로부터 3일 내 채무자에게 임의경매(담보 등) : 경매개시결정일로부터 3일 내 감정평가사에게 강제경매(압류 등) : 등기필통지서 접수일로부터 3일 내 감정평가사에게

제3단계 경매개시결정 송달	임의경매(담보 등) : 경매개시결정일로부터 3일 내 채무자에게 강제경매(압류 등) : 등기필통지서 접수일로부터 3일 내 채무자에게 경매개시결정문을 우편 송달을 한다. 경매부동산에 대한 압류는 채무자에게 경매개시결정이 송달된 때 또는 경매 신청기입등기 시에 그 효력이 생긴다.
4단계 개시결정이의신청	이해관계인은 경매개시 결정에 대하여 낙찰대금을 완납할 때까지, 강제경매는 절차상의 사유에 한하여, 임의경매는 절차상의 사유나 실체적 사유(담보권의 소멸, 부존재)가 있을 경우 이의신청을 할 수 있다.
배당요구종기결정	등기필통지서 접수일로부터 3일 내 배당요구종기 등의 공고 고지*
5단계 매각공고	통상 매각(입찰)기일 14일 전 일간신문과 법원게시판(대법원 인터넷 사이트)에 경매부동산이 공고된다.
↓	*배당요구종기 결정 : 매각결정의 확정을 위한 제도
물건조사 현장답사	매각기일 7일 전부터 법원 민사집행과 경매계에 비치된 경매서류(매각물건 명세서, 임대차 조사서, 감정평가서, 이해관계인 열람표, 현황조사보고서, 배당요구서)를 열람하여야 한다. 그 밖에 법원에 비치되어 있지 않은 등기부등본, 토지대장, 건축물관리대장, 주민등록등본을 열람하여 부동산에 대한 권리를 꼼꼼히 체크해야 한다. 서류열람이 끝난 후 현장답사를 하여 입찰물건의 상태, 세입자 관계를 확인한 후 인근 중개업소, 정보지 등을 통해 시세를 파악하여 응찰 여부를 최종 결정한다.
입 찰 당 일	경매는 보통 법원별로 오전 10시나 10시 반, 간혹 오후 1~2시에 법원에서 진행되며, 응찰자는 법원의 출입문 옆에 게시된 게시판에서 경매가 연기, 취하, 정지될 경우 입찰 당일 진행하지 않을 수 있으므로 관련사건의 진행 여부를 확인한다. 입찰 기본 준비물은 다음과 같다. 1. 본인이 직접입찰에 참가할 경우 　① 신분증(주민등록증, 운전면허증, 여권 등) 　② 도장(막도장도 가능) 　③ 매수보증금 　④ 매수보증금은 최저매각가격의 10%(특별매각조건의 경우에는 20~30%)에 해당하는 현금, 자기앞수표 또는 보증보험증권 2. 대리인이 입찰에 참가할 경우(위임장은 '기일입찰표' 뒷면에 인쇄) 　① 본인의 인감도장을 날인한 위임장 　② 본인인감증명서 1부 　③ 대리인 도장(막도장도 가능) 　④ 대리인 신분증 　⑤ 매수보증금 3. 법인이 입찰에 참가할 경우 　▸ 회사대표이사가 직접 참여할 경우 　　① 대표이사 인감도장 　　② 법인등기부등본 1부 　　③ 대표이사 신분증 　　④ 매수보증금

입 찰 당 일	・회사직원 등 대리인이 참가할 경우 ① 대표이사 인감증명서 1부 ② 법인인감증명 1부 ③ 법인등기부등본 1부 ④ 위임장 ⑤ 대리인 도장(막도장도 가능) ⑥ 대리인 신분증 ⑦ 매수보증금 4. 공동명의로 입찰하고자 할 때 　한 물건을 여러 사람이 공동입찰하는 경우 집행관에게 경매 시작 전 공동입찰허가원을 제출해야 한다. 　공동입찰은 원칙적으로 친자, 부부 등 친족 관계자 또는 부동산의 공동점유 사용자, 1필지의 대지 위에 수개의 건물이 있는 경우의 각 건물소유자, 1동 건물의 임차인, 공동저당권자, 공동채권자 등과 같이 특수한 신분관계나 공동입찰의 필요성이 인정되는 경우에 한하여 허가된다. ① 공동입찰신고서 ② 공동입찰자목록(상호 간의 지분표시) ③ 공유자 중 1인이 올 경우에는 불참자의 인감증명 1부 ④ 불참자의 인감이 날인된 위임장 ⑤ 제출공유자의 신분증 및 도장(막도장 가능) ⑥ 매수보증금 ⑦ 공동입찰의 경우에는 경매법정에 비치된 공동입찰신고서를 작성하여 입찰표와 함께 집행관에게 제출하면 된다. 입찰표와 공동입찰신고서 사이에는 공동입찰자 전원이 간인을 하여야 한다. 5. 공인중개사가 입찰을 대리하는 경우 ① 본인의 인감도장이 날인된 위임장 ② 본인의 인감증명서 1통 ③ 대리인 등록증 사본
입찰개시 선언	입찰개시시간은 통상 오전 10시이며, 집행관이 종울림으로 입찰개시를 선언한다. 이때부터 1시간 동안 입찰법대서류(매각물건목록서류)를 최종적으로 다시 한번 꼼꼼하게 점검하고 입찰표를 교부받아 입찰표를 작성 제출한다. 경매서류 등을 열람하고 난 후에는 입찰기재대로 가서 입찰표 등을 작성한다. 작성되어 일단 제출된 입찰표 등은 취소, 변경 또는 교환, 정정할 수 없으므로 입찰표 등을 작성할 때는 꼼꼼하게 확인하며 기재해야 한다.
6단계 입찰의 실시 (입찰서류 제출)	법원에 비치된 입찰표와 입찰봉투, 입찰보증금 봉투를 작성하고 입찰보증금 봉투에 매수신청 보증금액(입찰보증금)을 넣은 후 지정된 시간 내에 입찰함에 넣는다. : 작성된 입찰표를 입찰함에 투입하기 전에 입찰봉투와 주민등록증 등 신분증을 집행관에게 제출하여 제출자의 본인 여부를 확인받고, 입찰봉투에 연결번호와 간인을 받은 후 '입찰자용 수취증'과 입찰봉투를 되돌려 받아 입찰봉투를 입찰함에 넣는다(기재 외에 접거나 스테이플러로 찍는 것은 대부분 접수하는 집행관이나 사무원이 처리해 준다). '입찰자용 수취증'은 집행관의 확인 후에 떼어내야 하므로 입찰봉투에서 미리 떼어내면 안 되며 '입찰자용 수취증'을 잘 보관하였다가 개찰 후 입찰에 떨어졌을 때 보증금을 돌려받을 때 필요하므로 잃어버리지 않도록 잘 보관하고 있어야 한다.

7단계 입찰의 마감 및 개찰	투함 후 약 한 1시간 이후에 사건번호순으로 개찰결과를 발표한다. 가장 높은 가격으로 응찰한 사람이 최고가 매수신고인(입찰자)으로 결정되며, 집행관이 성명과 가격을 호창하여 입찰이 종료되었음을 알린다. : 입찰을 마감하면 곧바로 입찰표의 개봉, 즉 개찰을 실시한다. 이때 당일 경매물건 중에서 사건번호가 빠른 순서부터 진행하며 그 사건번호별로 응찰자 모두를 불러 앞으로 나오게 하여 개표하며 최고가 매수인을 발표한다. 그러므로 개찰할 때 입찰자는 반드시 출석하여야 한다. 입찰자가 출석하지 아니한 때에는 집행관은 법원사무관 등 상당하다고 인정하는 자를 대신 참여하게 할 수도 있다.
최고가 매수인의 결정	개찰결과 최고의 가격으로 응찰하고 소정의 입찰보증금을 제출한 자를 최고가 매수인으로 결정한다. 최고가입찰자가 2인 이상일 경우에는 그들만을 상대로 추가입찰을 실시한다. 추가입찰 실시 결과 또다시 2인 이상이 최고의 가격으로 응찰한 경우에는 추첨에 의하여 최고가입찰자를 정한다.
차순위 매수 신고	'차순위매수신고'란 낙찰자가 포기하거나 잔금을 내지 않았을 때 낙찰자의 권리를 취득하는 제도이다. 차순위매수신고자격은 최고가 매수인 이외의 입찰자 중 최고가입찰액에서 보증금을 공제한 액보다 높은 가격으로 응찰한 사람은 차순위매수신고를 할 수 있다.
공유자우선매수청 구	입찰부동산에 공유자가 있을 때에는 집행관은 공유자를 호창하여 우선매수의 기회를 준다. 공유자는 매각기일까지 매수신청의 보증을 제공하고, 최고매수신고가격과 같은 가격으로 채무자의 지분을 우선 매수하겠다는 신고를 할 수 있다(민집법 제140조). 이때 최고가매수신고자는 차순위매수신고를 할 수 있다.
입 찰 종 료	해당 물건의 최고가 매수인이 결정되면 집행관은 이름과 가격을 불러주고 매각되었음을 알린다. 그 자리에서 최고가 매수인은 보증금 영수증을 받고 최고가 매수인 이외의 응찰자는 입찰 보증금을 돌려받는다.
8단계 매각결정	매각 결정기일(입찰일) 이후 7일간 판사는 매각(낙찰)불허가사유 유무를 심사하고, 이해관계인(부동산에 대해 권리행사를 할 수 있는 채권자/채무자/소유자)의 진술로 법정 이의사유가 있는지 여부를 조사한 뒤 매각(낙찰)허가 또는 불허가 결정을 선고한다. 매각(낙찰)허가 선고 후 비로소 매수자(낙찰자)가 확정된다.
매각허부에 대한 즉시항고	매각허가 또는 불허가의 결정에 의해 손해를 본 이해관계인이나 매수자 또는 입찰자도 결정에 대하여 즉시 항고할 수 있다.[1] 항고를 할 때에는 반드시 항고이유가 기재된 항고장을 제출하거나 항고장 제출일로부터 10일 이내에 항고이유서를 법원에 제출하여야 한다. 또한 항고를 하려는 모든 사람은 보증으로 매각대금의 10%에 해당하는 금전 또는 법원이 인정한 유가증권을 공탁하여야 한다. 보증제공이 없으면 법원은 항고를 인정하지 않는다. 이때 채무자나 소유자의 항고가 기각되면 법원에 공탁금을 몰수당하며 그 외의 이해관계인은 공탁금 중 항고일로부터 항고기각 결정 확정일까지의 이자를 제외한 금액을 돌려받는다.

---

[1] 선순위 임차인의 주민등록에 대한 기재가 누락된 집달관의 임대차조사보고서 및 입찰물건명세서의 하자는 낙찰불허가 사유가 된다고 본 사례 【판결요지】 [1] 민사소송법 제603조의2 및 제617조의2의 규정 취지는 입찰대상 부동산의 현황을 되도록 정확히 파악하여 일반인에게 그 현황과 권리관계를 공시함으로써, 매수 희망자가 입찰대상 물건에 필요한 정보를 쉽게 얻을 수 있게 하여 예측하지 못한 손해를 입는 것을 방지하고자 함에 있다. [2] 선순위 임차인의 주민등록에 대한 기재가 누락된 집달관의 임대차조사보고서 및 입찰물건명세서의 하자는 낙찰불허가 사유가 된다고 본 사례[대법원 1995.11.22., 자, 95마1197, 결정].

9단계 대 금 납 부	매각허가결정이 확정되면 대금지급기한(1월 이내)을 정해 매수자와 차순위 매수(입찰)신고인에게 통지되고, 매수자는 대금지급기한까지 언제든지 매각대금을 납부할 수 있다. 대금납부는 법관으로부터 납부명령서를 수령하여 법원 출납공무원에게 납부명령서를 제출하면 매수자에게 납부서를 교부해 주고 매수자는 교부받은 납부서를 법원보관금 취급점(구내 은행)에 제시하여 매각대금을 납부한다. 납부금액은 매각가격에서 입찰보증금을 제외한 금액이다. 매수자는 배당받을 채권자의 승낙이 있을 경우 매각대금한도 내에서 매각대금납부 대신 채무인수가 가능하며, 배당받을 채권자가 동시에 낙찰자인 경우에는 낙찰대금에서 본인수령 배당액을 상계할 수 있다. 단, 채권자와 매수자가 동일한 경우 상계신청은 매각결정기일이 끝날 때까지 법원에 신고하여야 한다. 매각대금액이 배당액보다 클 경우에는 상계한 잔액을 현금으로 납부하여야 한다. 채무인수 또는 상계를 위하여는 미리(대금 납부기일이 지정되기 전) 법원에 신청서를 제출하여야 한다. 매수자는 매각대금을 완납한 때에 권리를 확정적으로 취득하게 된다. 이때 차순위입찰신고인은 매수자가 대금납부를 한 후 즉시 보증금을 반환받을 수 있다. 만약 매수자가 지정된 대금지급기한까지 매각대금을 지급하지 않고, 차순위매수(입찰)신고인이 있을 경우 법원은 차순위매수(입찰)신고인에 대한 매각허부를 결정하게 된다. 차순위매수(입찰)신고인에 대하여 매각허가 결정이 내려진 때에는 종전 매수자는 입찰보증금의 반환을 청구하지 못하며, 입찰보증금은 배당에 포함된다. 법원은 차순위매수신고인에게 매각기일을 재지정하여 매각허가결정과 청구대금지급기일을 지정하게 되는데 새로 정해진 대금지급기일에 차순위매수신고인도 대금납부를 하지 않으면 재매각(재입찰)을 하게 된다. 재매각은 전매수인(낙찰자)이 낙찰받았던 때의 최저매각가격(경매가)으로 진행되며, 전매수인(낙찰자)은 입찰에 참가할 수 없다. 매수자의 대금완납으로 매각부동산에 대한 소유권을 매수자가 취득하므로, 법원은 매수자 명의의 소유권이전등기와 매수자가 인수하지 아니하는 부동산의 말소등기를 등기관에 촉탁하게 된다. 등기와 말소비용은 매수자의 부담이므로, 매수자로부터 주민등록표등본, 등록세 영수필 통지서 및 영수필 확인서, 국민주택채권매입필증 등 첨부 서류가 제출되었을 때 법원은 소유권이전등기 등을 촉탁하게 된다.
10단계 배당 실시 및 경매 종료	초고가매수인이 매각대금을 완납 후, 법원은 배당기일을 정하여 이해관계인과 배당을 요구한 채권자를 소환하여 배당을 한다. 각 채권자는 법원에서 통보한 배당요구 마감일까지 채권의 원금, 이자, 비용, 기타 부대채권의 계산서를 제출하여야 한데(배당기일 1주일 전). 만일 채권자가 계산서를 제출하지 않았을 경우에는 배당요구서 등 기타 기록에 첨부된 증빙서류를 참고해 채권액을 계산하며, 배당요구 마감일 이후에는 채권액을 보충할 수 없다. 법원은 미리 작성한 배당표 원안을 배당기일에 출석한 이해관계인과 배당요구 채권자에게 열람시켜 의견을 듣고, 즉시 조사할 수 있는 증거서류를 조사한 다음 배당표 원안을 추가/정정하여 배당표를 완성, 확정한다. 배당절차까지 마무리되면 경매에 관한 서류는 기록보존계로 옮겨져 보관이 되고 경매는 완결된다.

▶ ※ 부동산경매의 단계별 요약표

(시간·일자 등은 훈시규정이고 또 각 사건의 사정에 따라 다르므로 적절히 신축된다.)[2]

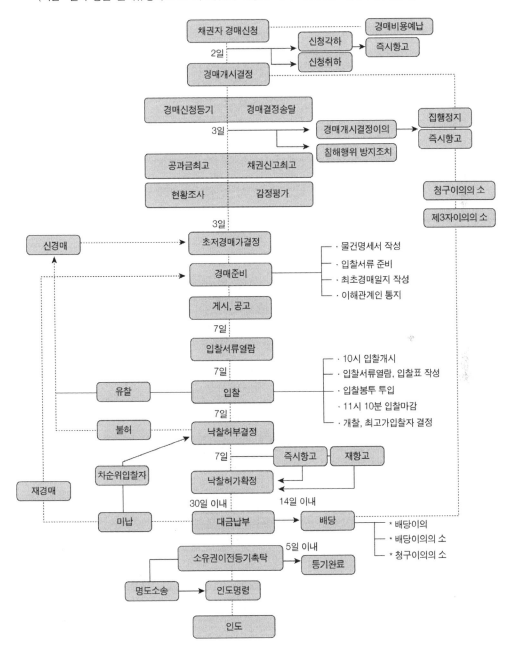

2) https://books.google.co.kr/books...

> ※ **4단계 경매 개시결정에 대한 이의신청 사유**
>
> ① 강제경매 : 절차상의 사유에 한함(아래)
> 1. 경매 신청 방식의 하자
> 2. 경매 신청서 자체의 하자
> 3. 목적 부동산 표시의 불일치
> 4. 집행력 있는 판결정본 등 채무명의의 불일치
> 5. 채무명의의 청구 이의 소송 등에 의한 소멸
> 6. 대리권의 흠결
> ※그러나 집행채권의 소멸, 부존재 등은 개시결정에 대한 이의신청사유가 되지 않는다.
> ② 임의경매 : 절차상의 사유 + 실체적 사유(담보권의 소멸, 부존재)

(2) 물건선택 조사방법

① 희망 물건 선정 후(입지 선정)

② 현장조사(現場調査)

③ 물건분석(物件分析) : 부동산이 토지이용계획의 어느 용도에 속하는지, 각종 공법(公法)상 행위제한 사항은 어떠한지 확인하고, 토지대장 및 건축물관리대장 등 토지의 지목 분류, 건축물의 분류, 이에 따른 경제적 효용성 및 가치를 확인한다.

④ 권리분석(權利分析) : 소유권 취득에 따른 법률적 분석이 필요하다. 경매의 특성상 남의 빚까지 떠안을 경우도 발생할 수 있기 때문에(인수), 이에 따라 등기부 등본, 임차인, 숨어 있는 권리(유치권, 법정지상권) 등을 정확히 분석해야 한다.

(3) 임장활동(臨場活動)

부동산활동을 효과적으로 행하기 위해서는 탁상을 떠나서 현장에 직접 가서 보는 적극적인 활동 즉, 임장활동을 하여야 한다. 이는 부동산이 갖는 다양한 특성으로 부동산활동의 의사결정에 필요한 사항은 서면자료만으로 정확한 파악이 어렵고, 물리적 상태 등을 직접 확인, 분석하여야 하기 때문이다. 그 구체적인 내용으로는 현장답사,[3] 시세조사[4], 주민센터 전입세대열람[5] 등을 들 수 있다.

---

3) 현장답사란 현장에 직접 가서 조사하는 것을 말하는바, 현장답사를 하기 전에 충분한 정보를 수집해야 비용이나 시간을 줄일 수 있고 우리가 원하는 더 많은 정보와 자료를 얻을 수 있으며 경·공매물건의 현장답사는 부동산 가격을 분석하는 데 필요불가결하다.

주민등록법	주민등록법 시행규칙
제29조(열람 또는 등초본의 교부) ② 주민등록표의 열람이나 등초본의 교부신청은 본인이나 세대원이 할 수 있다. 다만, 본인이나 세대원의 위임이 있거나 다음 각 호의 어느 하나에 해당하면 그러하지 아니한다. 2. 관계법령에 따른 소송, 비송사건, 경매목적 수행상 필요한 경우	제14조(주민등록전입세대의 열람) ① 다음 각 호의 어느 하나에 해당하는 경우 전입세대열람을 신청한 자에게 성명과 전입일자만 열람하게 할 수 있다. 1. 법 제29조제2항제2호에 따라 경매참가자가 경매에 참가하기 위해 신청하는 경우

■ 점유관계 조사서

• 기본정보

* 사건번호 : 20**타경76** 부동산 임의경매

* 조사일시 : 2018년 10월 23일 15시 14분 2018년 10월 29일 11시 27분

　　　　　　 2018년 10월 31일 13시 54분

번호	소재지	임대차관계
1	부산광역시 서구 **로 142, 2층205호	0명
2	부산광역시 사하구 **로46, *동 8층8**호 (**동,**타운)	0명

■ 부동산 임대차 정보

• 부동산의 현황 및 점유관계 조사서

1. 부동산의 점유관계

소재지	1. 부산광역시사하구 오작로 46, O 동 8층O호 (**동,**타운)
점유관계	
기타	① 현장에서 거주자 등을 만나지 못하여 점유 확인할 수 없었음
	② 주민센터의 전입세대 열람한바 전입되어 있는 세대 없었음

*본 문서는 2019년 10월 15일 07시 기준으로 현재시점과 차이가 있을 수 있으므로 입찰 전 반드시 확인 후 입찰하시기 바랍니다.

---

4) 법원에 의한 경공매 감정가격과 현장에서의 형성가격인 시세조사를 비교하여, 미래가치를 판단함이 타당할 것이다.

5) 경·공매 대상 부동산의 전입여부와 점유자를 확인 추정하려면 가까운 주민센터(종전; 동사무소)에 가서 경매지와 신분증을 제시하면 주소별 세대를 열람할 수 있을 것이다.

(4) 시·군·구청 방문

경매대상 부동산을 관할하는 시·군·구청에 가서 건축물대장, 토지대장, 토지이용계획확인원, 지적도, 개별공시지가 확인원을 발급받는다. 이 공부를 통하여 권리, 물건분석을 할 수 있다. 관할 관공서를 직접 가지 않아도 인터넷 사이트 민원24시 등을 이용하면 쉽게 다양한 공부를 발급받을 수 있다.

(5) 등기소 방문

부동산 관할 법원 등기과, 등기소 또는 대법원 인터넷등기소를 통하여 부동산등기사항 전부증명서를 발급받아 경매지에 기재된 권리보다 따끈한 최종적인 권리분석을 한다.

(6) 매각물건명세서, 현황조사보고서, 감정평가서 열람

매각기일 7일 전에 경매법원 민사집행과를 방문하여 매각물건명세서와 현황조사보고서 및 감정평가서를 열람하여야 한다. 참고로 대법원(www.scourt.go.kr)의 법원경매정보 사이트를 방문하여 초기 화면 경매정보검색창의 "경매물건검색"에 들어가서 경매법원을 선택하여 담당 경매계를 클릭하면 매각물건명세서 등을 확인할 수 있다.

➡ [실제 사례]

부산지방법원 서부지원

2018타경7604

매각물건명세서

사건	2018타경7604 부동산임의경매	매각 물건번호	2	작성 일자	2019.09.20	담임법관 (사법보좌관)	장태술	
부동산 및 감정평가액 최저매각가격의 표시	별지기재와 같음	최선순위 설정		2015.04.20. 근저당권		배당요구종기	2018.12.27	

부동산의 점유자와 점유의 권원, 점유할 수 있는 기간, 차임 또는 보증금에 관한 관계인의 진술 및 임차인이 있는 경우 배당요구 여부와 그 일자, 전입신고일자 또는 사업자등록신청일자와 확정일자의 유무와 그 일자

점유자의 성명	점유부분	정보출처 구분	점유의 권원	임대차기간 (점유기간)	보증금	차임	전입신고일자, 사업자등록 신청일자	확정 일자	배당요구여부 (배당요구일자)
				조사된 임차내역 없음					

※ 최선순위 설정일자보다 대항요건을 먼저 갖춘 주택·상가건물 임차인의 임차보증금은 매수인에게 인수되는 경우가 발생할 수 있고, 대항력과 우선변제권이 있는 주택·상가건물 임차인이 배당요구를 하였으나 보증금 전액에 관하여 배당을 받지 아니한 경우에는 배당받지 못한 잔액이 매수인에게 인수되게 됨을 주의하시기 바랍니다.

등기된 부동산에 관한 권리 또는 가처분 매각으로 그 효력이 소멸되지 아니하는 것

매각에 따라 설정된 것으로 보는 지상권의 개요

비고란

주 : 1) 매각목적물에서 제외되는 미등기건물 등이 있을 경우에는 그 취지를 명확히 기재한다.
2) 매각으로 소멸되는 가등기담보권, 가압류, 전세권의 등기일자가 최선순위 저당권등기일자보다 빠른 경우에는 그 등기일자를 기재한다.

(7) 입찰서류 작성

1) 입찰표 작성법(최저가격이 1억이고 대리인이 없는 경우)

기일입찰표

부산지방법원 서부지원 집행관 귀하   2019년 8월 6일

사건번호	2019 타경 7604호			물건번호	2 ※ 물건번호가 있는 경우에만 기재	

입찰자	본인	성 명	***㉑			
		주민등록번호	OOOOOO -OOOOOOO	전화번호	010-***-****	
		주 소	경남 밀양시 ***			
	대리인	성 명	㉑			
		주민등록번호		전화번호		
		주 소				

입찰가액	천억	백억	십억	억	천만	백만	십만	만	천	백	십	일	원	보증금액	백억	십억	억	천만	백만	십만	만	천	백	십	일	원
				1	6	6	6	5	0	0	0	0	원					1	3	1	6	0	0	0	0	원

보증금을 반환 받습니다. (입찰이 끝나고 입찰에 실패했을 때 보증금 돌려받을 때 기록)

입 찰 자   * * * ㉑

〈주의사항〉
1. 입찰표는 물건마다 별도의 용지를 사용하십시오. 다만, 일괄입찰 시에는 1매의 용지를 사용하십시오.
2. 한 사건에서 입찰물건이 여러 개 있고 그 물건들이 개별적으로 입찰에 부쳐진 경우에는 사건번호 외에 물건번호를 기재하십시오.
3. 입찰자가 법인인 경우에는 본인의 성명란에 법인의 명칭과 대표자의 지위 및 성명을, 주민등록번호란에는 법인의 등록번호를 각 기재하고, 대표자의 자격을 증명하는 문서(법인의 등기부등본·초본)를 제출하여야 합니다.
4. 주소는 주민등록상의 주소를, 법인은 등기부상의 본점소재지를 기재하시고, 신분확인상 필요하오니 주민등록증을 꼭 지참하십시오.
5. 금액의 기재는 수정할 수 없으므로, 수정을 요하는 때에는 새 용지를 사용하십시오.
6. 대리인이 입찰하는 때에는 입찰자란에 본인 및 대리인의 인적사항을 모두 기재하는 외에 본인의 위임장과 인감증명을 제출하십시오.
7. 위임장, 인감증명 및 자격증명서(법인의 등기부 등·초본)는 이 입찰표에 첨부하십시오.
8. 일단 제출된 입찰표는 취소, 변경이나 교환이 불가능합니다.
9. 공동으로 입찰하는 경우에는 허가받은 공동입찰허가원을 입찰표와 함께 제출하되, 입찰표 본인란에는 "별첨 공동입찰자 목록기재와 같음"이라고 기재한 다음, 입찰표와 공동입찰허가원 사이에는 공동입찰자 전원이 간인하십시오.
10. 대리인의 경우에는 날인란에 입찰자 본인의 성명, 대리관계 및 대리인의 성명을 모두 기재하고, 날인하십시오.
11. 입찰자 본인 또는 대리인 누구나 입찰보증금을 반환받을 수 있습니다.

※ 상기 「입찰표」와 현금봉투 및 입찰봉투는 집행법정에서 입찰자(투자 예정자)에게 배포한다.

① 입찰서류 수령

기일입찰에서의 입찰은 매각기일에 입찰표를 집행관에게 제출하는 방법으로 하게 되고 기일입찰의 입찰장소에는 입찰자가 다른 사람이 알지 못하게 입찰표를 적을 수 있도록 설비가 갖추어져 있고 최저매각가격의 10%인 입찰보증금과 도장·신분증만 가지고 해당 법원 입찰법정에 가면 입찰표 등 관련용지는 배부해 주는 법원도 있고 입찰자들이 자유롭게 사용하도록 입찰장소에 비치해 놓는 법원도 있다. 입찰표 외에 입찰보증금을 넣는 흰색 작은 봉투 및 이 보증금 봉투와 입찰표를 함께 넣는 누런색 큰 봉투 두 가지가 있다.

입찰표에는 다음의 사항을 적는다.

② 사건번호 : 입찰하고자 하는 경매물건의 사건번호를 기재한다. 일반적으로 경매개시연도에 '타경'이라는 기호와 일련번호를 사건번호라고 하는데 입찰표에 반드시 기재하여야 한다.

③ 물건번호 : 물건번호는 같은 사건번호 안에서 여러 개의 물건이 나왔을 경우, 예를 들어 한 사람의 소유의 주택과 아파트, 상가 등을 동시에 경매를 할 경우 그 각각을 구별하고 표시하기 위해서 물건번호가 주어지는데 물건번호가 있는 경우 반드시 기재하여야 한다. 누락되면 입찰이 무효가 되며 물론 물건번호가 없으면 기재할 필요는 없다.

④ 입찰자의 성명과 주소 : 입찰자가 본인인 경우에는 본인의 성명과 주민등록번호, 전화번호 및 주민등록상의 주소를 기재하고 날인한다.

- 대리인이 입찰할 경우

  입찰표상의 본인 및 대리인란의 인적사항을 모두 기재하고 난 후 대리인란에 대리인의 도장으로 날인하면 된다. 이때 본인란에는 도장을 날인할 필요가 없다.

- 법인 입찰의 경우

  본인란의 성명에 법인명과 대표자 이름을, 법인등록번호란에는 법인등기부상의 법인등록번호를 기재하며, 법인의 직원이 대리인으로 입찰할 경우 법인란에 법인 관련 내용을 기재하고 대리인란에는 입찰에 참여하는 직원의 인적사항을 기재하며 직원의 도장을 날인하면 된다.

⑤ 입찰가격 및 입찰보증금액

입찰가격란에는 본인이 결정한 입찰금액을 아라비아숫자로 표시하되 매각 당일 법원이 공고한 최저매각가격 이상으로 써 넣어야 낙찰을 받을 수 있다. 입찰가 격은 수정할 수 없으므로 수정을 요할 때에는 새 용지로 다시 작성해야 한다. 보증금액란은 법원이 제시한 최저매각가격의 10%에 해당하는 금액을 아라비아 숫자로 기재한다.

참고로 재매각의 경우 보증금의 액수는 최저매각가격의 20~30%에 해당하는 금 액을 기재해야 한다. 이러한 재매각의 특별매각조건을 전혀 모르고 있다가 입찰 보증금을 최저가격의 10%만 기재하고 봉투에도 10%의 액수만 넣었다면 보증금 이 부족하게 되어 무효가 된다.

⑥ 보증의 제공방법란에는 현금, 자기앞수표 또는 보증서 중 하나를 선택하여 v표 를 기재하면 된다.

수표로 지급할 때에는 은행법의 규정에 따른 금융기관이 발행한 자기앞수표로 서 지급제시기간이 끝나는 날까지 5일 이상의 기간이 남아 있는 것이야 한다(민 사집행법 제113조, 민사집행규칙 제63조, 제64조).

⑦ '보증을 반환받았습니다'란이 있는데 이는 입찰에서 떨어져 집행관으로부터 보 증금을 반환받을 때 사용하는 부분으로 미리 기재하지 않는다.

⑧ 입찰표의 유·무효 처리기준, 보증서의 무효사유

집행관은 제출된 기일입찰표의 기재에 흠이 있는 경우에 앞의 〈별지 3〉 처리기 준에 의하여 기일입찰표의 유·무효를 판단한다(재민 2004-3 제33조제4항).[6]

(8) 매수신청보증금 봉투의 작성요령

1. 봉투 - 앞면 - 사건번호, 물건번호, 제출자 성명+도장(법원에 직접 참여한 사람 의 인적사항) 작성한다.
2. 봉투 - 뒷면 - (인)이라고 표시된 부분에 도장을 날인하면 된다.
3. 매수신청보증금(입찰보증금)

---

6) 보다 자세한 내용은 https://yklawyer.tistory.com/5561 [윤경 변호사 l 여러분과 함께 합니다] 참조.

2018타경7604(2)   부산지방법원 서부지원 1계(051-812-1261) 매각기일 2019.10.15.(10:00)

소재지	부산광역시 사하구 괴정동 398-22, 신익타운 2동 8층 801호 [지도보기] [도로명주소검색]					
물건종별	아파트	사건접수	2018-10-04(신법적용)	입찰방법	기일입찰
전용면적	140.59m²(42.5평)	소유자	박○○	감정가	257,000,000
대지권	56.78m²(17.2평)	채무자	박○○	최저가	(51%) 131,584,000
매각물건	토지 건물 일괄매각	채권자	제주은행	보증금	(10%) 13,160,000

[입찰진행내용]

구분	입찰기일	최저매각가격	결과
1차	2019-07-02	257,000,000원	유찰
2차	2019-08-06	205,600,000원	유찰
3차	2019-09-10	164,480,000원	유찰
4차	2019-10-15	131,584,000원	

낙찰 : 166,650,000원 (64.84%)

(입찰 8명, 낙찰 : 경남 김해시)

매각결정기일 : 2019.10.22.-매각허가 결정

대금지급기한 : 2019.11.29.

대금납부 : 2019.11.28./배당기일 : 2019.12.26.

배당종결 : 2019.12.26.

2. 재매각

(1) 재매각의 의의 및 구별 개념

'재매각'은 매각허가결정의 확정 후 집행법원이 지정한 대금지급기한까지 매수인이 그 의무를 완전히 이행하지 아니한 경우에 법원이 직권으로 다시 실시하는 매각을 말한다. 경매법원은 매수인이 대금지급기일에 대금지급의무를 완전히 이행하지 아니하고 차순위매수신고인이 없는 때에는 직권으로 재매각을 명하여야 한다.

'새매각'도 경매절차를 다시 실시하는 점에서는 같으나 재매각은 매각허가결정 확정 후 낙찰인의 대금지급의무 불이행을 원인으로 함에 반하여, 새매각은 매각허가결정의 확정에 이르지 아니한 경우에만 실시하는 점에서 양자는 다르다.

(2) 재매각 대상

원칙적으로는 매수인이 대금지급의무를 완전히 이행하지 아니한 매각 물건이다. 다만, 당초 수 개의 부동산을 매각하였으나 과잉경매[7]로 되어 일부만 매각 허가하고 나머지에 대하여는 매각 불허가하였다가 매수인이 대금을 지급하지 아니하여 위 매각부동산

---

7) 여러 개의 부동산을 매각하더라도, 한 개의 부동산의 매각대금으로 모든 채권자의 채권액과 강제집행비용을 변제하기에 충분하면 다른 부동산의 매각을 허가하지 아니한다.

에 대하여 재매각을 실시하게 된 경우, 경매법원은 필요하다고 인정하면 과잉경매로 낙찰을 허가하지 아니하였던 부동산도 함께 경매에 부칠 수 있다. 이 경우에 매각불허된 부동산의 매각은 재매각이 아니므로 예외적으로 전 매수인도 매수에 참가할 수 있다.

(3) 재매각의 명령 및 요건

경매법원은 재매각의 조건이 구비되었으면 그 사유발생일로부터 3일 이내에 직권으로 재매각을 명하여야 한다. 경매법원이 재매각을 명하는 경우 다시 경매개시결정을 하지는 않는다. 또 재매각명령서를 전 매수인이나 기타 이해관계인에게 고지하지도 않는다. 그러나 경매신청채권자와 채무자에게는 고지하여야 한다.

① 매수인이 대금지급기한 또는 제142조제4항의 다시 정한 기한까지 그 의무를 완전히 이행하지 아니하였고, 차순위매수신고인이 없는 때에는 법원은 직권으로 부동산의 재매각을 명하여야 한다.

▼ 재매각의 요건
   - 매수인이 대금지급 기일에 대금지급 의무를 완전히 이행하지 아니하였을 것
   - 차순위매수신고인이 없을 것
   - 의무 불이행이 재매각명령 시까지 존속할 것

② 재매각절차에도 종전에 정한 최저매각가격, 그 밖의 매각조건을 적용한다.

③ 매수인이 재매각기일의 3일 이전까지 대금, 그 지급기한이 지난 뒤부터 지급일까지의 대금에 대한 대법원규칙이 정하는 이율에 따른 지연이자와 절차비용을 지급한 때에는 재매각절차를 취소하여야 한다. 이 경우 차순위매수신고인이 매각허가결정을 받았던 때에는 위 금액을 먼저 지급한 매수인이 매매목적물의 권리를 취득한다.

④ 재매각절차에서 전의 매수인은 매수신청을 할 수 없으며 매수신청의 보증을 돌려줄 것을 요구하지 못한다(민사집행법 제138조).

(4) 재매각 시 입찰보증금은 20~30%로 인상된다

재매각 시에는 법원에 따라 조금씩 차이가 있지만 입찰보증금은 20~30% 정도에서 인상이 된다.

공매(公賣)와
국공유재산(國公有財産)

09 공매와 국공유재산

I 공매 일반

1. 공매의 정의

공매는 크게 보면 공공기관에서 보유 부동산을 공공장소에서 공개매각하는 제도를 말한다. 작게 보면 체납된 세금을 강제로 징수하기 위하여 체납자의 부동산 등을 처분할 때 모든 것을 공개하여 매각하는 정부기관과 한국자산관리공사(KAMCO)의 압류재산을 연상하게 된다. 즉 물건의 기본적인 상태(소재지, 종별, 수량, 매매가격 등)와 각 물건에 대한 개별적인 매각조건을 고지한 후 그 조건을 승낙한 사람이 매수를 희망하는 경우에 일반 경쟁입찰을 통해 처분하는 제도를 말한다.

공매는 다수물건을 동시에 공개 매각하는 것이므로 대중성, 공정성, 신뢰성을 바탕으로 하는 것이 특징이다.

압류재산공매 외에도 유입, 수탁, 국유, 공유, 금융권, 공기업, 파산재산 등의 공매가 있어 법원경매보다 훨씬 다양하고 풍부하다.

(1) 공매의 종류

1) 비업무용 부동산 공매

금융기관이 소유하고 있는 부동산과 기업체가 소유하고 있는 비업무용 부동산으로, 한국자산관리공사가 이들로부터 부동산매각을 의뢰받아 이들 기관의 대리인으로서 일반인에게 매각하는 공매

2) 압류부동산 공매

국세징수법 등에 근거한 공매로서, 국세·지방세의 체납자의 재산을 압류한 후 체납된 세금을 징수하기 위해서 국가기관·지방자치단체가 한국자산관리공사에 공매대행을 의뢰하여 행하는 공매

3) 유입부동산 공매

한국자산관리공사 부실채권정리기금으로 매입한 인수자산을 매각하는 공매

2. 경매와 공매의 유형별 특성 비교

부동산 활동의 하나로 부동산을 저렴하게 취득하는 방법인 경매와 공매는 매력적이다. 경매를 찾아보다 마땅한 물건이 없으면 공매에서 찾고 공매에서 찾다가 없으면 경매에서 찾는 게 순서이다. 문제는 경매에 관한 참고도서와 교육은 많은 데 비해 시중에 공매에 대한 참고도서는 별로 없고 교육도 제대로 이루어지지 않고 있다는 것이다.

이러한 상황이 공매와 경매 물량의 차이 때문일까?

아니다. 공매가 물량이 적기 때문에 투자자들의 관심이 경매에만 있다는 설명은 설득력이 없다. 채무로 인한 빚잔치는 법원에서 하는 부동산 경매이다. 그런데 빚을 진 사람은 세금도 체납한다. 채무불이행과 세금체납은 언제나 동시에 일어난다. 세금을 체납하면 체납관청으로부터 압류재산 공매를 당한다.

동일 부동산이 경매와 공매가 동시에 진행되는 경우에는 잔금을 먼저 납부하는 자가 소유권을 취득한다. 왜냐하면 경공매로 인한 부동산의 취득시기는 잔금납부일이기 때문이다(대법원 판례).

그러나 법원경매는 절차가 까다롭고 잔금납부일까지 여러 단계를 거쳐야 하지만

압류재산 공매는 잔금을 쉽게 납부할 수 있어 공매가 더 유리하다.

문제는 법원경매는 등기부등본에 등재되어 국민들이 알 수 있지만 공매는 등기부에 기입되지 않아서 국민들이 공매 진행을 모를 수 있다는 점이다.

그렇다면 법원경매물건과 공매물건 어느 쪽이 더 많을까? 누구나 관심이 높은 사안이다. 위의 사례에서 보았듯이 경매를 진행 중인 물건은 공매가 진행 중일 수도 있다. 앞서 언급했던 대로 채무불이행과 세금체납은 동시 발생되는 관계이기 때문이다.

우리나라 국민들은 세계 어느 나라 국민보다도 애국심과 충성심이 높다. 즉 남의 돈은 떼어 먹어도 세금은 대체로 갚아야 된다는 애국심이 바탕이 되어 체납세금이 채무보다는 훨씬 적다. 그래도 압류재산 물량은 법원경매물건에 버금간다.

한국자산관리공사(성업공사)는 압류재산 이외에 유입, 수탁재산 등도 매각하고 타 공매 기관, 즉 금융기관, 공기업, 국가기관 등이 주관하는 공매까지 합치면 법원경매를 훨씬 웃도는 물량인데도 각 기관마다 별도로 공매를 주관하기 때문에 통계를 알 수 없는 실정이다.

공매의 대표적인 매각기관으로는 KAMCO가 있다. 이곳에서는 각종 성격이 다른 재산을 매각 또는 임대를 하고 있다. 투자가 대다수는 공매를 KAMCO만 집행하는 것으로 아는 사람이 많지만 아래에 열거된 많은 기관 및 단체에서 공매를 하고 있다.

법원경매보다 공매의 장점은 장기할부나 선납감액 등 대금납부조건이 유리하고 잔금납일일자가 법원보다 여유 있고 또 법원에서는 상상도 할 수 없는 할부매각도 되고 수의계약도 있다는 점이다. 압류재산을 제외한 다른 공매물건은 권리관계가 깨끗하고 명도의 책임도 없는 것이 매력이다.

이렇게 공매는 국가기관 및 공적 기관, 금융기관에서 각각 다른 방식으로 시행하고 있어 법원경매보다 다양하고 복잡하다. 법원경매는 서울중앙법원에서 하는 방식이나 전국 어느 법원에서 하는 방식이나 동일하지만 공매는 시행기관마다, 분류재산마다 방식도 다르고 제도도 다르기 때문에 우리 투자가들에게 선뜻 다가와 있지 않은 분야이면서 연구대상이 되고 있다. 이 분야 연구단체나 전문가의 부재도 공매를 국민에게 제대로 알리지 못하는 원인이 되고 있다. 이제 선택받은 사람들만이 누리던 특수한 기관 및 단체의 공매를 우리 국민이 골고루 혜택을 입을 수 있게 하는 것이 지상과제이다.

▶ 공매유형별 차이

구 분	금융기관의 비업무용 재산	행정기관의 압류부동산	자산관리공사 부실채권인수
가격결정	매도자(은행)	각 행정기관	한국자산관리공사
유찰시감가	매도자가 정함	1, 2차 동일, 3차 10%	2차부터 5%
대금납부	할부가능	1천만 원 이상 60일 내 1천만 원 이하 7일 내	계약자 임의 (장기 5년 분할 가능)
명의변경	가능	불가능	가능
소유권이전	이전등기	잔급납부 시(등기불요)	5% 지급 시
점유가능	대금 1/3 납부 후 가능	대금완납 전 불가	대금 1/3 납부 후 가능
명도책임	매도자 원칙	매수자	매도자 원칙

▶ 법원경매와 공매의 비교

구분	법원경매	공매
대금납부	약 1개월 후 지정일 완납	• 일시불(압류재산) • 분할납부가능(비업무용 부동산)
최초입찰최저가	감정평가액	감정평가액 + 취득비용
매각방법	입찰 ⑤ 집달관이 부동산현황조사 ⑥ 감정인에게 부동산 평가 의뢰하여 최저매각 가격 결정	• 압류재산은 입찰 • 비업무용 부동산은 입찰 또는 수의계약
가격저감률	1회 유찰 시 매수가의 20% 인하(일부 30%)	10%
입찰보증금	최저가의 10% 또는 20%	최저가의 10%
명도책임	낙찰자	• 압류재산은 낙찰자 • 비업무용 부동산은 입찰 또는 수의계약
배당	⑦ 배당기일 법원이 정하여 수인의 채권자에게 매각대금을 배당	
장점	① 가격이 저렴 ② 물량이 많아 선택의 폭이 넓다. ③ 농지취득자격증명 이외의 모든 허가절차가 면제	① 비교적 안전 : 별도권리분석 불필요 ② 대금납부조건 유리(장기할부, 선납감액) ③ 비업무용 부동산 : 대금분할납부 가능 ④ 금융기관 공매 시 매각대금 대출이용 가능 ⑤ 대금 중 1/3 납부 시 미리 입주가능 ⑥ 비업무용 부동산의 경우 한국자산관리공사 인도책임 ⑦ 명도책임확실 ↔ 압류부동산(×) ⑧ 전매제도 인정(=매수자 명의변경 가능) ⑨ 3회 이상 유찰 시 토지거래허가 면제(=비업 무용 재산)
단점	① 권리분석이 까다롭고 분쟁의 소지가 많다. ② 항고 등 변수가 많아 대금납부일 예측곤란 ③ 권리분석과 인수책임 및 명도책임 매수자 [낙찰재가 부담. 매각대금 납부기한에 현금 전액납부	① 시가보다 저렴하나 법원경매보다 비싸다. ② 비업무용 부동산의 경우 토지거래허가가 면 제되지 않는다(3회 이상 유찰 시 면제). ③ 압류부동산의 경우 낙찰자가 명도책임
※ 특징비교	1. 경매가 공매에 비하여 저렴한 가격으로 매수할 수 있으나 권리분석 및 명도책임을 매수자가 부담하므로 위험성이 크다. 2. 공매 중 압류부동산은 명도책임 등을 매수자가 부담하므로 사실상 경매와 다를 바 없다.	

❖ 유입자산 · 수탁자산 · 압류재산 공매의 차이점

구분	유입(인수)재산	비업무용 재산	압류재산(강제집행)
소유자	KAMCO	금융기관	체납자
매각금액 결정기준	KAMCO유입가격(감정가격의 70%) ※ 취득세, 등록세 없음	감정가격	감정가격
공고	일간신문에 전체 물건 15일 이상 공고	좌동	경제지에 500만 원 이상 최초 공매물건만 공고, 나머지는 점두게시 공고
명도책임	자산관리공사(예외 있음. 경우에 따라 매수자 부담)	금융기관 책임 (경우에 따라 매수자 부담)	매수자
대금납부 방법 및 기한	낙찰자가 3년 이내에서 대금 납부방법 및 납부기한을 임의로 결정(계약금 10%, 1월~3년 이내 최소 월단위로 납부. 단, 1년에 20%는 내야 한다. 5년까지 변경가능)	금융기관 제시조건 (계약금 10%, 잔금 매 6월마다 납부, 3년 이내)	국세징수법에 정함(보증금 10%, 잔금 1,000만 원 미만 7일 이내, 1천만 원 이상 60일 이내 납부)
유찰(수의) 계약	다음 공매 공고 전일까지 가능(공매가격, 낙찰가격으로 가능)	좌동	불가능
계약체결	낙찰 후 5일 이내	좌동	별도계약 없음 (매각결정에 의함)
매수자 명의변경	가능	좌동	불가능
대금선납 시 이자 감면	그때마다 변동될 수 있음	금융기관 정기예금	불가능
권리분석	불필요	불필요	매수자(특히 대항권 있는 임차인 유무에 주의)
대금완납 전 점유사용	매매대금 1/3 이상 선납하거나, 기계기구의 수리비가 매매대금의 1/3 이상 소요되는 경우로서 매수자가 직접 수리 후 사용하고자 하는 경우 가능	금융기관 승낙조건에 따른 점용사용료를 내거나 납부 보장책을 제시하는 경우 가능	불가능
완납 전 소유권 이전	대금 1/2 이상 납부 시 근저당 설정으로 가능	금융기관 대출로 선택적으로 가능	불가능
계약조건 변경	구입자가 원할 경우 계약기간을 최장 5년까지 연장가능	불가능	불가능
유찰시 저감률	저감 5%	10%	10% (50% 저감 시 회수)

II 한국자산관리공사 공매

한국자산관리공사(韓國資産管理公社, Korea Asset Management Corporation)는 1962년 2월 공포된 성업공사령에 따라 설립된 특수법인으로 약칭은 KAMCO이다.

한국산업은행법 제53조제3항에 따라 1962년 4월 6일 성업공사로 출범하였다. 1966년 8월 3일 전(全) 금융기관의 부실채권 정리 업무를 시작으로 1982년 4월 6일 국가귀속 청산법인의 청산업무를 취급하였고, 1984년 2월 1일 국세압류재산 공매 대행 업무를 하였으며, 1991년 5월 15일 자회사로 대한부동산신탁(주)을 설립하였다.

1997년 8월 22일 금융기관 부실자산 등의 효율적 처리 및 성업공사의 설립에 관한 법률을 제정한 뒤 같은 해 11월 24일 성업공사를 출범하여 부실채권정리기금 설치와 그 업무범위를 확대하였다. 1999년 4월 30일 공사법을 개정하여 배드뱅크 기능을 수행하였고, 그해 12월 31일 다시 공사법을 개정하여 2000년 1월 1일부터 지금의 명칭으로 변경하였다.

주요 업무는 부실채권정리기금의 관리와 운용, 채권관리 업무, 자산관리와 매각 업무, 자산유동화 업무, 국유재산 관리 및 체납조세 정리, 기타 부동산담보신탁 업무, 부실징후기업의 경영진단과 인수·정리 업무, 자문 업무, 부동산 가공·개발 업무, 부동산 컨설팅 업무 등이다.

국세청이 실시하던 압류재산공매가 한국자산관리공사로 이관되어 국세청공매장을 찾을 필요가 없어졌고 정부기관의 부동산도 점차 한국자산관리공사로 이관되는 추세이다. 매각물건들도 부동산이 주류를 이루지만, 콘도나 골프장 회원권, 기계류, 중장비, 자동차 등 규모가 큰 동산들이 많아 동종 사업자나 예비 창업자들에게 각광받고 있다. 이 밖에 자산관리공사는 금융기관이 대출 회수를 위해 처분하는 담보 물건이나 세무서, 구청 등 행정기관이 세금 체납분으로 압류한 동산이나 부동산을 전문적으로 매각, 처분한다.

1. KAMCO 매물정보 입수방법 전자입찰

KAMCO는 온비드(한국자산관리공사 전자자산처분시스템)를 통하여 업무의 효율성과 생산성 향상을 위하여 부동산 등 공매물건 정보 제공과 입찰 업무 등을 온라인화하여 운영하고 있다.

온비드(OnBid)란 On-Line Bidding의 약어로, 온라인 입찰 또는 온라인으로 가능한 모든 입찰거래를 의미하며 공공기관 부동산 등의 매각 입찰정보를 국민들에게 실시간 제공하고 입찰을 집행할 수 있는 통합전자자산 처분 시스템이며 2004.10.1.부터 모든 공매입찰을 하고 있다. 응찰자들은 입찰 대상 부동산이 소재한 KAMCO 지사를 방문하지 않고도 인터넷으로 입찰에 참여할 수는 효율적인 입찰제도이다.

(1) 사전 준비사항[매수희망자(일반회원)에게 공매정보조회 및 전자입찰서비스 제공]

① 공매공고 및 입찰물건정보 열람
② 시·공간의 제약 없이 이용할 수 있는 전자입찰 서비스
③ 입찰결과 및 각종 입찰통계 자료 열람
④ 전자계약 체결 및 전자계약서의 보관·관리

(2) 자산처분기관(이용기관 회원)에게 공매물건 홍보 및 인터넷입찰서비스 제공

① 입찰공고 및 공매물건에 대한 상세정보 등록
② 입찰서 접수, 낙찰자 결정, 보증금 환불 및 계약 체결에 이르는 입찰의 전 과정을 인터넷으로 처리
③ 낙찰결과보고서, 입찰조서 등 보고서 출력
④ 온비드 전용 공인인증서 무료 발급
⑤ 디지털예산회계시스템(디브레인)과 연계된 계약사무(공고, 낙찰자 결정, 전자계약) 서비스
⑥ 전자계약 체결 및 전자계약서의 보관·관리

(3) 매각 대상 물건

① 유입자산 : 금융기관의 구조 개선을 위해 KAMCO가 법원경매를 통하여 취득한 재산 및 부실 징후 기업체를 지원하기 위해 기업체로부터 취득한 재산을 일반인에게 다시 매각하는 부동산으로 부실채권기금으로 구매한다.

② 수탁자산 : 금융기관 및 기업체가 소유하고 있는 비업무용 부동산으로서 KAMCO에 매각을 위임하여 일반인에게 매각하는 부동산으로 최근에는 비업무용보다 양도소득세 감면을 위한 물건이 대종을 이루고 있다.

③ 압류재산 : 세금을 내지 못하여 국가기관 등이 체납자의 재산을 압류한 후 체납세금을 받기 위해 KAMCO에 매각을 의뢰한 부동산으로 법원경매와 유사하게 권리분석과 명도책임이 있다.

④ 국유재산 : KAMCO가 국가소유 일반재산의 관리와 처분을 위임받아 입찰의 방법으로 일반인에게 임대하는 부동산

⑤ 소유권이전 : 압류재산은 촉탁등기, 나머지 공매는 국가, 공사, 금융기관, 기업체에서 → 매수자에게 소유권이전

⑥ 현장 확인 : 서류상의 완벽한 물건도 실물은 보수투성이가 많다. 상대적으로 서류상 퇴짜물건이 횡재하는 경우도 많다.

(4) 공매방법

1) 인터넷 홈페이지(www.onbid.co.kr) : 인터넷 입찰 절차도

| 온비드 회원 가입 | ←--- | 개인, 법인 선별 가입 |

▼

| 공인인증서 등록 | ←--- | 인증기관에서 인증 발급 |

▼

| 입찰대상물건 확인 | ←--- | • 〈입찰공고〉, 〈물건정보〉 코너, 〈상세검색〉 기능을 통해 인터넷 입찰이 가능한 물건을 검색
• 공고와 물건정보를 〈관심정보〉로 등록해 두면 〈나의 온비드〉 코너를 통해 해당 건에 대한 입찰 진행 정보를 쉽게 파악할 수 있다.
• 인터넷 입찰은 일정 기간 동안 입찰할 수 있는 기간입찰로 진행 |

▼

| 인터넷 입찰서 작성 | ←--- | • 인터넷 입찰이 시작된 물건의 물건정보 화면 하단의 입찰정보 목록에서 "입찰자"가 버튼을 누르면 "인터넷 입찰서 작성" 화면으로 이동
• 입찰에 참여할 물건의 정보 및 입찰정보를 확인
• 작성하는 전자입찰서에는 원하는 입찰금액과 유찰 시 보증금을 환급받는 계좌번호(현금의 경우)를 입력 |

▼

| 입찰참가
준수규칙 확인 | ←--- | • 작성된 입찰내용을 확인하고, "인터넷입찰참가자 준수규칙"을 확인 후 동의를 선택 |

▼

| 보증금 납부
(입찰가격의 10%) | ←--- | • 해당 입찰 건의 인터넷 입찰마감 시한까지 보증금을 납부하면 입찰 완료 |

▼

| 매수자 선정 및
결과 확인 | ←--- | • 해당 입찰 건의 집행기관이 공지된 날에 낙찰자를 선정
• 입찰결과는 〈나의 온비드〉 코너의 〈입찰내역〉에서 확인
온비드 회원 가입 시 입찰진행상태 알림메일을 신청하면 이메일로 결과를 받아 볼 수 있다. |

▼

| 매각결정서 수령 | ←--- | 직접 방문 수령, 팩스로도 수령 가능 |

▼

| 잔금납부 소유권이전 | ←--- | 등기서류 제출 → KAMCO → 등기소에 등기촉탁 |

2) 법원경매물건과 KAMCO 공매 물건의 개별 비교

구분	경매	공매		
	법원경매	압류재산(강제집행)	유입(인수)재산	수탁재산
소유자	채무자 및 소유자	체납자	KAMCO	금융기관
최초매각금액	감정가격	감정가격	KAMCO 유입가격	감정가격
명도책임	인도명령 : 법원 명도소송 : 매수자	매수자	KAMCO (예외 : 매수자)	금융기관 (예외 : 매수자)
대금납부 방법 및 기한	법원 잔금지급 통보 절차에 따름	국세징수법에 정함 (보증금 10%, 잔금 3,000만 원 미만 7일 이내, 1천만 원 이상 30일 이내 납부)	액수에 따라 최장 5년까지 할부 가능, 낙찰자가 대금 납부방법 및 납부기한을 임의로 결정	금융기관 제시조건 (계약금 10%, 잔금 매 6월마다 납부, 3년 이내)
유찰(수의) 계약	불가능	불가능(일부 가능)	다음 공매 공고 전일까지 가능(공매가격, 낙찰가격으로 가능)	좌동
계약체결	없음	없음(매각결정에 의함)	낙찰 후 5일 이내	좌동
대금선납 시 이자 감면	없음	불가능	변동될 수 있음	금융기관 정기예금
권리분석	불필요	매수자	불필요	
강제집행취소	잔금납부 전까지	매각결정서 교부 전까지	해당 없음	
대금완납 전 점유 사용	불가능		매매대금 1/3 이상 선납하거나, 기계기구의 수리비가 매매대금의 1/3 이상 소요되는 경우로서 매수자가 직접 수리 후 사용하고자 하는 경우 가능	금융기관 승낙조건에 따른 점유사용료를 내거나 납부 보장책을 제시하는 경우 가능
토지거래허가	면제		3회 유찰 이후부터 면제	
동점자 처리	재입찰	컴퓨터 추첨방식		
인도명령제도	있음	없음		
1개월 입찰횟수	1회 정도	1주일에 같은 물건 1회	불규칙	
상계	인정	불인정		
매수제한	있음	없음(전 낙찰자의 재매수)		

□ 국세징수법상 공매절차

[압류재산 공매절차]

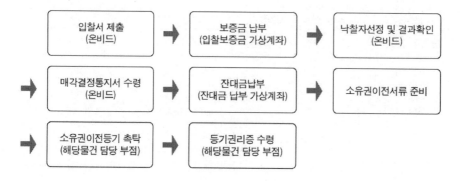

(5) 압류재산의 매각결정서

매각결정이란 낙찰자 또는 수의계약에 의한 매각에 있어서는 매수인이 될 자에 대하여 매수의 청약을 한 재산을 매각하기로 결정하는 처분을 말한다.

압류재산은 별도의 계약체결 없이 매각결정서를 통상 매각일 익일에 교부한다. 직접 방문해서 수령하기도 하지만 팩스로 송달해도 수령한 것으로 인정한다. 매각결정서는 등기필증의 원인서류이므로 주의하여 보관해야 한다.

(6) 압류재산공매가 법원경매와 다른 점

① 압류재산공매는 명도(주택 비우기) 시 인도명령신청이라는 제도가 없으며 반드시 명도소송을 통한 확정판결을 받아야 강제집행이 가능하다.

② 잔금납부는 1천만 원 미만인 경우 매각결정일로부터 7일 이내, 3천만 원 이상인 경우 매각결정일로부터 30일(최고기간 10일 추가해 줌) 이내에 일시불(분납 불가능)로 잔대금을 납부할 수 있다. 최고기간에는 연체료는 없으나, 최고기간이 경과되면 매각결정 취소되어 대금을 납부할 수 없다.

③ 최초공매예정가격의 50/100까지(10%씩 체감하여 6회까지) 공매를 실시하였으나 매각되지 아니한 경우 압류관서(위임기관)와 재공매 실시 여부 및 최저입찰가에 대하여 협의를 하여

- 6회차 공매예정가격으로 새로이 정하여 다시 6회까지 진행하거나
- 공매를 중지할 수 있다.

④ 매수자가 임차인이라고 하더라도 상계신청은 할 수 없으며 공매대금 납부 후 배분절차에 참여하여야 한다.

⑤ 매수자가 공매 잔금을 납부하지 않는다면 매각결정을 취소하고 다시 공매를 속행하게 된다. 재공매물건은 법원경매와 달리 보증금의 변동이 없다.

(7) 소유권이전

1) 압류재산

■ 준비서류를 구비하여 KAMCO에 신청하면, KAMCO가 소유권이전신청 행위를 수행(촉탁)한다.

■ 매수자 준비서류

등기부등본, 토지, 건축물관리대장, 주민등록등본, 공시지가확인원, 국토이용계획확인원, 경작증명(농지인 경우) 각 2통

매각결정서 원본, 등록세(말소등록세 포함) 영수증

대법원등기 수입증지, 국민주택채권매입 영수증

2) 압류재산을 제외한 유입 · 수탁 재산은 소유권이전

■ 유입재산, 수탁재산(비업무용 재산)은 계약서에 명시된 납부일자에 자산관리공사에서 발부한 지로 납부서 또는 은행 온라인을 통해 납부(연체 시는 연체이자가 부과되므로 자산관리공사에 사전 확인 후 납부)한다.

■ KAMCO는 매수자에게 소유권이전 서류를 교부(등기필증, 위임장, 법인등본, 대표자 인감증명)한다.

(8) KAMCO에서 부동산 구입 시 주의할 점

압류재산은 법원경매와 마찬가지로 공매지, 신분증 지참하고 물건소재지 관할 동사무소를 방문하여 주소별 세대열람을 통하여 세대주와 전입일자를 확인한 다음 등기부등본상에 나타나는 권리와 혼합하여 권리분석을 하고, 상가건물은 물건소재지 관할세무서를 방문하여 사업자등록을 필한 임차인이 있는지 여부를 따져 권리분석을 하여야 한다.

1) 유입재산, 수탁(비업무용)재산

명도책임이 매수자인지, 매도자인지 여부와 각 물건마다의 별도 부대조건, 폐기물·쓰레기 등의 처리 귀속문제를 잘 파악하여야 한다.

주거용 건물의 경우 별도로 전세금이 있는 경우도 있으나 실제는 잔금에 포함되어 인수되기 때문에 부담은 거의 없다.

2) 토지거래허가 대상(압류재산은 해당 없음)

- 압류재산 : 허가대상이 아님
- 유입, 수탁재산 : 3회 유찰된 이후로부터 허가대상에서 제외

3) 각종 토지

- 무허가 건축물(또는 분묘 등)이 있는지 여부
- 이용용도(건축 등)에 법적 제한은 없는지 여부(위치 상이 시 설계 확인)
- 임야 현장 확인 필수(정확한 위치와 수목, 분묘 파악)

4) 공장

- 공장설립신고나 허가가 가능한지 여부(입찰물건과 현장이 일치하는지 확인, 공장은 용도 적합 여부)
- 기계기구 수량의 증감 및 사용 가능 여부(기계기구 수량 차이나 사용 가능 여부는 매수자 책임임)

5) 주택 및 점포

- 등기상 토지면적, 건물면적이 실제와 같은지 여부

III 예금보험공사 공매

예금보험공사는 금융기관이 파산 등으로 예금을 돌려줄 수 없는 경우 예금을 대신 지급함으로써 예금자를 보호하고, 특히 외환위기 이후 금융구조조정과정에서 자금지

원을 통해 부실금융기관을 효율적으로 정리하여 금융시스템의 안정을 유지하는 중추적인 역할을 수행하여 왔다.

1. 예금 지급불능 사태를 방지

금융기관이 영업정지나 파산 등으로 고객의 예금을 지급하지 못하게 될 경우 해당 예금자는 물론 전체 금융제도의 안정성도 큰 타격을 입게 된다. 이러한 사태를 방지하기 위하여 우리나라에서는 예금자보호법을 제정하여 고객들의 예금을 보호하는 제도를 갖추어 놓고 있는데, 이를 '예금보험제도'라고 한다.

2. 보험의 원리를 이용하여 예금자를 보호

예금보험은 그 명칭에서 알 수 있듯이 "동일한 종류의 위험을 가진 사람들이 평소에 기금을 적립하여 만약의 사고에 대비한다."는 보험의 원리를 이용하여 예금자를 보호하는 제도이다. 즉, 예금자보호법에 의해 설립된 예금보험공사가 평소에 금융기관으로부터 보험료(예금보험료)를 받아 기금(예금보험기금)을 적립한 후, 금융기관이 예금을 지급할 수 없게 되면 금융기관을 대신하여 예금을 지급하게 된다.

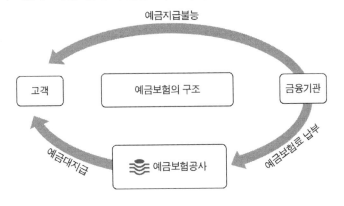

3. 법에 의해 운영되는 공적 자금

또한, 예금보험은 예금자를 보호하기 위한 목적으로 법에 의해 운영되는 공적 보험이기 때문에 금융기관이 납부한 예금 보험료만으로 예금을 대신 지급할 재원이 부족할 경우에는 예금보험공사가 직접채권(예금보험기금채권)을 발행하는 등의 방법을 통해 재원을 조성하게 된다.

4. 구입하는 방법

(1) 공매를 통하여 구입하는 방법

공매공고 시 지정하는 날짜와 장소에 가서 입찰에 참가하면 된다. 이 경우 가장 높은 가격으로 응찰한 사람이 낙찰자로 결정되며, 낙찰되지 않은 사람의 입찰보증금은 즉시 반환하여 준다. 최근에는 온비드에 위탁하여 매각하기도 한다.

(2) 수의계약으로 구입하는 방법

신문에 공매공고를 게재하여 지정된 일자에 공개경쟁입찰을 실시하였으나, 팔리지 않고 유찰되었을 때 다음 공고 전일까지 최종공매 조건으로, 선착순으로 자유로이 살 수 있는 제도를 말한다.

- 지리적 위치가 뛰어나다.

  재단(금융기관) 사무실로 사용하는 업무용 부동산이 대부분으로 교통사정이 좋은 곳에 위치한다.

- 권리관계가 안전하고 물건상태가 양호하다.

  비업무용으로 취득한 부동산은 재단 소유로 소유권이 이전되어 있으므로 안전하게 구입할 수 있으며, 업무용 부동산은 현재 사용 중에 있으므로 관리상태가 양호하다.

- 대금완납 전 소유권이전이 가능하다.

  대금완납 보장책 제공 시에는(금융기관 예·적금증서, 금융기관 발행 지급보증서 등) 소유권이전이 가능하다.

- 대금선납 시 이자 감면이 가능하다.

  금융기관 1년제 정기예금이자율 등을 고려, 파산재단에서 적당한 조치를 하고 있다.

IV 국유재산법상 국공유재산의 공매절차

1. 국유재산 관리정책방향

- 1949년 ~ 1975년 : 경제개발계획의 재원 확보 등을 위한 국유지 매각
- 1976년 ~ 1993년 : 국유지의 보존 위주의 정책
- 1994년 ~ 현재 : 국유재산의 확대·활용 위주의 정책 지향

2. 국유재산의 목적

국유재산법의 목적[(목적(目的) 이 法은 國有財産을 보호하고 그 取得·維持·保存 및 運用(이하 "管理"라 한다)과 處分의 適正을 기함을 目的으로 한다은 국유재산을 보호하고 그 취득·유지·보존 및 운용과 처분의 적정을 기함을 목적으로 한다고 명시하여 사유재산과는 달리 투자·투기 등 재테크와는 거리가 있는 성격의 국가목적을 수행하기 위한 데 있다고 본다.

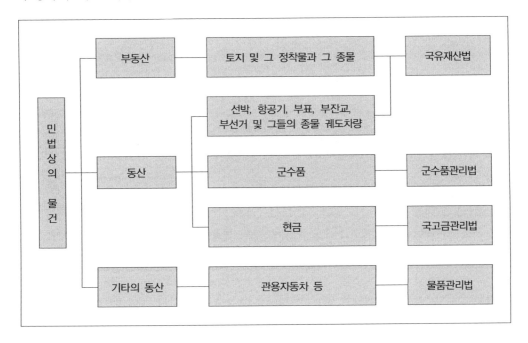

3. 국유재산관리제도의 변천

고려, 조선시대의 토지제도는 국유제가 원칙이었다. 고려 때부터 공전·공음전 등 국가에서 유공자에게 하사하는 식의 토지를 일정 기간 사용할 수 있는 권한을 주었다.

일제 침략 후 일제는 근대적 토지소유제도의 확립이란 명목으로 임시토지조사국관제(1910), 토지조사령(1912)을 공포하여 황실 재산과 민간인 토지, 무주, 미개간지 등 전 국토의 40%를 강탈하였다.

해방 후 일본인 명의의 재산은 군정법령 제33호(1945.9.25.)에 의하여 조선군정청의 소유로 하였고, 재정 및 재산에 관한 최초 협정(1948.9.11.)에 의하여 대한민국 정부로 관리권을 이양하였으며, 현재는 기획재정부 국고국 국유재산과에서 국유재산 관리업무를 총괄하고 있다.

4. 국유재산의 등기

국유재산은 다른 법률에서 특별한 규정이 없는 경우에는 부동산등기법과 국유재산법에 의하여 등기하여야 한다. 이 경우 국유재산인 부동산의 등기에 있어서의 권리자의 명의는 "국"으로 하고 소관중앙관서의 명칭을 함께 기재하여야 하며 국공부동산이 등기촉탁에 관한 법률에 의하여 촉탁관서가 하고 있다(§11).

5. 국유재산의 종류

① 행정재산 : 국가나 정부기업이 직접 사용하거나 사용하기로 결정한 재산
② 보존재산 : 법령의 규정에 의하거나 기타 필요에 의하여 국가가 보존하는 재산
③ 일반재산 : 행정재산 및 보존재산 이외의 모든 재산. 대, 전, 답, 임야 및 행정재산과 보존재산 중 용도 폐지된 재산 등 학문상의 공물에 해당되지 않는다.
　　일반재산은 매각, 임대대상물건이다.

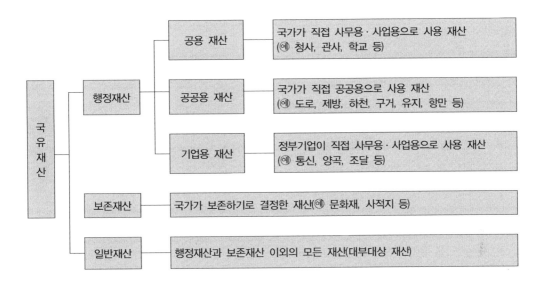

6. 국유재산의 관리기관

① 국유재산을 그 구분과 종류에 따라 관리 · 처분하는 기관

② 구분

- 총괄청(기획재정부) : 국유재산의 관리제도 및 정책담당
- 관리청(55개 중앙관서) : 소관 행정재산 및 보존재산을 관리
- 지자체(234개 시 · 군 · 구) : 총괄청 소관 일반재산과 관리청 소관 행정 · 보존 · 일반재산의 일부를 위임받아 관리

③ 일반재산의 관리 · 처분기관

원칙적으로 일반재산은 총괄청이 관리 · 처분하고 예외적으로 관리청에서 직접 관리 · 처분한다.

7. 관리 · 처분의 의의

(1) 협의의 관리

유지 · 보존 · 운용하는 행위로서 현상유지, 보수 · 권리확보, 대장관리, 실태파악, 사용허가, 대부 등을 말한다.

(2) 취득

1) 취득 기준

국유재산은 정부예산에 계상된 범위 내에서 매입할 수 있으며, 다음의 토지를 우선 매입한다.

- 국가행정목적 수행에 필요하거나 장차 필요한 토지
- 새로운 개발예정지역의 토지
- 국유재산의 집단화가 이루어질 수 있는 토지
- 생산목적에 직접 사용되지 않는 유휴지
- 기존 국유재산의 가치증대를 위하여 필요한 토지
- 기부채납, 예산에 의한 국유건물의 신축·증축, 국유재산신탁에 따른 수익권의 취득 등 모든 국유재산의 취득은 관리계획에 계상하여야 한다.
- 관리청은 국가에 기부하고자 하는 재산이 국가가 관리하기에 곤란하거나 필요하지 아니한 경우 또는 기부에 조건이 수반되는 것인 경우에는 이를 채납하여서는 아니 된다.

8. 국유재산의 취득

(1) 의의

취득이란 재산의 증가를 의미하는 것으로서 취득방법에는 매입, 신축, 교환, 관리환, 수용, 기부채납, 무상귀속 등의 방법이 있다.

권리자의 명의는 "국"으로 하되 관리청 명칭을 첨기하여야 한다.

(2) 매입

국유재산의 매입이라 함은 유상계약에 의하여 국가가 대금을 지급하고 재산을 신규로 취득하는 것을 말한다.

(3) 매수가액 결정

매수보상가액은 2개 감정평가업자가 감정 평가한 가액을 산술평균한 금액으로 한다.

9. 잔지매수

(1) 의의

잔지 또는 잔여지라 함은 사유지인 일단의 토지 일부를 공공요지로 취득함에 따라 잔여토지가 면적, 위치, 형태, 성질 등으로 보아 활용 불가한 토지를 말한다.

(2) 잔지의 유형

관리규정이 정한 잔지의 유형은 아래와 같다.

① 당해지역의 건축최소면적에 미달하는 토지로서 매수 당시의 사용목적대로 사용 불가한 경우와 건축최소면적을 초과하더라도 그 위치, 형태로 보아 건축이 불가한 토지

② 매수 당시 경작목적에 사용한 토지로서 잔여부분이 좁고 긴 모양으로 되어 있어 농경지로 계속 사용 불가한 형태의 토지

③ 기타 재산관리관이 재산의 입지 여건상 매입이 불가피하다고 인정한 토지의 잔여지는 소유자의 요구에 의하여 매수하되, 현지 여건을 확인 후 매입한다.

10. 기사용 민유지

기사용 민유지는 현재 국유지로 사용하고 있는 토지 중 대가를 지급하지 아니한 사유지를 말하며, 미사용 민유지는 국가시설물 공사 시 소유자가 불분명하거나 상속이 되지 아니한 사유 등으로 매입하지 못한 경우 등이다.

11. 관리환

관리환은 각 관리청 간에 국유재산의 소관을 이관하는 것, 즉 재산의 관리권 및 처분권을 이관하는 것을 말한다.

12. 일반재산의 대부

- 법률의 규정에 의하여 국가가 국가 이외의 자에 대하여 사법상의 계약을 체결하여 사용 · 수익하게 하는 것
- 민법상의 임대차와 유사한 것이며, 일반재산의 임대를 지칭함

(1) 대부방법

- 원칙 : 공개경쟁입찰방식을 원칙으로 하고 예외로 수의계약방식에 의한다.
- 주거용으로 대부하는 경우
  - ① 경작의 목적으로 실경작자에게 대부하는 경우
  - ② 2회에 걸쳐 2인 이상의 유효한 입찰이 성립되지 아니한 경우
  - ③ 기타 법률 등의 규정에 의하여 대부하는 경우

(2) 대부계약 체결 절차

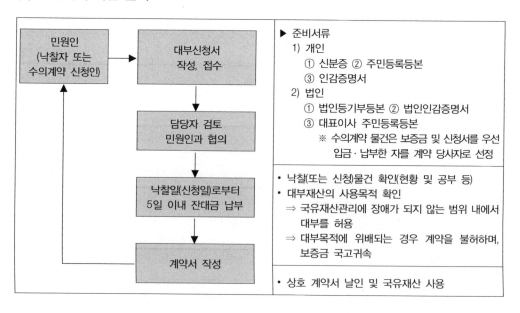

(3) 대부기간 및 대부료

1) 대부기간은 재산의 유형에 따라 결정

① 10년 이내 : 조림을 목적으로 하는 토지와 그 정착물

② 5년 이내 : 조림목적 이외의 토지와 그 정착물(상업·주가·경작용)

③ 1년 이내 : 기타의 물건

2) 대부료 산정 : 연간대부료 = 재산가액 × 사용료율

재산가액	사용료율
• 토지 : 당해연도 개별공지시가 • 건물 : 1개 감정평가법인의 평가금액	• 주거용 : 1천분의 25 이상 • 경작용 : 1천분의 10 이상 • 기타(상업용) : 1천분의 50 이상

3) 대부료 납부방법

연간대부료는 전액 선납하는 것이 원칙임(시행령 제27조제1항)

대부계약 체결 이후 연체 시 최고 연 15%의 연체료가 부과됨

4) 대부계약의 해지

다음의 경우에는 대부계약이 해지되니 유의하여야 한다.

① 대부료 연체 시

② 대부재산의 전대 또는 권리의 처분(관리청의 승인을 받은 경우 제외)

③ 대부목적의 변경

④ 대부재산의 원상변경

⑤ 국가가 공용·공공용으로 필요한 경우

(4) 대부계약 중 유의사항

① 계약내용을 준수하여야 하며, 대부받은 재산에 대하여 아무런 연고권을 주장할 수 없다.

② 대부재산의 보전을 장해야 하며, 재산관리 소홀로 손해 발생 시 배상 및 원상복구 의무가 있다.

③ 통상의 수선에 소요되는 비용 및 기타 승인을 받지 아니한 개보수로 인하여 발생한 비용 등은 청구하지 못한다.

④ 대부계약 해지를 원할 시 1개월 전에 신청하여야 한다.

(5) 국유재산 매각

① 국유재산은 재산의 위치, 규모, 형상, 용도 등으로 보아 매각하는 것이 유리하다고 판단되는 경우에 '관리계획 심의'를 거쳐 매각한다.

② 국유재산의 매각은 사법상의 계약이지만, 성격상 공법상의 제약이 있다.

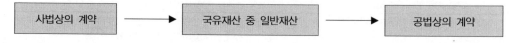

| 사법상의 계약 | → | 국유재산 중 일반재산 | → | 공법상의 계약 |

(6) 매각방법

공개경쟁입찰방식을 원칙으로 하고 예외로 수의계약을 한다.

■ **수의계약대상**

① 국가지분면적이 특별시 : 500㎡, 기타 시 : 700㎡, 기타 : 1,000㎡ 이하의 토지를 공유지분권자에게 매각할 때

② 2회에 걸쳐 입찰이 성립되지 아니할 경우(유찰된 경우)

③ 좁고 긴 모양으로 되어 있으며 폭이 5m 이하로서 국유지 이외의 토지와 합필이 불가피한 토지

④ 좁고 긴 모양으로 되어 있는 폐도, 폐구거, 폐하천으로서 인접 사유토지와 합필이 불가피한 토지

⑤ 농업진흥지역 안의 농지로서 10,000㎡ 이하의 범위 안에서 동일인이 5년 이상 계속 경작한 실경작자에게 매각하는 경우

⑥ 일단의 토지면적이 시지역에서는 1,000㎡, 시 이외의 지역은 2,000㎡ 이하로서 1989.01.24. 이전부터 국유 외 건물이 있는 토지

⑦ 건축법 제49조제1항의 규정에 의한 최소분할면적에 미달하는 일단의 토지로서 그 경계선의 2분의 1 이상 사유토지와 접하여 있는 경우

13. 국유재산 매수신청

(1) 국유재산 매입 · 불하 신청

국유재산은 일반재산에 한하여 매입할 수 있으며 대상에 따라 불하받을 수도 있다. 불하대상은 국 · 공유지의 매각 대상은 1981년 4월 30일 이전부터 사유건물 또는 특정 건축물 정리에 관한 특별조치법에 의거, 준공인가 필한 건물로서 점유 또는 사용하고 있는 국유지나 사유지 · 구유지(일반재산)를 그 사유건물 소유자에게 매각하는 것으로 매각금액은 시가(감정평가액)를 참작하여 결정한다.

(2) 불하 · 매수 희망자의 준비사항

① 신청서 1통

② 토지대장등본 2통

③ 토지이용계획확인원 2통

④ 토지등기부등본 1통

⑤ 건물대장등본 1통 또는 무허가건물확인서 1통

⑥ 지적현황확인도 1통

⑦ 점용허가증 및 최종납부영수증(용도 폐지한 재산에 한함)

- **기타 관련 서류**

  별도 제출 등의 서류를 구비하여 시청 시민과나 소재지 관할 구청 시민봉사실에 신청하면 되고, 부동산 등기 신청을 대신할 대리인을 선정, 위임장 2통과 매도 증서, 매매 계약서 1통을 갖추어 신청하면 매각대금 완납 즉시 매도증서와 위임장을 교부하여 준다.

(3) 제출처 및 처리기간

제출처	처리기간	처리부서
민원봉사과	5일	재무과(서울시의 경우 관제과)

(4) 행정기관의 처리기준

매각대상 토지는 국유재산 중 일반재산이며, 현장조사 사항으로는

① 신청서 기재사실 상위 유무 확인

② 재산상태와 인접지와의 분쟁 유무 확인

(5) 매각기준 검토(당해연도 국유재산 관리계획상의 매각조건 준용)

① 일반적인 매각기준 : 보존 부적합 재산의 매각기준, 법규에 의한 매각기준, 공공
목적의 매각기준

② 매각의 제한사항 등

(6) 국유재산의 매각절차

① 등기부상의 소유자 확인(국 : 소유자가 대한민국이라는 표시)

② 소관청 : 기획재정부(관리청이 기재부라는 표시)

③ 행정재산의 경우 소유자와 소관청을 확인한 후 소관청(기획재정부, 국토교통부
등)에 매수신청 전에 해당 부서에 용도폐지절차를 먼저 거쳐야 한다.

④ 공유자도 위 국유지와 거의 같은 순서를 거친다.

⑤ 매수신청 및 업무의 흐름도

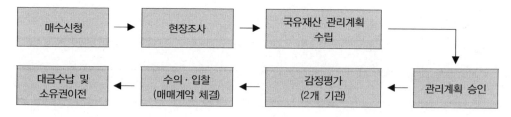

CHAPTER

10

배당(配當)

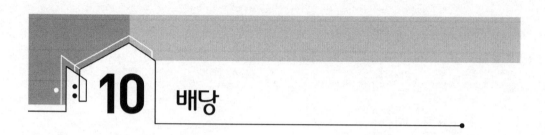

10 배당

I 배당의 개념

배당이란 목적 부동산의 경매절차로 인한 매각대금으로써 채권자의 채권변제에 충당하는 절차이다. 그러나 매각대금보다 채권자의 채권총액이 더 많아서 채권자들의 채권을 만족시키지 못할 경우에는 법률에 의하여 순위를 정하고 그 순위에 따라 배당을 하게 된다. 매수자가 매각대금을 납입하면 여타 배당할 재원과 함께 모아 채권자들에게 변제해야 한다. 이 배당할 재원으로 각 채권자의 채권을 모두 만족시키기에 충분한 경우에 법원은 각 채권자에게 채권액을 변제하고 잔액이 있으면 채무자에게 교부하게 된다.

그러나 대부분의 경우 변제받을 채권자가 경합되어 배당할 재원으로 채권자들의 채권을 만족시키기에 불충분한 때가 대부분이므로 법원은 민법, 상법과 특별법 등에 의하여 각 채권자에게 그 우선순위에 따라 순위를 배정하여 안분배당한다.

II 배당의 순위 및 절차

1. 배당요구와 배당순위

(1) 배당요구

○ 배당요구의 종기결정 및 공고(민사집행법 제84조)

① 경매개시결정에 따른 압류의 효력이 생긴 때(그 경매개시결정 전에 다른 경매개시결정이 있는 경우를 제외한다)에는 집행법원은 절차에 필요한 기간을 감안하여 배당요구를 할 수 있는 종기(終期)를 첫 매각기일 이전으로 정한다.

② 배당요구의 종기가 정하여진 때에는 법원은 경매개시결정을 한 취지 및 배당요구의 종기를 공고하고, 제91조제4항 단서의 전세권자 및 법원에 알려진 제88조제1항의 채권자에게 이를 고지하여야 한다.

③ 제1항의 배당요구의 종기결정 및 제2항의 공고는 경매개시결정에 따른 압류의 효력이 생긴 때부터 1주 이내에 하여야 한다.

④ 법원사무관 등은 제148조제3호 및 제4호의 채권자 및 조세, 그 밖의 공과금을 주관하는 공공기관에 대하여 채권의 유무, 그 원인 및 액수(원금·이자·비용, 그 밖의 부대채권(附帶債權)을 포함한다)를 배당요구의 종기까지 법원에 신고하도록 최고하여야 한다.

⑤ 제148조제3호 및 제4호의 채권자가 제4항의 최고에 대한 신고를 하지 아니한 때에는 그 채권자의 채권액은 등기사항증명서 등 집행기록에 있는 서류와 증빙(證憑)에 따라 계산한다. 이 경우 다시 채권액을 추가하지 못한다.

⑥ 법원은 특별히 필요하다고 인정하는 경우에는 배당요구의 종기를 연기할 수 있다.

⑦ 제6항의 경우에는 제2항 및 제4항의 규정을 준용한다. 다만, 이미 배당요구 또는 채권신고를 한 사람에 대하여는 같은 항의 고지 또는 최고를 하지 아니한다.

○ **배당요구(제88조)**

① 집행력 있는 정본을 가진 채권자, 경매개시결정이 등기된 뒤에 가압류를 한 채권자, 민법·상법, 그 밖의 법률에 의하여 우선변제청구권이 있는 채권자는 배당요구를 할 수 있다.

② 배당요구에 따라 매수인이 인수하여야 할 부담이 바뀌는 경우 배당요구를 한 채권자는 배당요구의 종기가 지난 뒤에 이를 철회하지 못한다.

매각기일에 최고가매수인이 선정되면 약 한 달 안으로 잔금납부하게 된다. 그러면 약 한 달 정도에 배당기일 날짜가 정해져서 권리의 순위에 따라 이해관계인들에게 배당금을 나누어준다. 이때 '배당요구 없이도 당연히 배당에 참가할 수 있는 권리자'와 '배당요구를 해야 배당에 참여할 수 있는 권리자'가 있다.

(2) 배당요구의 의의

'배당요구'는 다음과 같다.

1) 당연배당권자(배당요구 없이도 배당참가가 가능한 권리자들)

① 경매신청채권자

② 이중경매신청채권자

③ 경매신청기입등기 전에 등기된 저당권자, 후순위전세권, 등기된 임차권자,[1] 가압류권자, 압류 등기된 국세, 지방세 교부청구권자 등

2) 배당요구권자(배당요구를 해야만 배당받는 권리자들)

① 집행력 있는 정본을 가진 자

② 주택임차인, 선순위전세권자, 상가임차인(사업자등록증, 확정일자)들

---

1) 첫 경매개시결정 등기 전에 임차권등기를 경료한 임차인은 별도의 배당요구가 없어도 당연히 배당을 받는 채권자에 해당한다(대법원 2005다330**). 원래 주택임대차보호법상의 임차인은 대표적인 배당요구 채권자이다. 즉, 배당요구를 하지 않으면 배당을 받을 수 없고 배당이의조차 할 수 없는 지위에 있는 것이다. 그러나 임차인이 임차권등기명령제도를 통하여 등기를 마친 경우에는 담보권자에 준하여 배당요구가 필요 없는 채권자가 되는지 여부가 문제되었다. 이에 대상판결에서는 임차권 등기 자체의 담보적 기능에 착안하여 임차권 등기가 경매개시결정 전에 경료된 경우에는 보통의 담보권자와 동일하게 배당요구가 필요하지 않은 채권자로 분류하여 임차인에 대한 보호를 한 층 더 강화하였다. : http://legalinsight.co.kr/archives/69936 권형필 변호사, [판례 해설], 2019.11.8.

③ 민법, 상법 기타 법률에 의하여 우선변제권자

④ 임금채권자

⑤ 국세, 지방세 등의 교부청구권자

⑥ 경매신청기입등기 후의 가압류권자와 담보권자

※ 경매법원에서 배당신청송달통지서가 도달하면, 배당요구종기일까지 배당요구를 신청해야 배당에 참가할 수 있다.

3) 배당요구신청과 방법 그리고 서류

① 배당요구권리자들은 배당종기일까지 채권의 원인과 채권계산서를 서면에 의하여 집행법원에 제출해야 한다.

② 배당요구권리자의 서류

- 주택, 상가임차인 : 임대차계약서(사본), 주민등록증
- 임금채권 : 급여명세서(회사, 감독관청)
- 집행력 있는 정본을 가진 채권자 : 집행력 있는 정본
- 경매신청기입등기 후의 가압류권자 : 가압류등기가 된 등기부등본

4) 공동담보물건의 배당

① 동시배당(同時配當)

동시배당이라 함은 공동저당의 목적물 전부를 한꺼번에 경매한 경우 그 매각대금을 각 채권자에게 동시에 배당해 주는 것을 말한다.

② 이시배당(異時配當)

이시배당이라 함은 공동담보 목적물 전부가 한꺼번에 매각되지 않았을 경우 매각되는 순서대로 시간의 간격을 두고 배당하는 것을 말한다.

5) 법원경매 배당 순위

아래에 제공하는 "배당순위 일람표"는 본 저자들이 강학상 편의를 위해 조작한 내용이므로, 실제 경·공매를 위한 철저한 분석이 필요한 경우에는 개별·특별법에 규정된 법조문을 철저히 분석할 필요가 있음에 유의하여야 한다.

※ 배당순위 일람표	
순위	**내용**
공제비용	경매집행비용(집행관의 현황 조사비용, 인지대, 감정평가비용, 신문광고비용, 경매수수료, 인지대, 등록세, 교육세, 송달료, 신문공고료, 유찰수수료 등) 유익비(임차인 등이 임대인 등의 동의하에 목적물의 가액을 증대시킨 돈), 필요비(현상유지를 위한 수선비 등)
0순위	• 근로기준상 최종 3개월분의 임금, 재해보상금 • 근로자퇴직급여보장법상 최종 3년간의 퇴직금 • 주택임대차보호법/상가건물임대차보호법상 소액보증금에 해당하는 자의 보증금 중 일정액
1순위	※ 당해세 : 조세채권 중 경공매 대상 목적물, 즉 매각대상이 되는 당해 부동산에 대하여 직접 부과된 조세(국세 및 지방세와 그 가산금)를 말한다. 당해세에 대해서는 국가예산의 원활한 확보를 목적으로 우선징수권을 법적으로 보장한 것임 ① 국세 : 종합부동산세, 상속세, 증여세, (종전)자산재평가세, 토지초과이득세 ② 지방세 : 재산세, 자동차세, (종전)종합토지세, 도시계획세, 공동시설세 　　취득세와 등록세는 헌법재판소의 결정으로 '94. 8. 31.부터 제외됨
2 순위	각종 담보물권(저당권, 가등기담보권), 용익물권(지상권, 지역권, 전세권), 등기된 임차권, 국세의 법정기일 또는 지방세의 과세기준일, 납세의무일 전에 설정 등기된 저당권에 의하여 담보되는 채권 ※ 법정기일 : 징수권자가 일방적으로 보통징수/정부부과함으로써 확정되는 조세는 부과고지서 발송일이고, 납세의무자가 신고납부/납세로써 확정되는 조세는 신고일을 의미 법정기일 후에 설정된 근저당권 등의 담보권 임금채권, 일반 국세 및 지방세, 가압류 채권 등 다른 순위 이외의 대부분의 채권 및 물권
3순위	공과금(4대 보험료, 전기료, 수도료 등 특별법에서 인정된 공공단체에서 부과된 금정 납부의무)
4순위	집행권원(판결문, 각종 조서, 지급명령, 공정증서) 지불증, 지불각서, 현금보관증 등

※ 일반적인 배당순위는 위와 같으나, 구체적인 배당순위 및 배당금액은 배당표 작성이 완료된 후에 알 수 있으며, 배당이의가 있을 때는 '배당이의 소'나 '부당이득금반환 청구 소송'을 통해 해결할 수밖에 없다. 최고가매각대금에서 집행비용을 공제한 나머지 금액이 '배당금액'이 되며 각 채권자는 민법, 상법 기타 법률의 규정에 의한 우선순위에 따라 배당받으나, 동일 순위의 채권자가 다수인 때에는 같은 번호로 표시되어 안분(按分)배당한다.

※ 배당이란 법원이 경매부동산의 채권자들에게 일정한 기준에 의하여 매각금액을 나누어주는 것을 말한다. 잔금대금 납부 후 약 한 달 후에 배당기일이 정해진다.

2. 배당 절차

(1) 법원

배당기일 지정, 채권자에게 배당기일 통지, 채권계산서 제출 최고

(2) 채권자

채권계산서 제출

(3) 법원 : 배당표 작성, 열람 제공

(4) 배당기일

배당표에 대한 채권자들의 동의 절차, 불출석한 채권자는 배당에 동의한 것으로 본다.

(5) 배당이의

배당표에 이의 있는 채권자가 이의를 제기하는 경우에는 관계인의 협의를 거쳐 배당하며, 협의가 되지 않는 경우에는 이의 없는 부분만 우선 배당하고 이의 있는 부분은 미확정으로 남는다.

- 형식상(절차상) 사유에 의한 이의
  - 이의사유 : 배당표의 작성방법이나 배당실시절차의 위법
  - 이의절차 : 집행에 관한 이의(민사집행법 제16조)
- 실체상 사유에 의한 이의
  - 이의사유 : 채권자의 채권 자체에 관한 사정(즉, 채권의 존부, 범위, 순위)
  - 이의절차 : 배당이의의 소(민사집행법 제154조)

(6) 배당이의의 소제기

배당이의를 신청한 채권자는 배당이 미확정된 경우에 배당일로부터 7일 이내에 배당실시 법원의 단독판사에게 배당이의의 소를 제기하고 배당법원에 소제기증명서를 제출하여야 한다. 이 소제기증명서를 제출하지 않으면 최초의 배당표대로 배당이 확정된다. 채권자가 이 소를 취하하거나 채권자가 최초 기일에 출석하지 않아 소가 취하 의제된 경우에도 같다.

1) 배당요구

배당요구를 해야 하는 자는 배당요구종기일까지 배당요구를 하고, 채권계산서를 제출함으로써 배당받을 자의 범위가 정해진다. 매수자가 잔금완납을 하면 법원은 3일 내에 대금납부일로부터 2주 이내로 배당기일을 잡아 날짜를 지정한 후 배당기일 3일

전까지 도달할 수 있도록 배당받을 사람들에게 배당기일 소환장을 발송한다. 이 배당 기일 소환장에는 채권계산서(이것은 경매기일 후 배당기일 사이 채권의 소멸과 감소 여부를 주로 확인하는 목적임)를 제출할 것을 부기한다. 배당기일 소환장에 의하여 배 당에 참여할 모든 채권자가 법원에서 미리 작성해 놓은 배당표에 이의가 있어 이의를 제기해도 상호합의로 조정하거나, 이의신청이 없으면 배당표의 내용대로 배당을 실시 한다. 배당이의신청을 했더라도 배당이의의 소를 제기하거나, 소송은 제기하였으나 소제기 증명을 배당기일로부터 7일 이내에 제출하지 아니하면 배당이의의 효력은 상 실되어 배당이 확정되어 종전의 배당표대로 배당되게 된다.

배당이의가 배당기일에 완결되지 아니하면 그 이의의 대상인 부분은 배당실시가 유보된다. 이의신청 채권자가 배당이의의 소를 제기하고 배당기일로부터 7일 내에 소 제기를 법원에 증명하면 그 부분의 배당액을 공탁한다(소송제기 없으면 배당표대로 배당 실시). 원칙적으로 채권자 간에는 채권액에 비례하는 비율로 배당금을 나누어 배 당하지만, 우선권 있는 채권자가 존재하는 경우에는 그 채권자의 채권 전액을 우선적 으로 배당하고 남는 금액으로 나머지 채권자에게 배당한다.

2) 배당기준

원칙적으로 채권자 간에는 채권액에 비례하는 비율로 배당금 총액을 나누어서 배 당한다. 그러나 우선권 있는 채권자가 있는 경우에는 그 채권자의 채권 전액을 우선 배당하고 남는 금액으로 나머지 채권자에게 배당한다. 배당에 참가할 수 있는 채권자 는 압류채권자(강제집행을 신청한 채권자), 가압류채권자, 담보물권자로 등기부나 등 록원부에 기재된 자, 제3채무자가 가압류·압류채권자로 신고한 자, 압류 후 배당요구 한 집행력 있는 정본을 소지한 채권자, 압류 후 권리신고한 가압류채권자이다. 이 중 에서 우선권 있는 채권자로 될 수 있는 자는 담보물권자(저당권자, 근저당권자, 전세 권자, 질권자, 권리질권자, 가등기담보권자, 양도담보권자)와 법률에 의해 우선권 있는 채권자(일정 기간에 대한 임금채권자, 선박우선특권자 등)와 교부 청구한 국가, 지방 자치단체이다. 부동산경매의 경우에는 소액임차인과 확정일자 있는 임차인도 우선권 자가 된다.

3) 배당절차

① 의의 : 배당절차란 매각대금을 채권자들에게 교부(변제)하는 절차를 말한다.

○ 매각대금의 배당(법 제145조)

① 매각대금이 지급되면 법원은 배당절차를 밟아야 한다.

② 매각대금으로 배당에 참가한 모든 채권자를 만족하게 할 수 없는 때에는 법원은 민법·상법, 그 밖의 법률에 의한 우선순위에 따라 배당하여야 한다.

○ 배당기일(제146조)

매수인이 매각대금을 지급하면 법원은 배당에 관한 진술 및 배당을 실시할 기일을 정하고 이해관계인과 배당을 요구한 채권자에게 이를 통지하여야 한다. 다만, 채무자가 외국에 있거나 있는 곳이 분명하지 아니한 때에는 통지하지 아니한다.

○ 배당할 금액 등(제147조)

① 배당할 금액은 다음 각호에 규정한 금액으로 한다.

1. 대금

2. 제138조제3항 및 제142조제4항의 경우에는 대금지급기한이 지난 뒤부터 대금의 지급·충당까지의 지연이자

3. 제130조제6항의 보증(제130조제8항에 따라 준용되는 경우를 포함한다.)

4. 제130조제7항 본문의 보증 가운데 항고인이 돌려줄 것을 요구하지 못하는 금액 또는 제130조제7항 단서의 규정에 따라 항고인이 낸 금액(각각 제130조제8항에 따라 준용되는 경우를 포함한다.)

5. 제138조제4항의 규정에 의하여 매수인이 돌려줄 것을 요구할 수 없는 보증(보증이 금전 외의 방법으로 제공되어 있는 때에는 보증을 현금화하여 그 대금에서 비용을 뺀 금액)

② 제1항의 금액 가운데 채권자에게 배당하고 남은 금액이 있으면, 제1항제4호의 금액의 범위 안에서 제1항제4호의 보증 등을 제공한 사람에게 돌려준다.

③ 제1항의 금액 가운데 채권자에게 배당하고 남은 금액으로 제1항제4호의 보증 등을 돌려주기 부족한 경우로서 그 보증 등을 제공한 사람이 여럿인 때에는 제1항제4호의 보증 등의 비율에 따라 나누어준다.

○ 배당받을 채권자의 범위(제148조)

배당할 금액을 배당받을 채권자는 다음에 규정된 사람으로 한다.

1. 배당요구의 종기까지 경매신청을 한 압류채권자

2. 배당요구의 종기까지 배당요구를 한 채권자

3. 첫 경매개시결정등기전에 등기된 가압류채권자

4. 저당권·전세권, 그 밖의 우선변제청구권으로서 첫 경매개시결정등기 전에 등기되었고 매각으로 소멸하는 것을 가진 채권자

○ 배당표의 확정(149조)

① 법원은 채권자와 채무자에게 보여주기 위하여 배당기일 3일 전에 배당표원안 (配當表原案)을 작성하여 법원에 비치하여야 한다.

② 법원은 출석한 이해관계인과 배당을 요구한 채권자를 심문하여 배당표를 확정하여야 한다.

○ 배당표의 기재 등(제150조)

① 배당표에는 매각대금, 채권자의 채권 원금, 이자, 비용, 배당의 순위와 배당의 비율을 적어야 한다.

② 출석한 이해관계인과 배당을 요구한 채권자가 합의한 때에는 이에 따라 배당표를 작성하여야 한다.

■지방법원 ■지원
배당기일통지서

사　　건

채 권 자

채 무 자

제3채무자

배당기일　　2013. 9. 26. 14:00 112호 경매법정

위와 같이 배당기일이 지정되었으니 이 법원에 출석하시기 바랍니다.

2013. 7. 29.

법원주사보　　　　　　　　　　　　　　　　　　　　| 직인생략 |

주의 : 1. 채권자는 송달받은 날로부터 7일 내에 귀하가 청구하는 채권의 원금, 이자, 비용 기타 부대채권의 계산서를 제출하시기 바랍니다.
2. 배당금을 수령하기 위해서는 다음의 서류 등을 지참하시기 바랍니다. 인감증명서는 발급일부터 3월 이내의 것을 제출하여야 합니다.
　　○ 채권자가 개인인 경우 : 인감증명 2통(용도 : 법원제출용), 인감도장, 주민등록증, 대리인이 출석할 때에는 위임장 및 위임자의 인감증명 각 2통, 위임받은 사람의 주민등록증
　　○ 채권자가 법인인 경우 : 법인인감증명 2통, 법인인감도장 또는 법인인감도장을 날인한 위임장 2부, 법인등기부등본 2통, 위임받은 자의 사원증사본이나 재직증명서, 신분증, 도장(대리인)
3. 가압류채권자는 집행권원이 있으면 집행력있는 집행권원 정본과 정본송달증명서를 첨부하여 배당금지급신청서를 제출하시기 바랍니다.
　　(가압류채권자는 집행권원이 없으면 배당금을 수령할 수 없습니다)
4. 채권자 및 대리인은 신분증 앞·뒷면을 복사해서 2통을 지참하시기 바랍니다.
5. 채무자는 송달받은 날부터 10일 이내에 주민등록번호(개인인 경우) 또는 사업자등록번호(법인인 경우)

▶ [배당 절차]

채권자 등의 경매법정에의 출석	
▼	
배당표 사본의 교부	
▼	
사법보좌관의 배당절차 진행 (1차 진행)	
▼	
〈이의 없는 경우〉 배당표의 확정 · 배당금 출급	• 사법보좌관 작성의 배당표에 대한 이의가 없으면 배당표는 확정되고 배당금 출급함
▼	
〈불복〉 판사의 배당절차 진행 (2차 진행)	• 사법보좌관 작성의 배당표에 대한 이의가 있으면 배당표는 불확정 • 이의가 있으면 사법보좌관은 이의사건을 판사에게 송부 • 2차로 판사가 배당표에 대한 이의절차를 진행
▼	
배당표의 경정(이해관계인이 이의를 정당하다고 인정한 경우 등)	• 이해관계인이 이의를 정당하다고 인정하거나 다른 방법으로 합의한 때에는 배당표를 경정하여 배당을 실시 • 배당표가 확정되었으므로 배당금 출급함
▼	
〈불복〉 이의한 배당금의 공탁	• 판사가 작성한 배당표에 대하여 이의가 있는 경우 이의가 없는 부분에 한하여 배당을 실시하고, 이의가 있는 부분은 배당이의의 소를 제기해야 함 • 이의가 있는 부분의 배당금은 공탁되고, 배당이의의 소결과에 따라 공탁금을 찾을 수 있음
▼	
배당이의의 소 진행	• 배당표에 대하여 이의를 한 자는 반드시 배당기일로부터 1주일 내에 배당이의의 소를 제기한 후 소제기증명원을 발급받아 법원경매계에 제출해야 함. 만일 위 기간 내 소제기증명원을 미제출할 시는 배당금이 공탁되지 않고 바로 출급됨

법원
배 당 표

타경		부동산임의경매		
배 당 할 금 액		금		
명 세	매 각 대 금	금		
	지 연 이 자	금		
	전 매 수 인 의 경 매 보 증 금	금		
	항 고 보 증 금	금		
	보 증 금 이 자	금		
집 행 비 용		금		
실 제 배 당 할 금 액		금		
매 각 부 동 산		별지와 같음		
채 권 자				
채 권 금 액	원 금			
	이 자			
	비 용			
	계			
배 당 순 위				
이 유				
채 권 최 고 액				
배 당 액				
잔 여 액				
배 당 비 율				
공 탁 번 호 (공 탁 일)		금제호 (. .)	금제호 (. .)	금제호 (. .)
채권자				
채 권 금 액	원 금			
	이 자			
	비 용			
	계			

III 배당 이의

□ 배당 이의

배당에 이의가 있는 자는 반드시 기일에 출석하여 진술하여야 한다.

○ 배당표에 대한 이의(제151조)

① 기일에 출석한 채무자는 채권자의 채권 또는 그 채권의 순위에 대하여 이의할 수 있다.

② 제1항의 규정에도 불구하고 채무자는 제149조제1항에 따라 법원에 배당표원안이 비치된 이후 배당기일이 끝날 때까지 채권자의 채권 또는 그 채권의 순위에 대하여 서면으로 이의할 수 있다.

③ 기일에 출석한 채권자는 자기의 이해에 관계되는 범위 안에서는 다른 채권자를 상대로 그의 채권 또는 그 채권의 순위에 대하여 이의할 수 있다.

○ 이의의 완결(제152조)

① 제151조의 이의에 관계된 채권자는 이에 대하여 진술하여야 한다.

② 관계인이 제151조의 이의를 정당하다고 인정하거나 다른 방법으로 합의한 때에는 이에 따라 배당표를 경정(更正)하여 배당을 실시하여야 한다.

③ 제151조의 이의가 완결되지 아니한 때에는 이의가 없는 부분에 한하여 배당을 실시하여야 한다.

○ 불출석한 채권자(제153조)

① 기일에 출석하지 아니한 채권자는 배당표와 같이 배당을 실시하는 데에 동의한 것으로 본다.

② 기일에 출석하지 아니한 채권자가 다른 채권자가 제기한 이의에 관계된 때에는 그 채권자는 이의를 정당하다고 인정하지 아니한 것으로 본다.

판례 해설

대법원 2011. 5. 26. 선고
2011다165** 판결

집행권원을 가진 채권자에 대하여
이의를 제기한 채무자가
기한 내에 필요 서류를 제출하지 않으면
집행법원은 당초 배당표대로
배당을 실시하여야 한다.

[참조 판례]

배당이의를 하지 않은 채권자의 다른 채권자에 대한 부당이득반환 청구 허용 여부
- 대법원 전원합의체 판결 선고 -

대법원은 2019.7. 전원합의체 판결에서, 「배당절차에 참가한 채권자가 배당기일에 출석하고도 이의하지 않아 배당표가 확정된 후에도 그 배당절차에서 배당금을 수령한 다른 채권자를 상대로 부당이득반환 청구를 할 수 있다」는 기존 대법원 판례의 입장을 유지(대법원 2019.7.18. 선고 2014다206983 판결, '대상판결').[2]

□ **배당이의의 소 등(제154조)**

▼ 의의 : '배당이의의 소'란 배당표에 대한 이의를 진술한 자가 그 이의를 관철하기 위하여 배당표의 변경을 구하는 소를 말한다.

▼ 관련 규정

① 집행력 있는 집행권원의 정본을 가지지 아니한 채권자(가압류채권자를 제외한다)에 대하여 이의한 채무자와 다른 채권자에 대하여 이의한 채권자는 배당이의의 소를 제기하여야 한다.

② 집행력 있는 집행권원의 정본을 가진 채권자에 대하여 이의한 채무자는 청구이의의 소를 제기하여야 한다.

③ 이의한 채권자나 채무자가 배당기일부터 1주 이내에 집행법원에 대하여 제1항의 소를 제기한 사실을 증명하는 서류를 제출하지 아니한 때 또는 제2항의 소를 제기한 사실을 증명하는 서류와 그 소에 관한 집행정지재판의 정본을 제출하지 아니한 때에는 이의가 취하된 것으로 본다.

---

2) https://m.lawtimes.co.kr/Content/Article?serial=155614

▼ 원고적격

배당기일에 배당표에 대한 실체상의 사유를 들어 이의를 한 채권자 또는 채무자

채권자는 반드시 배당기일에 출석하여 이의를 한 채권자(대법원 79다1846)만 원고 적격이 인정되므로 반드시 배당기일에 출석하여 이의를 하였는지 여부 조사

채무자는 배당기일에 출석하여 이의를 한 경우뿐 아니라 배당기일에 불출석하더라도 배당표원안이 비치된 이후에 배당기일이 끝날 때까지 서면으로 이의한 자(배당표원안은 배당기일 3일 전에 작성됨. 민사집행법 149조 제1항 참조)도 원고적격이 인정됨(민사집행법 제151조제1항 및 제2항 참조)

채무자는 집행력 있는 집행권원의 정본을 가지지 아니한 채권자에 대하여만 배당이의의 소제기가 가능(집행력 있는 집행권원의 정본을 소지한 채권자에 대하여는 청구이의 소를 제기하여야 함. 민사집행법 제154조제2항), 부동산 담보권 실행에 의한 경매의 경우에는 채무자에 소유자도 포함됨

원고가 위 '배당을 받을 수 있는 채권자'에 해당하는지도 조사

▼ 피고적격

배당이의의 상대방 채권자 또는 채무자로서 그 배당이 정당한 것으로 승인되지 않는 자. 즉, 배당이의에 의하여 자기에 대한 배당액(채무자의 경우에는 잉여금)이 줄어드는 자이므로 반드시 조사 시에는 배당표를 검토하여 누가 피고적격자인지를 특정하여야 함

▼ 요건사실

1) 이의방법 : 배당기일에 출석하여 이의
   - 채권자 : 반드시 배당기일에 출석하여 이의를 한 채권자
   - 채무자 : 배당기일에 출석하여 이의를 한 경우뿐만 아니라 배당기일에 불출석하더라도 배당표원안이 비치된 이후에 배당기일이 끝날 때까지 서면으로 이의한 자도 원고적격이 인정됨(민사집행법 제151조제1항 및 제2항)
2) 이의의 사유 및 대상 : 실체상의 사유(배당표의 작성, 확정 및 실시와 다른 채권자의 채권 또는 그 순위. 민사집행법 제151조제1항, 제3항)

- 배당이의의 사유는 채권의 존재에 대한 실체적 권리가 있고 이의의 결과 자기의 배당액이 증가되는 경우에 한함
- 우선권 있는 채권자(예, 저당권자)는 자기보다 후순위 채권자의 채권에 관하여 이의신청을 할 수 없고, 매각대금으로 모든 채권자를 만족시킬 수 있는 때에도 모든 채권자는 이의를 할 수 없음

▼ 배당이의의 소 제기

1) 집행력 있는 집행권원의 정본을 가지지 아니한 채권자(가압류채권자 제외)에 대하여 이의를 한 채무자와 다른 채권자에 대하여 이의한 채권자는 반드시 배당이의의 소송을 제기하여야 함(민사집행법 제154조제1항).

2) 배당이의의 소의 특칙

- 출소기간 : 이의한 채권자나 채무자는 배당기일로부터 1주일 이내에 집행법원에 배당이의의 소를 제기하여야 하며 위 소제기 사실을 증명하지 아니한 때에는 이의가 취하된 것으로 보기 때문에(민사집행법 제154조제3항) 반드시 배당이의 소제기 접수증명원을 받아 집행법원에 제출하여야 함
- 소취하 간주특칙 : 이의한 사람이 배당이의의 소의 첫 변론기일에 출석하지 아니한 때에는 소를 취하한 것으로 간주됨(민사집행법 제158조)[3]

---

3) 가. 배당기일에 이의한 사람이 배당이의의 소의 첫 변론기일에 출석하지 아니한 때에는 소를 취하한 것으로 보도록 한 민사집행법 제158조(이하 '이 사건 조항'이라 한다)가 이의한 사람의 재판청구권을 침해하는지 여부(소극) 나. 이 사건 조항이 이의한 사람을 그 상대방 또는 민사집행법 제154조제2항의 청구이의의 소의 원고에 비하여 합리적인 이유 없이 차별하여 평등의 원칙에 위배되는지 여부(소극) 다. 이 사건 조항이 이의한 사람의 재산권을 침해하는지 여부(소극) 배당이의의 소가 취하 간주되는 경우 배당이의한 사람은 가사 이의를 제기한 부분에 관하여 적법한 배당채권 및 배당순위를 갖추고 있더라도 매각대금으로부터는 배당을 받지 못하게 되나, 그 경우에도 이의한 사람의 실체법상 채권이 소멸하거나 제한되는 것은 아니므로 현실적으로 이의의 상대방을 상대로 별도로 부당이득반환청구의 소를 제기하여야 한다거나 상대방의 무자력 등을 이유로 실제로 그 이득액을 반환받지 못하게 될 가능성이 있다고 하더라도 이는 사실상의 불이익에 불과하고 이의한 사람의 재산권 침해의 문제가 발생하는 것은 아니다. 헌재 2005.3.31. 2003헌바92합헌).

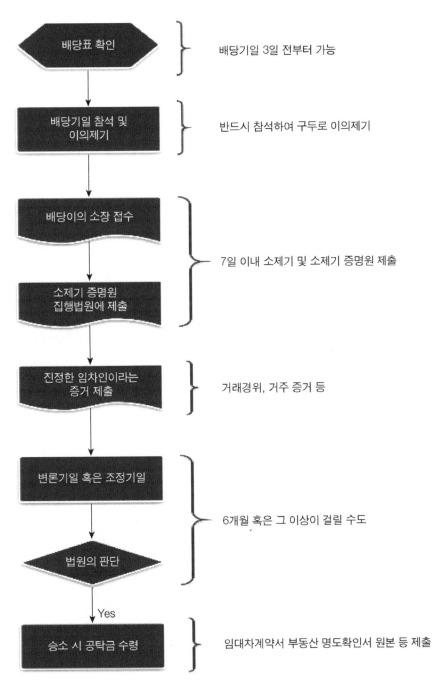

배당표 확인 — 배당기일 3일 전부터 가능

배당기일 참석 및 이의제기 — 반드시 참석하여 구두로 이의제기

배당이의 소장 접수

소제기 증명원 집행법원에 제출

7일 이내 소제기 및 소제기 증명원 제출

진정한 임차인이라는 증거 제출 — 거래경위, 거주 증거 등

변론기일 혹은 조정기일

법원의 판단

6개월 혹은 그 이상이 걸릴 수도

Yes

승소 시 공탁금 수령 — 임대차계약서 부동산 명도확인서 원본 등 제출

▶ **임차인의 배당이의 소송 흐름도**[4]

---

4) http://www.sdhlawoffice.com/collection...

◈ 배당이의를 안 했어도 부당이득반환청구는 가능

부당이득반환청구는 배당에 대한 이의를 했는지와 무관하고, 배당요구를 했는지와 관련이 있다. 배당요구를 하여야만 배당절차에 참여할 수 있는 채권자가 배당요구를 하지 않으면 부당이득이 성립되지 않는다. 임차보증금 채권은 배당요구를 하여야만 하는 채권이기 때문에 배당요구를 하지 않았다면 부당이득반환청구 소송을 하더라도 패소할 것이다.

패소 시 다른 소송(부당이득반환청구)이 가능한가에 대하여 살펴보면, 배당이의의 소의 본안판결이 확정되면 이의가 있었던 배당액에 대한 권리에 대하여는 기판력이 생기므로, 후소를 제기하더라도 무조건 기각되어 버릴 것으로 보는 것이 일반적이다.

> **참조 관련판례**
>
> 배당이의의 소의 취하간주를 규정한 민사집행법 제158조의 '첫 변론기일'에 '첫 변론준비기일'이 포함되지 않음(대법원 2006.11.10. 선고 2005다41856 판결)
> 따라서 배당이의의 소송에서 첫 변론준비기일에 출석한 원고라고 하더라도 첫 변론기일에 불출석하면 민사집행법 제158조에 따라서 소를 취하한 것으로 볼 수밖에 없음(대법원 2007.10.25. 선고 2007다34876 판결)

3) 구체적인 사례

우선변제 임금채권자임에도 불구하고 배당에서 제외한 경우 근로기준법상 우선변제 임금 등 채권자임에도 불구하고 배당법원에서 이를 간과하고 배당을 한 경우 지방고용노동관서 발행의 체불임금등사업주확인서 및 근로자 소명자료(건강보험자격득실확인서 등)를 제출하여 이를 다투고, 배당법원이 근로자여부에 대한 소명자료가 부족하다는 이유로 배당에서 제외하였다면 지방고용노동관서 발행의 체불임금등사업주확인서, 당해 검찰청 발행의 약식명령등본이나 형사판결문등본, 민사판결문등본 등을 제출하여 배당이의의 소를 제기

참조 관련판례

근로복지공단이 임금채권보장법에 따라 근로자에게 최우선변제권이 있는 최종 3개월분의 임금과 최종 3년분의 퇴직금 중 일부를 체당금으로 지급하고 그에 해당하는 근로자의 임금 등 채권을 배당절차에서 대위행사하는 경우, 최우선변제권이 있는 근로자의 나머지 임금 등 채권이 근로복지공단이 대위하는 채권보다 우선함(대법원 2008다13623 판결)

우선변제권 있는 임차인임에도 배당에서 제외된 경우 배당법원에 주민등록등본, 확정일자 임대차계약서를 제출하여 이를 다투고, 배당법원에서 가장임차인(임대인의 친척 등)이라 하여 배당에서 제외한 경우에 임대차보증금을 지급한 자료가 없으면 이를 알고 있는 증인의 증언 및 인우인 보증 등의 방법으로 입증한다.

순환배당의 경우 배당표 작성 시 오류가 있을 수 있으므로 주의 요망

4) 배당이의의 소의 피고인 경우 항변사유 및 방법
- 원고가 우선변제권자임을 주장하는 경우 : 우선변제권자가 아님을 항변
- 임금채권의 경우 : 최종 3개월분 임금 및 3년치 퇴직금에 포함되지 않는 일반채권임을 항변
- 소액임차인의 경우 : 주택임대차보호법상 우선변제요건인 주민등록유지요건 또는 점유요건 흠결을 항변
- 원고가 피고의 우선변제권을 다투는 경우 : 피고가 우선변제권자임을 항변
- 가장임차인이라고 주장하는 경우 : 실제 주택임대차계약을 체결하고 실제로 거주했음을 항변. 이 경우 무통장입금증 등 임차보증금을 실제로 수수한 증거자료, 실거주인우보증서 등을 입증자료로 활용
- 근로자가 아니라고 주장하는 경우 : 근로자 소명자료 확보하여 근로자임을 항변

5) 배당이의의 소와 부당이득반환청구의 소와의 관계

배당이의를 하지 않은 채권자도 배당을 받은 자를 상대로 부당이득반환청구 가능함(대법원 99다26948)

다만, 적법한 배당요구를 하지 아니하여 배당에서 제외된 경우 부당이득반환청구는 불가능함(대법원 98다12379) 즉, 배당받은 채권자를 상대로 부당이득을 청구할 수 있는 채권자는 적어도 민사집행법 제148조의 '배당받을 채권자'의 범위에는 해당되어야 함

배당이의의 소에서 패소가 확정되면 기판력에 의하여 부당이득반환청구소송을 할 수 없음(대법원 99다3501)

배당이의 진술 후 1주일을 도과하여 배당이의 소를 제기한 경우나 소제기증명서를 소정기간 경과 후에 제출한 경우에도 배당이의의 소를 각하할 것이 아니라 부당이득반환청구의 소로 변경이 가능하다는 학설이 있음

6) 관할법원 : 배당을 실시한 집행법원이 속한 지방법원(민사집행법 제156조), 전속관할

7) 입증방법

- 부동산등기사항증명서
- 배당표
- 임차인인 경우
- 임대차계약서
- 주민등록등본
- 통장사본, 수표번호(임차인이 보증금을 지급한 경우)
- 집전화, 케이블TV, 상하수도, 전기, 도시가스 등 공과금 요금청구서
- 임금근로자의 경우
- 체불임금등사업주확인서
- 형사판결등본
- 근로자 소명자료

○ 이의한 사람 등의 우선권 주장(제155조)

이의한 채권자가 제154조제3항의 기간을 지키지 아니한 경우에도 배당표에 따른 배당을 받은 채권자에 대하여 소로 우선권 및 그 밖의 권리를 행사하는 데 영향을 미치지 아니한다.

○ 배당이의의 소의 관할(제156조)

① 제154조제1항의 배당이의의 소는 배당을 실시한 집행법원이 속한 지방법원의 관할로 한다. 다만, 소송물이 단독판사의 관할에 속하지 아니할 경우에는 지방법원의 합의부가 이를 관할한다.

② 여러 개의 배당이의의 소가 제기된 경우에 한 개의 소를 합의부가 관할하는 때에는 그 밖의 소도 함께 관할한다.

③ 이의한 사람과 상대방이 이의에 관하여 단독판사의 재판을 받을 것을 합의한 경우에는 제1항 단서와 제2항의 규정을 적용하지 아니한다.

○ 배당이의의 소의 판결(제157조)

배당이의의 소에 대한 판결에서는 배당액에 대한 다툼이 있는 부분에 관하여 배당을 받을 채권자와 그 액수를 정하여야 한다. 이를 정하는 것이 적당하지 아니하다고 인정한 때에는 판결에서 배당표를 다시 만들고 다른 배당절차를 밟도록 명하여야 한다.

○ 배당이의의 소의 취하간주(제158조)

이의한 사람이 배당이의의 소의 첫 변론기일에 출석하지 아니한 때에는 소를 취하한 것으로 본다.

○ 배당실시절차 · 배당조서(제159조)

① 법원은 배당표에 따라 제2항 및 제3항에 규정된 절차에 의하여 배당을 실시하여야 한다.

② 채권 전부의 배당을 받을 채권자에게는 배당액지급증을 교부하는 동시에 그가 가진 집행력 있는 정본 또는 채권증서를 받아 채무자에게 교부하여야 한다.

③ 채권 일부의 배당을 받을 채권자에게는 집행력 있는 정본 또는 채권증서를 제출하게 한 뒤 배당액을 적어서 돌려주고 배당액지급증을 교부하는 동시에 영수증을 받아 채무자에게 교부하여야 한다.

④ 제1항 내지 제3항의 배당실시절차는 조서에 명확히 적어야 한다.

○ 배당금액의 공탁(제160조)

① 배당을 받아야 할 채권자의 채권에 대하여 다음 각호 가운데 어느 하나의 사유가 있으면 그에 대한 배당액을 공탁하여야 한다.

1. 채권에 정지조건 또는 불확정기한이 붙어 있는 때

2. 가압류채권자의 채권인 때

3. 제49조제2호 및 제266조제1항제5호에 규정된 문서가 제출되어 있는 때

4. 저당권설정의 가등기가 마쳐져 있는 때

5. 제154조제1항에 의한 배당이의의 소가 제기된 때

6. 민법 제340조제2항 및 같은 법 제370조에 따른 배당금액의 공탁청구가 있는 때

② 채권자가 배당기일에 출석하지 아니한 때에는 그에 대한 배당액을 공탁하여야 한다.

○ **공탁금에 대한 배당의 실시(제161조)**

① 법원이 제160조제1항의 규정에 따라 채권자에 대한 배당액을 공탁한 뒤 공탁의 사유가 소멸한 때에는 법원은 공탁금을 지급하거나 공탁금에 대한 배당을 실시하여야 한다.

② 제1항에 따라 배당을 실시함에 있어서 다음 각호 가운데 어느 하나에 해당하는 때에는 법원은 배당에 대하여 이의하지 아니한 채권자를 위하여서도 배당표를 바꾸어야 한다.

1. 제160조제1항제1호 내지 제4호의 사유에 따른 공탁에 관련된 채권자에 대하여 배당을 실시할 수 없게 된 때

2. 제160조제1항제5호의 공탁에 관련된 채권자가 채무자로부터 제기당한 배당이의의 소에서 진 때

3. 제160조제1항제6호의 공탁에 관련된 채권자가 저당물의 매각대가로부터 배당을 받은 때

③ 제160조제2항의 채권자가 법원에 대하여 공탁금의 수령을 포기하는 의사를 표시한 때에는 그 채권자의 채권이 존재하지 아니하는 것으로 보고 배당표를 바꾸어야 한다.

④ 제2항 및 제3항의 배당표변경에 따른 추가 배당기일에 제151조의 규정에 따라 이의할 때에는 종전의 배당기일에서 주장할 수 없었던 사유만을 주장할 수 있다.

(1) 배당금의 수령

1) 배당금교부신청

배당이 확정되면 채권자는 배당사건 법원에 배당금교부신청서를 제출하여 배당금을 교부하여 줄 것을 신청한다. 이 신청서에는 인감을 반드시 날인하고 인감증명서를 첨부하여야 한다.

2) 공탁금의 출급

배당절차에 의해 배당된 금액은 모두 공탁된 상태이기 때문에 채권자가 법원에 배당금교부신청을 하여도 법원이 직접 현금을 지급할 수 없고, 채권자는 법원에 증명서 발급을 신청하여 이를 가지고 공탁소로부터 현금을 지급받아야 한다. 공탁소는 법원의 관내에 있는 공탁공무원을 말하며 보통 신청과와 같은 장소에 있다.

채권자가 공탁된 배당금을 출급하기 위해 법원에 배당금교부신청과 함께 하는 신청이 바로 '지급증명서 교부신청'이며 이 신청서면을 '지급증명서교부신청세[참고서식 26]'라고 한다.

채권자는 이 신청에 따라 법원이 발급한 지급증명서를 첨부하여 공탁소에 배당금의 출급신청을 하여 배당금을 수령한다. 배당금의 출급신청은 '금전공탁출급신청서' 양식에 의해 신청한다. 공탁의 원인과 관계없이 출급하는 공탁물이 금전이기 때문이다.

3) 판결문 환부신청

배당금으로 채권의 전액을 충당하지 못하는 경우에 채권자는 법원에 집행력 있는 정본의 환급을 신청하여 환급받은 집행력 있는 정본으로 채무자의 다른 재산에 대한 강제집행을 할 수 있다. 이때 집행력 있는 정본상의 채무액에서 배당금액만큼은 채무가 이행된 것이므로 정본을 그대로 채권자에게 환급하면 배당금액만큼에 대해서는 이중으로 강제집행을 할 수 있게 되므로, 법원은 이를 방지하기 위해 집행력 있는 정본상에 배당금액을 기재하여 환부하는데 이렇게 기재하는 것을 '부기문'이라고 한다. 따라서 채권자의 집행력 있는 정본 환부신청을 '부기문부여 원본환부신청'이라고 한다.

<사례> 가압류채권자에 대한 배당금이 공탁되었는데 다른 채권자가 압류한 경우

임의경매사건은 매각대금 지급 및 배당을 함에 있어 가압류 채권자의 배당액을 공탁함으로써 그 집행 절차는 종료되고, 가압류 채권자는 배당액 수령권에 기인하여 동 공탁금의 출급청구권이 있어 동 공탁금의 회수청구권에 대한 압류채권자인 위 공탁금압류채권자에 우선하여 공탁금을 출급받을 권리가 있으므로 가압류 채권자의 공탁금 출급청구는 수리하고 압류 채권자의 공탁금 출급청구는 불수리하여야 한다.

☞ 배당기일에 배당표(가압류채권자 포함)에 대한 이의가 없이 확정되어 배당이 실시되었으나, 가압류채권자에 대한 배당금은 그때까지 채권(집행권원)이 확정되지 아니하여 민사집행법 제270조, 민사집행규칙 제197조제2항, 제108조, 민사집행법 제160조제1항제2호에 의하여 공탁한 것이므로, 그 후 그 가압류채권이 전부승소판결로 확정되었다면 그 공탁금(배당금)은 가압류채권자만이 출급청구를 할 수 있다고 할 것이다.

(출처 : 가압류채권자에 대한 배당금이 공탁되었는데 다른 채권자가 압류한 경우(재민 75-2)

개정 2002.6.26. [재판예규 제866-24호, 시행 2002.7.1.] 〉 종합법률정보 규칙)[5]

◆ 배당이의하지 아니한 채권자의 권리 행사 방법[6]

▼ 배당표 확인

배당기일 3일 전에 배당표원안이 작성되어 법원에 비치된다. 법원경매계에 가면 보통 자신의 배당액에 대하여만 불러준다. 배당표 교부신청을 하여 다른 채권자들의 배당액도 확인할 수 있다.

배당기일에 법정에 가도 사건번호 순으로 배당표가 나열되어 확인할 수 있다. 다만 이의를 준비하려면 미리 확인하고 대책을 강구해야 함

▼ 배당기일 참석 및 이의제기

배당기일에 무조건 참석하여야 한다. 배당표에 대한 이의는 채무자를 제외하고는 배당기일 당일, 구술로만 인정하기 때문이다. 참석이 곤란하다면 변호사 등을 대리인으로 선임하면 된다(4촌 이내 친족도 가능하다). 출석하지 아니하면 배당표와 같이 배당을 실시하는 것에 동의한 것으로 본다.

- 배당기일에서 이의제기 방법(배당기일 진행 개요)

 * 배당기일에는 보통 법원사무관과 실무관이 진행한다. 우선 법원사무관이 사건번호를 일일이 부르는데, 아무도 이의를 제기하지 않으면 그대로 확정된다. 배당표가 이의 없이 확정되면 다툴 수 있는 방법이 없다.

 * 이의를 진술하려면, 법원사무관이 자신의 사건번호를 부를 때 자리에서 일어나 '이의있습니다'라고 말하면 된다. 이 경우 법원사무관이 법대로 이의를 제기한 사람을 오라고 하여 본인 확인(신분증) 혹은 대리인 확인(위임장 및 인감증명서)을 한다. 이후 다른 사건을 먼저 진행하고, 다 끝난 다음에 이의에 대하여 정리하게 된다(법정에서 나오지 말고 기다려야 한다). 이의의 상대방과 이의의 범위에 대하여 구체적으로 명시하여야 하고, 이를 밝히지 아니한 이의는 부적법하다.

---

5) 유록수, 2019.2.18. http://thelaw.co.kr/?p=220
6) 앞의 검색 참조.

* 채권이 부존재한다고 주장하는 경우에는 어느 채권자에게든 이의를 제기할 수 있으나, 배당순위에 대한 이의라면, 가장 후순위채권자로부터 순차로 거슬러 올라가 이의를 제기한 자의 배당요구액에 달할 때까지 관계된 채권자에 대하여만 이의할 수 있다(5순위 채권자가 1순위 채권자에게 이의하는 게 아니라, 동순위, 4순위 이렇게 거슬러 올라간다).

* 간혹 사무관에 따라 부정적으로 말하기도 하는데(진정한 임차인으로 보기 어렵다, 소송에서 이기기 어려울 것이다), 사무관 입장에서는 자신이 작성한 배당표가 맞는 것이라고 주장하고 싶겠지만, 이의 제기자가 이유를 밝힐 의무가 있는 것도 아니고, 판사가 판결로 하게 될 내용에 대하여 사무관이 당사자를 반박하는 식으로 발언하는 것은 부적절하지 않나 한다. 다만 사무관과 논쟁할 필요는 없으니 다투지 말고, 이의를 철회하라고 권유하여도 여기에 응하지만 않으면 된다.

- 이의에 관계된 채권자에게 인부

  이의를 제기하면 관계된 채권자에게 이의를 인정하냐고 묻는다. 인정하는 경우는 거의 없으므로 그 자리에서 인정하지 않는다고 하여 실망할 필요가 없다. 만약 이의에 관계된 자들 사이에 배당액에 대하여 합의가 된다면, 합의 내용에 따라 배당표를 경정하여 달라고 하면 된다. 이 경우에도 이의와 무관한 채권자의 권리를 해칠 수는 없을 것이다.

▼ 배당이의 소장 접수

배당기일에 이의를 제기하였다면, 이로부터 1주일 이내에 배당이의의 소를 제기하여야 한다. 당사자로서는 청구취지를 쓰기가 까다롭기 때문에 이 과정에서 변호사의 도움을 받는 것이 좋다. 배당표 전부를 인정할 수 없다는 취지로 쓰면 안 되고, 배당받는 채권자 중 어느 채권자의 배당액을 줄이고, 자신의 배당액을 늘려야 한다는 취지를 써야 한다. 1주일이라는 기간은 아주 중요한데, 이 기간이 지나면 이의를 취하한 것으로 본다.

▼ 배당이의 소제기 증명원 접수 - 배당액의 공탁

배당이의 소장을 접수하고 배당기일로부터 1주 이내에 그 소제기를 법원(소를 제기한 법원)에 증명하여야 한다. 소제기 증명을 하지 아니하면 이의가 취하된 것으로 보고, 배당을 실시해 버린다. (소제기 증명원과 함께 소장 사본도 제출하여야 하나, 소장 사본에 제출기한이 있는 것은 아니다.)

배당이의를 제기하고 나면, 이의가 되지 않은 부분만 배당이 되고, 이의를 제기하는 돈은 배당이 되지 않고 법원이 공탁을 한다. 공탁된 돈은 배당이의에서 승소하면 찾을 수 있다.

- 소제기 증명이 늦어버리면?

  원칙적으로 배당이의를 취하한 것으로 보므로, 소는 각하될 것이다. 다만 이미 제기된 배당이의 소송을 부당이득반환청구소송으로 변경할 수 있다. 소가 각하된 후 별소를 제기해야 하는 번거로움을 줄인다.

▼ 배당이의를 안 했어도 부당이득반환청구는 가능

부당이득반환청구는 배당에 대한 이의를 했는지와 무관하고, 배당요구를 했는지와 관련이 있다.

배당요구를 하여야만 배당절차에 참여할 수 있는 채권자가 배당요구를 하지 않으면 부당이득이 성립되지 않는다. 임차보증금 채권은 배당요구를 하여야만 하는 채권이기 때문에 배당요구를 하지 않았다면 부당이득반환청구 소송을 하더라도 패소할 것이다.

- 이의를 무시하고 배당을 해버리려고 하면?

  집행에 관한 이의를 제기하여 집행정지의 잠정처분을 받아야 한다. 다만 실무상 이의를 무시하는 경우는 거의 없다.

▼ 진정한 임차인이라는 주장 및 증거 제출

자신이 진정한 임차인이라는 증거를 제출하여야 한다(미리 준비하였다면 배당이의 소장에 첨부하여도 되지만, 증거를 준비하겠다고 소장 제출을 늦추면 안 된다). 자신이 왜 이 주택을 선택하게 되었는지 부동산 중개업자가 개입되어 있고 확정일자가 있는 임대차계약, 점유를 확인하여 줄 만한 증거(사진, 공과금 납부 증거, 우편물 수령 증거 등)을 제출

▼ 첫 번째 변론기일 반드시 참가

원고가 첫 변론기일에 불출석하면 소를 취하한 것으로 본다. 제2회 이후의 변론기일이나 항소심에는 적용되지 않는다. 변론준비기일도 포함되므로, 변론준비기일도 반드시 참석해야 한다. 피고가 출석했다고 하더라도 원고가 출석하지 않으면 취하한 것으로 본다.

▼ 가장(가짜) 임차인이라는 것은 피고가 증명해야

배당이의 소송의 입증책임은 일반 민사소송의 그것과 같다. 피고는 원고의 채권이 부존재한다거나 소멸했다는 사실을 입증해야 한다. 원고가 가장 임차인이기 때문에 원고의 보증금 반환채권이 부존재한다는 것에 대하여는 피고가 입증을 해야 한다.

다만 배당표를 작성한 법원 사무관도 어느 정도 의심할 만한 근거가 있었을 것이니, 실제 소송에서는 원고가 적극적으로 진정한 임차인임을 입증해야 하는 것이 보통일 것이다.

- 담보가치 없는 부동산에 입주한 경우

주로 문제되는 것은 담보가치가 거의 없는 주택에 왜 임차인으로 들어갔냐는 것이다. 그러나 이는 진정한 임차인을 가리는 유일한 증거가 될 수 없다. 그 주택에서 실제로 거주하였고, 보증금도 실제로 지급하였다면 진정한 임차인으로 판단받을 수 있다.

다만 과거에 채권채무관계가 있었는데 그중 채권액을 보증금으로 돌린 것이라면 가장임차인으로 판단될 가능성이 있다(예전에 빌려준 돈 5천만 원을 보증금으로 하여 임차인이 된 경우).

- 고가 주택의 경우

고가 주택의 경우도 문제가 된다. 실제로 제가 진행했던 사안은 4억 원이 넘는 고가의 아파트에, 보증금 4천에 월세 300으로 살고 있던 임차인이 있었다. 상가임대차보호법과 달리 주택임대차보호법은 월세를 보증금으로 환산하는 제도가 없기 때문에, 이 경우도 원칙적으로 소액임차인으로 보호받을 수 있다. 결국 조정으로 종결되었는데, 이의액의 80%를 지급받을 수 있었다.

- 승소 확정 시 공탁금 수령

다만 배당이의 소송은 가집행을 붙이지 못해 상대방이 항소하였다면 상급법원에서도 승소판결이 나고 확정되면 이를 배당법원에 제출하여 공탁금을 찾을 수 있다.

이때 임대차계약서 원본, 주택임차인의 주민등록등본, 매수인의 인감이 날인된 명도확인서 원본 및 매수인의 인감증명서를 제출하여야 한다.

▼ 패소 시 다른 소송 가능 여부(부당이득반환청구 가능?)

안 된다. 배당이의의 소의 본안판결이 확정되면 이의가 있었던 배당액에 대한 권리에 대하여는 기판력이 생기므로, 후소를 제기하더라도 무조건 기각되어 버릴 것이다.

IV 배당연습 및 사례연구

1. 배당연습 기준표

※ 배당연습 기준표 [지역은 서울, 배당할 금액 1억 원]

사례	채권자	원인일자	채권금액	배당액	배당방법
1	근저당	2016. 03. 01.	6,000만	6,000만	순위대로 배당 (가장 바람직한 배당상태)
	근저당	2017. 04. 02.	3,000만	3,000만	
	가압류	2017. 05. 03.	1,000만	1,000만	
2	근저당	2016. 03. 01.	8,000만	8,000만	선순위 근저당 우선변제 나머지(채권) 안분비율배당
	가압류	2017. 04. 02.	3,000만	1,500만	
	가압류	2017. 05. 03.	1,000만	500만	
3	근저당	2016. 10. 01.	5,000만	5,000만	선순위 근저당 우선변제 가압류, 근저당(안분배당)
	가압류	2017. 10. 03.	4,000만	2,500만	
	근저당	2017. 10. 04.	4,000만	2,500만	
4	근저당	2016. 10. 01.	6,000만	6,000만	선순위 근저당 우선변제 가압류, 근저당, 가압류(안분배당) 후 3순위 흡수배당
	가압류	2017. 10. 03.	2,000만	1,000만	
	근저당	2017. 11. 04.	4,000만	3,000만	
	가압류	2017. 12. 04.	2,000만	-	
5	가압류	2017. 10. 01.	3,000만	2,500만	안분배당 후 2, 3순위 근저당 최후순위 가압류 배당금 흡수배당
	근저당	2017. 10. 04.	3,000만	3,000만	
	근저당	2017. 10. 08.	3,000만	3,000만	
	가압류	2017. 10. 10.	3,000만	1,500만	
6	근저당	2016. 10. 01.	6,000만	6,000만	근저당, 일반세 전액배당 나머지 가압류
	가압류	2017. 10. 04.	6,000만	2,800만	
	일반세	2017. 10. 08.	1,200만	1,200만	
7	근저당	2016. 12. 01.	8,000만	5,000만	최우선변제 소액 3,000만 원 배당 당해세 2,000만 원 배당 나머지 5,000만 원은 근저당 배당
	당해세	2017. 04. 30.	2,000만	2,000만	
	소액임차인	2017. 05. 11.	3,000만	3,000만	
8	근저당	2007. 03. 01.	7,400만	7,400만	최우선변제 소액 1,600만 원 배당 당해세 1,000만 원 전액 배당 근저당 7,400만 원 배당 나머지 일반세금 무배당
	일반세금	2017. 04. 01.	1,000만	-	
	당해세	2017. 05. 03.	1,000만	1,000만	
	소액임차인	2018. 04. 12.	4,000만	1,600만	
9	근저당	2016. 07. 08.	8,000만	7,000만	당해세 3,000만 원, 근저당 7,000만 원 나머지 배당 없음 임차인(전입, 확정일자 있음)
	당해세	2017. 01. 09.	3,000만	3,000만	
	가압류	2017. 08. 05.	7,000만	-	
10	근저당 A	2006. 12. 13.	2,000만	2,000만	기준권리 2nd
	임차인 B	2008. 08. 22.	9,700만	★	배당청구(확정일자 없음)
	근저당 C	2009. 03. 05.	1,000만	1,000만	3rd
	임차인 D	2014. 12. 22.	4,000만	1,600만	배당청구(확정일자 없음) 1st
	근저당 E	2015. 05. 08.	5,000만	5,000만	4th
	잔액			400만	임차인 B의 의사결정은?
※ 말소기준권리와 변화되는 소액기준을 잘 응용해야 할 권리임					

2. 사례연습

부동산 물건별 또는 개별적 특성이 있기 때문에 권리분석에 주의를 요한다. 사례연습을 통해 권리분석에 익숙해질 필요가 있다.

〈연습문제 1〉

- 담보가등기(신종민) : 8,000만 원(1998.02.02.)
- 전세권 : 1억(1999.01.20.)
- 국민은행 저당권 : 1억(1999.01.23.)
- A저축은행 저당권 : 5,000만 원(2001.02.20.)
- 현대카드 저당권 : 2,000만 원(2003.05.01.)

예상 낙찰가 3억이다. 위의 정보에 따라 순서대로 권리분석을 하고 배당하시오.

〈연습문제 2〉

- 선순위 임차인(2000.1.16.) : 배당신청을 하지 않았음 : 1억 6천
- SC은행 : 근저당(2004.1.30.) : 2억 6천
- 법원비용 : 5백
- 캐피탈 : 근저당(2005.5.12.) : 5천
- 현대카드 : 근저당(2007.5.30.) : 3천

예상 낙찰가 3억 3천이다. 위의 정보에 따라 순서대로 권리분석을 하고 배당하시오.

〈연습문제 3〉

- 선순위 임차인(2000.1.16.) : 배당신청 했음 : 1억 6천
- SC은행 : 근저당(2004.1.30.) : 2억 6천
- 법원비용 : 5백
- 캐피탈 : 근저당(2005.5.12.) : 5천
- 현대카드 : 근저당(2007.5.30.) : 3천

예상 낙찰가 3억 3천이다. 위의 정보에 따라 순서대로 권리분석을 하고 배당하시오.

〈연습문제 4〉

- 임차권 5,000만 원(확정일자 없음) A 2019.2.2. 전입신고
- 저당권 1,000만 원 B(2019.2.17.) : 1,000만 원
- 근저당권 4,000만 원 C(2019.2.19.) : 2,000만 원

예상 낙찰가는 3,000만 원이다. 위의 정보에 따라 순서대로 권리분석을 하고 배당하시오.

〈연습문제 5〉

- 임의 경매 D(2020.3.15.)
- 가처분 A(2019.1.2.)
- 근저당 2,000만 원 B(2019.2.7.)
- 가압류 1,000만 원 C(2020.2.19.)

예상 낙찰가는 3,000만 원이다. 위의 정보에 따라 순서대로 권리분석을 하고 배당하시오.

〈연습문제 6〉

- 가처분(건물철거) C(2018.2.19.)
- 근저당 3,000만 원 A(2017.2.7.)
- 가처분 B(2018.1.2.)
- 임의 경매 D(2018.3.15.)

예상 낙찰가는 3,000만 원이다. 위의 정보에 따라 순서대로 권리분석을 하고 배당하시오.

매각결정(買却結定) 및
취득 후 절차(取得後節次)

11 매각결정 및 취득 후 절차

I 매각결정기일 절차

1. 매각결정기일의 의의

매각결정기일이란 매각기일 종결 후 당해 경매절차가 하자 없이 적법하게 이루어졌는지를 조사한 후(매각불허 사유 유무를 기록에 의해 조사) 매각 허가·불허가를 결정하는 재판을 하는 일이다.

- 입찰기일 7일 이내
- 법률상으로는 이해관계인이 출석하여 의견진술이 가능하나 실무상으로는 구두진술할 기회를 부여하지 않고 서면상으로만 매각결정기일 전에 제출 가능하다.

매각결정불허가신청은 최고가 매수자도 할 수 있다. 즉 최고가 매수자가 입찰 기일 후 알고 보니 값이 싼 것이 아닐 때, 권리분석을 잘못했을 때, 원하는 물건이 아닐 때, 잔금 마련에 문제가 발생되었을 때, 권리에 중대한 하자가 발생했을 경우, 또는 물건이 훼손되어 매각불허가를 받고자 하는 경우에는 어떤 조치를 취해야 하는지를 살펴본다.

매각불허가신청

신청인(최고가 매수신고인) 이○○

채권자 김○○

채무자 우○○

위 당사자 간의 귀원 0000타경 9234호 부동산 임의경매사건에 관하여 2019.9.23. 일의 매각기일에서 신청인은 최고가의 매수신고를 하고, 아직 매각결정기일 전이나 천재지변으로 인하여 별지 목록의 토지가 현저히 훼손되었으므로 매각불허가결정하여 주시기를 신청합니다.

첨 부 서 류

1. 훼손증명서   1통

2019. 10.   .

위 신청인(최고가 매수신고인)   이○○ (인)

○○지방법원   귀중

▶ 매각 이후 절차도

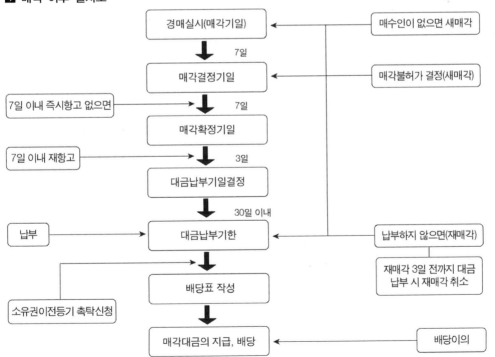

2. 매각불허가 사유

(1) 물건명세서 작성에 중대한 하자가 있는 경우

매각으로 소멸되지 않는, 즉 매수자가 인수부담해야 할 권리관계가 누락된 경우 등이 여기에 해당된다.

(2) 각종 구비서류를 매각결정기일까지 구비하지 못한 경우

① 매각결정기일까지 농지취득자격증명(농지의 경우)을 제출하지 못한 경우 입찰보증금이 몰수된다.
② 학교법인·종교법인의 강제경매사건인 경우(임의경매사건은 저당권설정 당시 이미 주무관청의 허가를 받았을 확률이 높다) 채권자가 경락기일까지 주무관청의 허가서를 제출하지 못한 경우

(3) 잉여의 가망이 없는 경우

경매신청부동산이 계속 유찰되는 경우 경매를 신청한 채권자에게도 배당이 어렵게되는 경우 법원은 직권으로 경매를 취소시켜야 한다. 그러나 종종 법원이 업무과다 등으로 이를 모른 채 입찰이 진행되는 수가 있다. 즉 최고가 입찰자가 선정된 후 매각결정기일에 가서야 이를 발견하거나 이해관계인이 매각불허가를 신청하는 경우에 낙찰이 불허된다.

(4) 송달의 하자

법원은 입찰 전에 이해관계인에게 매각기일 등을 송달해야 한다. 그러나 간혹 이를 빠뜨리고 입찰을 진행하여 매각결정기일에 문제가 되는 경우가 있다. 따라서 입찰 참가 전에 이해관계인에게 적법하게 송달이 이루어졌는지에 대하여 체크해 볼 필요가있다.

(5) 권리관계의 변동

2순위 임차인이 매각결정기일 전 또는 잔금 납부 전까지 1순위 저당권 등을 대위변

제함에 따라 권리관계가 부당하게 변동되는 경우에 해당된다. 이럴 때 매수자는 법원에 다음과 같이 신청하면 된다.

경락허가일 전에 변제한 경우	매각불허가 신청
잔금납부 전까지 변제한 경우	매각허가결정취소 신청
잔금납부한 후의 경우	배당 중지를 신청하고 감액 신청
배당이 끝난 경우	배당받은 사람들에게 부당이득금반환청구소송 제기

(6) 집행정지사유가 있는 경우

집행정지사유가 있으면 매수자 등 이해관계인의 이의신청(매각불허가 신청)으로 매각불허가결정이 된다. 채무자가 채무를 변제했거나, 채권자의 동의로 채무변제유예 약속 등 집행정지사유가 발생하면 매수자로서 경매취소에 동의해 줄 용의가 있음을 전달하여 신속히 경매취소가 되도록 한다.

(7) 이해관계인 전원이 합의 없이 법정매각조건이 변경된 경우

법정매각조건 변경, 즉 특별매각조건으로 매각하게 된 물건이 매각결정기일 전까지 이해관계인 전원이 아닌 일부의 합의에 의해 변경된 경우, 이를 문제 삼아 매각불허가 신청을 하면 매각불허가결정이 된다.

(8) 경매진행 절차상 하자 발견(기일공고, 경매종결 및 시간법규 위배)

기일공고를 안 했거나, 공고일로부터 13일 이내에 입찰을 실시했거나, 경매종결과 종결시간에 대해 법 규정을 위배한 것을 알았을 때 매각불허가결정을 신청하여야 한다. 경매종결 및 시간에 대해서는 이를 입증할 증거자료가 필요하다. 매각물건명세서의 사본 비치를 하지 아니한 것도 이의사유가 된다.

(9) 물건명세서 작성에 중대한 하자가 있을 때

① 대항력 있는 임차인의 누락

② 법정지상권

③ 유치권

④ 점유하고 있었던 가등기권자 등의 등재사항이 누락

(10) 기타

① 부정한 방법에 의하여 최고가 입찰자가 된 경우

매각불허가 처분 및 보증금이 몰수될 수도 있다.

② 강제집행을 허가할 수 없거나 집행을 속행할 수 없을 때

③ 강제집행의 요건, 강제집행개시의 요건, 강제경매신청의 요건이 흠결된 경우

④ 임의경매에 있어서는 담보권 부존재의 경우 등

⑤ 강제집행의 정지 또는 취소사유가 있을 때

집행정지사유가 있으면 낙찰자 등의 이해관계인의 이의신청(낙찰불허가 신청)

으로 낙찰불허가가 가능하다.

⑥ 경매신청의 취하가 있을 때

채무자가 채무를 변제했을 때 채무자의 동의로 채무변제 유예 약정 등 집행정지

사유가 발생하면 낙찰자로서 경매취소에 의의가 없고 동의해 줄 용의가 있음을

신속히 전달하여 경매취소가 될 수 있도록 한다.

⑦ 최고가 매수신고인이 부동산을 매수할 능력이나 자격이 없는 때,

■ 권리능력, 행위능력자 아닌 경우

■ 입찰참여 제한자

■ 취득자격 허가 미필

■ 질서유지 침해우려자(입증하기가 애매함)

⑧ 천재지변, 기타 본인 책임 없는 부동산의 현저한 훼손

최고가 입찰 결정 후 천재지변이나 기타 낙찰자가 책임질 수 없는 사유로 인해

경매목적 부동산(공장의 경우 기계 기구 포함)을 훼손한 경우 낙찰자는 낙찰불

허가 신청을 하여 불허가를 받을 수도 있고 훼손의 정도가 심하면 경매절차를

취소해 달라고 신청할 수도 있을 것이다. 항고기간 내에는 항고사유가 되어 낙

찰허가를 결정할 수도 있다. 대금납부가 이루어지면 낙찰허가 취소는 불가능하

고 다만 배당기일 이전이라면 낙찰대금 감액신청을 하는 길이 있다.

⑨ 중대한 권리관계가 변동된 사실이 경매절차 진행 중 밝혀진 때

⑩ 경매절차상 중대한 잘못이 있을 때

⑪ 공고사항의 하자

⑫ 매각조건 위배

⑬ 입찰 진행상 규정 위배

⑭ 최저경매가 결정

감정에 의하여 산정한 평가액이 감정평가의 일반적인 기준에 현저히 반한다거
나 사회통념상 현저하게 부당하다고 인정된 경우에는 그러한 사유만으로도 최
저경매가격의 결정에 중대한 하자가 있는 것으로 보아야 한다.

⑮ 일괄경매 결정

경매목적부동산이 2개 이상 있는 경우 분할경매할 것인지 일괄경매할 것인지 여
부는 집행법원의 자유재량에 의하여 결정할 성질의 것이나 토지와 그 지상 건물
이 동시에 매각되는 경우 토지와 건물이 하나의 기업시설을 구성하고 있는 경우
2필지 이상의 토지를 매각하면서 분할경매에 의하여 일부토지만 매각되면 나머
지 토지가 맹지 등이 되어 값이 현저하게 하락하게 될 경우 등 분할경매하는 것
보다 일괄경매하는 것이 당해 물건 전체의 효용을 높이고 그 가액도 현저히 고
가로 될 것이 명백히 예측되는 경우 등에는 일괄경매하는 것이 부당하다고 인정
할 특별한 사유가 없는 한 일괄경매의 방법에 의하는 것이 타당하고 이러한 경
우에도 이를 분할경매하는 것은 그 부동산이 유기적 관계에서 갖는 가치를 무시
하는 것으로서 집행법원의 재량권의 범위를 넘어 위법한 것이 된다.

⑯ 매각물건명세서 작성의 하자

- 선순위 임차인의 주민등록사항 기재 누락 시
- 대위변제로 대항력 임차인 발생

⑰ 과잉경매 중 매각지정 외의 건

한 채무자의 수개의 부동산을 매각하는 경우에 일부부동산의 매각대금으로 모
든 채권자의 채권액과 집행비용을 변제하기에 충분한 경우가 있을 수 있다. 이
런 경우를 과잉매각이라고 하는데 이에 해당되면 집행법원은 다른 부동산의 매
각을 허가해서는 안 된다. 다만, 일괄매각의 경우에는 그러지 아니하다. 과잉매
각의 경우에는 채무자가 그 부동산 가운데 매각할 것을 지정할 수 있다.

⑱ 강제집행 허가불가

　　강제집행의 신청요건, 개시요건 흠결

⑲ 속행 불가 : 취하 신청, 정지, 취소사유 발생

　　재판부는 이 경우 통상 매각허가결정 또는 매각허가결정취소를 한다.

3. 매각 허·부 결정에 대한 즉시항고

(1) 즉시항고

① 항고기간 : 낙찰 허·부 결정 고지일부터 1주일 내

② 항고인의 자격 : 이해관계인(협의 이해관계인＋최고가매수 신고인)

③ 공탁금 대상 : 모든 항고인 항고 시 보증금 공탁

(2) 항고에 대한 경매법원의 조치

① 항고장 각하 : 항고장에 흠결이 있어서 보정명령(틀린 내용 및 주소 정정 명령)
하였으나 불이행 시 또는 항고기간 도과 시 보증제공 의무자의 보증 불제공 시
(항고보증금 미납) 각하

> **⊃ 각하(却下 : dismissal)**
> 행정법상으로는 행정기관이 신청서·원서·신고서·심판청구서 등의 수리(受理)를 거절하는 행정처분하는
> 것으로 법률상 불이익에 대하여 국가기관에 대한 행정상 또는 사법상의 신청에 대해 신청의 요건이 불비
> 한 것을 이유로 내용심리를 거치지 않고 신청 자체를 거부하는 것을 말한다.

② 원 결정의 취소, 변경

③ 항고심으로 기록 송부 : 이유 없다고 인정할 때 의견서 첨부 기록을 항고 법원으
로 송부

④ 항고심의 재판 : 항고사건은 항고인만이 유일한 당사자이나 법원이 상대방을 지
정하여 반대 진술하도록 할 수 있다.

(3) 재항고

즉시항고가 항고심에서 기각된 경우 불복한 항고인이 보통의 재항고를 할 수 있다.

4. 대금지급

(1) 대금지급기일

잔금납부기일은 통상 매각결정 후 1달 전후로 지정이 되지만 보름 이내 또는 한 달 반 이후에 지정되는 경우도 더러 있다. 이렇게 잔금납부기일이 명확하지 않기 때문에 응찰 전에 자금계획을 잘 세워야 한다.

시중은행을 포함하여 제2금융권 등 잔금대출을 전문으로 취급하는 지점이 많으나 대출조건들이 자주 바뀌고 있으므로 각 금융권 대출담당자에게 미리 상담을 하고 자금계획을 세우는 것이 원칙이다.

(2) 대금지급 특례

① 채무인수 : 매입대금 한도 내에서 관계 채권자의 승낙이 있으며 매입대금 지급에 갈음하여 채무인수 가능하다.
② 상계신청 : 자신이 받을 배당액과 낙찰대금을 동액 상계할 수 있다.

(3) 대금 미납 시 법원의 조치

납부기일 3일 경과 시 법원은 차순위 매수신고인에게 낙찰허가 결정을 하고 낙찰허가가 확정되면 대금납부기일 지정하는 절차를 진행한다.

Ⅱ 소유권 취득

1. 소유권이전등기 촉탁신청

등록세 등 세금 납부와 주택채권 매입으로 등록세 영수필통지서·영수필확인서 및 채권 매입필증과 여타 필요 서류를 첨부하여 촉탁신청서와 함께 제출한다.

■ **첨부서류**
① 부동산등기사항전부증명서
② 토지대장, 건축물대장 등본 2통
③ 주민등록등본
④ 등록세 영수필통지서와 영수필확인서
⑤ 주택채권매입필증
⑥ 등록세 및 채권계산명세서
⑦ 송달료납부서
⑧ 대법원등기 수입증지
⑨ 부동산양도신고확인서(해당될 때만)

2. 법원의 등기촉탁 및 등기관의 등기

법원경매나 압류재산공매의 경우에는 매수자가 전 소유자의 등기이전에 대한 협조를 구하기 어렵기 때문에 법원에서 직권으로 등기관에게 촉탁하여 등기를 하여 준다. 등기는 일반적으로 등기권자가 등기소에 출석하여 필요 서면을 지참하여 등기신청서로 등기를 한다.

그러나 촉탁등기는 어느 관공서가 직무상 필요한 사무가 다른 관공서에 속하는 경우 다른 관공서에 그 사무의 처리를 위임하는 것으로써 하는 등기이다. 등기를 촉탁할 수 있는 관공서는 원칙적으로 국가, 지방자치단체이며, 국가나 지방자치단체가 아닌 공사 등은 법령의 근거가 있는 경우에 한하여 촉탁등기를 할 수 있다.

관공서가 등기를 촉탁하는 경우에는 등기소에 출석하지 않고 우편에 의해 촉탁할 수 있으며, 관공서의 일방에 의하여 되므로 인감증명서나 등기필증의 제출이 면제된다. 또한 등기부와 대장상의 부동산이나 등기명의인의 표시가 불일치한 경우에도 촉탁이 가능하다.

촉탁에 의한 등기의 신청은 관공서가 직권으로 하는 경우도 있으며 등기권리자의 청구에 의해, 관공서가 공권력의 주체로서, 권리관계의 당사자로 촉탁하는 경우도 있다.

관공서가 부동산에 관한 거래의 주체로서 등기를 촉탁할 수 있는 경우라 하여도 촉탁은 신청과 실질적으로 별 차이가 없으므로 촉탁에 의하지 아니하고 등기권리자와 등기의무자의 공동신청에 의할 수도 있다.

III 인도명령과 명도소송

법원경매의 매각대금을 납부한 최고가매수인(낙찰자)이 부동산의 현재 점유자에게 부동산을 인도받는 방법에는 세 가지가 있는바, 협의 및 합의에 의한 인수, 약식절차인 인도명령과 정식소송인 명도소송이 있다.

첫 번째 방법은 낙찰자가 현재 점유자의 자진 퇴거 및 동산 반출이나, 상황이해 심리나 언변을 활용해 점유자와의 이사비 제공 등 원만한 합의를 통해 인수하는 방법이다. 점유자의 사실상 지배권인 '점유권'과 최고가매수인의 '명도확인서류 날인' 및 '인도명령 신청'이라는 권한을 협상으로 조화롭게 적절히 활용하여야 할 것이다.

두 번째와 세 번째 방법의 차이점은 다음과 같다.

먼저, 소요시간의 차이다. 인도명령의 경우는 인도명령 신청 시 심문이 없는 경우 2주 후에 인도명령을 받을 수 있고 명령이 점유자에게 송달되면 바로 송달증명서를 교부받아 강제집행할 수 있는 상태가 된다. 심문을 한다 하더라도 2~3주 정도 지체될 뿐이다. 그러나 명도소송의 경우는 정식 민사소송이므로 소장 접수하면 준비서면과 답변서를 2~3회 우편으로 교환 후 변론기일이 정해지기 때문에 민사소송절차가 예전보다 간소화됐다고는 하지만 몇 개월의 시간은 소요된다.

다음, 비용에서의 차이다. 인도명령의 경우에는 송달료만 소요되지만, 명도소송의 경우는 소가(소송목적물의 가액)에 상응하는 인지를 첨부해야 하고 소송비용이 소요되어 금액으로도 부담이 크다.

그리고 명도소송 시에는 '점유이전금지 가처분'을 미리 신청함이 일반적이다. 이는 소송기간이 길고 확정판결 후에라도 명도집행 전에 직접점유가 타인에게 이전되면 새로운 직접점유자에게 처음부터 다시 명도소송을 제기할 수밖에 없기 때문이다.

1. 인도명령

'인도명령'이란 낙찰받은 최고가매수인이 매각대금을 완납한 후 부동산에 대한 인도를 요구하였으나 대항력이 없는 점유자가 인도를 거부할 경우, 직접점유자를 상대로 법원에 인도명령을 신청하는 방법이다. '인도명령'이란 낙찰잔금을 납부함으로써 소유권을 취득한 낙찰자가 낙찰부동산으로부터 퇴거를 거부한 채무자, 소유자, 경매개시결정등기 이후의 점유자 등 인도명령대상자에 해당되는 낙찰 부동산의 점유자를 대상으로 경매법원에 인도명령을 신청해 오면 경매법원이 심사한 결정으로써 집행관으로 하여금 해당점유자를 낙찰부동산으로부터 강제로 퇴거시킬 수 있도록 명하는 법원의 명령을 말한다. (주문의 형식은 "피신청인은 신청인에게 별지목록기재 부동산을 인도하라")[1]

> **[참고] 인도명령의 대상자 여부**
> ○ 인도명령의 대상자가 될 수 없는 자 : 유치권자, 법정지상권자, 선순위 대항력을 가진 임차인
> ○ 인도명령의 대상자 : 소유자, 점유자, 경매개시결정일 이후의 점유자
>   소유자와 채무자의 일반승계인(상속인, 포괄유증을 받은 자, 승계법인)
>   채무자의 동거가족, 근친관계, 피고용인
>   채무자가 법인일 경우 같은 법인의 점유보조자
>   채무자와 공모하여 집행을 방해할 목적으로 점유한 자
>   대항력 없는 (후순위)임차인
>   대항력 없는 부동산 임차인

---

1) http://www.courtauction.co.kr

▼ **인도명령대상**

1) 채무자

2) 소유자(물상보증인 등 채무자 아닌 소유자 포함)

3) 경매개시결정 효력발생 후의 점유개시자(경매개시결정 효력발생 후 전입한 임차인 등)

4) 위 1)/2)/3)의 동거가족/피고용인

5) 위 1)/2)/3)의 근친자로서 점유할 정당한 권원이 없는 자

6) 위 1)/2)/3)과 특수한 관계에 있는 자로서 점유할 정당한 권원이 없는 자

7) 위 1)/2)/3)과 공모하여 인도집행을 방해할 목적으로 점유한 자

8) 주의사항(특수한 경우의 인도명령의 상대방)

　가) 경매개시결정 전에 점유를 개시하였지만 전입신고를 하지 아니한 상가 등의 임차인은 인도명령의 상대방이 아니다.

　나) 경매개시결정 전에 점유를 개시하였지만 유상계약(임차보증금/전세금/월세 등) 없는 무상점유자도 인도명령의 상대방이 아니다.

　다) 경매개시결정기입등기 후 경매목적부동산을 취득한 자는 위 2)의 소유자에 해당하지는 않지만 경매개시결정 효력발생 후의 점유자가 되어 인도명령의 상대방이 된다.

　라) 가압류에 기한 본집행으로 강제경매가 이루어진 경우에는 가압류 후 본압류(임차인/소유자 포함)도 인도명령의 상대방으로 보는 견해가 다수설이다.(이견 있음)

　마) 경매개시결정의 효력발생 전에 점유를 개시했으나 점유를 잠시 이전했다가 경매개시결정의 효력발생 후에 점유를 재개한 점유자도 인도명령의 상대방으로 본다.

　바) 경매개시결정의 효력발생 전에 부동산을 전대하였던 임차인이 경매개시결정의 효력발생 후 전대계약을 해제하고 그 부동산을 다시 점유하여도 인도명령의 상대방이 된다.

　사) 채무자가 임차인의 지위를 겸하는 경우의 처리 임차인이 임의경매신청채권의 채무자인 경우에는 임차인이 낙찰자에게 대항력 있는 선순위임차인이 아닐 경우에만 인도 명령의 상대방으로 본다.

▼ **인도명령을 신청할 수 있는 자**

1) 낙찰자

2) 낙찰자로부터 낙찰부동산을 상속받은 자 등의 일반승계인

3) 낙찰자가 법인인 경우 법인합병에 의해 승계한 법인

4) 주의사항 매매/증여 등을 원인으로 하여 낙찰자로부터 낙찰부동산을 양수받은 매수인/수증자 등의 특정승계인은 인도명령을 신청할 수 없다. 이는 인도명령 신청권을 일신전속권과 유사한 권리로 보기 때문이다.

▼ **인도명령 신청요건**

1) 낙찰 대금 완납 후 6개월 이내 신청할 것

2) 인도명령은 낙찰인이나 그 승계인이 낙찰 대금을 완납하였음을 증명하면 되기 때문에 낙찰인 명의의 소유권 이전등기가 경료되는 것과는 무관하다.

::: **인도명령의 신청시기/주의사항** :::

1) 신청시기 낙찰잔금납부일로부터 6월이 되는 날까지 낙찰자는 인도명령을 신청할 수 있다.

2) 낙찰자 주의사항

가) 대금지급일로부터 6개월이 경과한 후의 처리. 낙찰잔금납부일로부터 6개월이 경과하면 낙찰자는 인도명령 신청권을 상실한다. 따라서 위 인도명령의 상대방도 잔금납부 후 6개월이 경과하면 인도명령에 기한 강제집행을 받지 아니한다. 즉 명도소송의 상대방이 된다.

나) 인도명령의 강제집행으로써 또는 채무자/소유자로부터 낙찰자가 부동산의 인도를 받은 후에 제3자가 불법으로 이를 점유하여도 그자를 상대방으로 하여 인도명령을 신청할 수 없다.{즉 무단침입으로 점유한 자를 고소(형사상 책임)하거나 명도소송을 통하여 그 승소판결을 가지고 강제퇴거를 시켜야 한다.}

다) 인도명령의 강제집행에 의해 퇴거당한 채무자/소유자 등의 인도명령의 상대방이 재침입하여 점유하여도 그자를 상대방으로 하여 인도명령을 신청할 수 없다.

라) 경매개시결정의 효력발생 후에 점유한 자라도 유치권자 등 낙찰자에게 대항할 권원을 가진 자는 인도명령의 상대방이 아니다.

인도명령은 명도소송을 제기하지 않고 경매법원의 명령에 따라 부동산을 인도할 수 있도록 강제 집행할 수 있으며, 매각대금납부 후 6개월 이내에 신청하여야 하고 이 기간이 경과하면 인도명령을 신청할 수 없고 '명도소송'을 통해 집행하여야 한다(민사집행법 §136 참조).

'인도명령'은 법원이 심사 결정하여 집행관으로 하여금 해당 점유자를 매각부동산으로부터 강제로 퇴거시키고 동산을 반출할 수 있도록 명하는 법원의 명령을 말한다.

주의할 것은 매수자가 일단 채무자 등으로부터 부동산을 인도받은 후에 제3자가 불법으로 점유한 경우 그자를 상대로 인도명령을 신청할 수 없다.

(1) 인도명령 신청

인도명령 신청은 잔금대출을 받을 경우 대출은행에서 선임한 등기이전을 위탁받은 법무사에게 부탁하면 무료로 해주거나 10~15만 원의 비용이 소요된다.

그러나 본인이 직접 잔금을 납부할 경우 인도명령을 직접 해야 하는데 2만 원 내외의 적은 비용으로 간단하게 할 수 있다.

1) 법원으로부터 받아야 할 서류

매각대금완납증명원(본인이 법원양식대로 집에서 작성하여도 무방)

2) 매수인이 준비해야 할 문서

① 인도명령신청서

② 해당부동산표시목록 5부(인도명령대상자 수)

③ 송달비용 예납영수증(인도명령대상자 수 × 4회 송달료)

④ 수입인지(접수창구에 문의)

⑤ 본인인 경우 신분증, 도장 지참

⑥ 대리인인 경우 위임장과 인감증명서 지참

부동산 인도명령 신청서 앞에 표지를 붙이고 뒤쪽에 별지로 부동산 목록을 붙인 후 서류를 첨부하여 소정의 송달료와 인지를 붙여 신청한다.

1. 부동산 인도명령 신청서

2. 위임장/인감증명서(대리인 신청 시)

3. 도장

4. 점유자의 호적등본/법인등기부등본(채무자 또는 소유자의 일반승계인(상속인/합병으로 승계한 법인)이 점유자인 경우)

5. 점유자가 인도명령에 기한 강제집행의 대상임을 증명하는 서면(경매개시결정 이후 점유를 개시한 점유자나 경매기록상 드러나지 않는 점유자인 경우)

(2) 인도명령 신청방법

① 인도명령신청서를 작성하고 난 다음 해당부동산표시 5부 복사해서 첨부한다.

② 법원경매계 담당자에게 매각대금완납증명원(경매고무인 날인)을 제출한다.

③ 해당 법원 지정은행에서 3회분의 송달비용을 예납하고 납부영수증을 인도명령 신청서 뒷면에 부착한다.

④ 해당 법원 지정은행에서 증지(인지)를 구매하여 인도명령신청서 오른쪽 상단에 부착한다.

⑤ 해당 법원에 본인인 경우 신분증 도장만 지참, 대리인인 경우 위임장과 인감증명 서 첨부하여 접수처에 접수를 한다.

부동산인도명령신청서

사건번호 2019타경0000호 부동산임의경매

신 청 인 이 ○○

     부산시 동구 초량동 000번지 ☎ 010-0000-0000

피신청인 김 ○○

     부산시 해운대구 우동 1**-***

신청취지

피신청인은 신청인에게 별지 목록 기재 부동산을 인도하라.

라는 결정을 구함.

신청이유

1. 위 사건에 관하여 신청인은 2019년 11월 21일 낙찰대금을 완납하여 별지 목 록 기재 부동산의 소유권을 취득하였습니다.

2. 신청인은 피신청인에게 별지 목록 기재 부동산의 인도를 구하였으나 이에 응 하지 아니하므로 귀원 집행관으로 하여금 피신청인의 점유를 풀고 신청인이 이를 인도받기 위하여 이 신청에 이른 것입니다.

0000. 0. 0.

신청인 이 ○○ ㊞

○○지방법원경매 20계귀중

▣ [인도명령의 진행절차]

| '인도명령' 신청 | 대금 완납 후 즉시 신청 가능 |

▼집행법원경매계 제출

부동산목록, 매각대금완납증명원 또는 부동산등기부등본,
송달료납부영수증 및 인지대 첨부

| 서면심리 및 소환에 의한 심문 | (민사집행법 제136조제4항) |

▼

| 인도명령결정 | ◄── | 신청 후 통상 1~2주 내에 결정 |

▼

| 인도명령결정문의 송달 | ◄── | 1~2주 |

▼

| 송달증명원 발급
(송달 즉시 발급) | 인도명령결정문 원본과 신분증을 가지고 해당법원 민사집행과에
송달증명원과 집행문 부여신청서를 작성하여 2부 제출, 수령 |

▼

| 강제집행 신청 | 인도명령결정문, 송달증명원, 집행문을 가지고 법원의 집행관
사무실에 강제집행신청 |

▼

| 집행관사무실 접수 |

▼

▼

| 집행을 위한 현장 조사 |

▼

| 집행비용 예납 | 집행비용 납부 |

▼

| 강제집행 기일 통지 | 약 2주 |

▼

집행관과 방문일자 조정하여 계고장 부착

| 강제(인도)집행 실시 | 집행관. 필요 시 열쇠, 이삿짐센터, 소유자 참석 |

▼ 인도명령진행 절차

- 부동산인도명령 신청 → 심리 및 심문 → 인도명령 결정 → 송달 → 강제집행신청 → 강제집행

1) 부동산인도명령 신청

2) 심리 및 심문

채무자/소유자/일반승계인은 심문하지 않고 인도명령을 내리지만, 그 외의 임차인이나 전세권자 등이 점유하고 있을 경우에는 심문 후에 인도명령을 내린다. 서면심리에 의하여 인도명령의 가부를 결정할 수 있고, 필요한 경우 당사자를 심문하거나 변론할 수 있다.

3) 인도명령 결정

인도명령 신청 후 약 3~15일이면 부동산 인도명령에 대한 결정이 난다.

4) 송달증명

송달된 인도명령 결정문과 피신청인에게 송달되었다는 송달증명원을 통보한다.

5) 인도명령에 의한 강제집행 신청

상기 인도명령 결정문과 인도명령 대상자에게 보내진 송달증명원을 첨부하여 부동산 소재지를 관할하는 집행관 사무소에 강제집행을 신청한다.

6) 인도명령 결정문

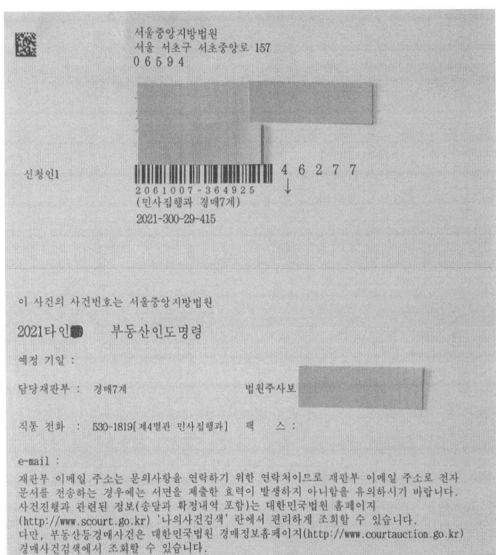

서울중앙지방법원
서울 서초구 서초중앙로 157
0 6 5 9 4

신청인1

4 6 2 7 7
2061007-364925 ↓
(민사집행과 경매7계)
2021-300-29-415

이 사건의 사건번호는 서울중앙지방법원

2021타인▨   부동산인도명령

예정 기일 :

담당재판부 : 경매7계   법원주사보

직통 전화 : 530-1819[제4별관 민사집행과]   팩   스 :

e-mail :
재판부 이메일 주소는 문의사항을 연락하기 위한 연락처이므로 재판부 이메일 주소로 전자
문서를 전송하는 경우에는 서면을 제출한 효력이 발생하지 아니함을 유의하시기 바랍니다.
사건진행과 관련된 정보(송달과 확정내역 포함)는 대한민국법원 홈페이지
(http://www.scourt.go.kr) '나의사건검색' 란에서 편리하게 조회할 수 있습니다.
다만, 부동산등경매사건은 대한민국법원 경매정보홈페이지(http://www.courtauction.go.kr)
경매사건검색에서 조회할 수 있습니다.

7) 주소 보정명령서

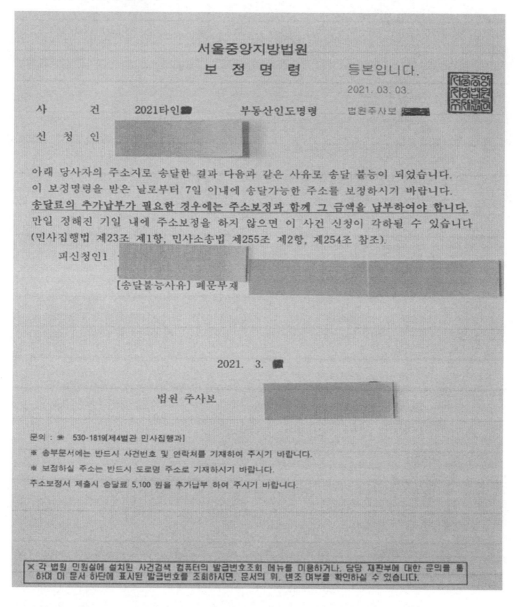

(3) 인도명령에 기한 매수자의 강제집행과 신청필요서류

① 부동산인도명령 결정정본

② 송달증명원(점유자에게 인도명령 결정문을 보냈다는 증명서)

③ 강제집행예납금(강제집행접수비, 집행관 수수료, 노무비 등)

▶ 집행비 내역

종류	비용	비고
강제집행접수비	약 40,000원	
집행관 수수료	집행 1개소마다 15,000원	1990년 8월 21일 대법원규칙 제1126호
	2시간 초과 1시간마다 1,500원 가산	
	집행불능 시 1/2	
노무비용	노무자	1인당 70,000원
	야간집행	일당의 20% 가산
	장비 및 특수기술자	별도비용 계산
	복잡, 위험, 저항도	가감조정 가능
	특수명도, 야간, 무인명도 재집행	일당의 30% 가산
	집행불능 시	일당의 30%

노무자 수		
평수	노무자 인원	노무자 임금
5명 미만	2~4명	• 노무자 1인당 70,000원 • 야간집행 - 노무자 1인당 비용+ 20% 정도 가산 • 측량, 목수 등 특수인력 및 포클 레인 등 장비동원은 별도비용으 로 계산 • 엘리베이터 사용 시 제외
5평 이상 10평 미만	5~7명	
10평 이상 20평 미만	8~10명	
20평 이상 30평 미만	11~13명	
30평 이상 40평 미만	14~16명	
40평 이상 50평 미만	17~19명	
50평 이상	매 10평 증가 시 2명 추가 위 인원에 2명 추가	
2층부터 1개 층 증가 시		
사무소 업소	집 1호 기준으로 하며 노무자 수 조정 가능	

④ 강제집행위임장(집행관에게 강제집행을 위임한다는 위임장)

⑤ 낙찰자의 인감증명서, 매수자의 도장

(4) 인도명령에 대한 불복방법

① 인도명령 발령의 절차적, 실체적 흠결(즉 신청인의 자격, 상대방의 범위, 신청기 간 등의 흠결)

② 인도명령 재판상 하자(즉 신청의 하자, 심리절차의 하자 등)

③ 인도명령의 상대방이 매수자에 대하여 인도를 거부할 수 있는 권원을 가지고 있 는 경우(즉 유치권자, 매수자와 재계약한 임차인 등)

④ 즉시항고 및 집행정지결정

경매법원의 인도명령결정에 대하여 이의 있는 이해관계인(인도명령결정문상의 상대방)은 즉시항고＋집행정지신청을 하고 집행정지결정을 받아 강제집행(강제퇴거)을 정지시킬 수 있다.

2. 명도소송

'명도'라 함은 "부동산 또는 선박을 점유하고 있는 자가 그 점유를 타인의 지배하에 옮기는 것"을 말하는바,[2] '명도소송'은 경매에서 매각대금을 납부한 매수자의 명도 요구를 거부하는 무단점유자를 피고로 하여, 점유하고 있는 부동산에서 퇴거하고 동산을 반출하라는 명령을 구하는 정식소송을 법원에 제기하여 판결을 받는 절차이다.

명도소송의 판결을 받으면 판결문 그 자체가 집행권원으로서 부동산을 명도받을 수 있다. 즉, '명도소송'은 경매개시결정등기 이전에 점유한 대항력 없는 세입자 등 인도명령 대상이 아닌 경우와 인도명령 대상자에 해당되나 낙찰대금 납부 후 6개월을 넘긴 경우의 점유자가 자진하여 부동산을 인도해 주지 않는 경우에 명도소송 제기 후 승소를 통해 강제집행을 실행하는 방법이다.

명도소송은 6개월 정도의 기간이 소요되며, 일반적으로 승소가 명백하므로 명도소송은 본인이 직접 원고로서 재판에 참가할 수도 있고, 변호인을 선임할 수도 있다. 이 경우 수임료는 300만 원 내외가 소요된다.

(1) 점유이전금지가처분 신청

'점유이전금지가처분'은 '보전처분' 중의 하나로, 나중에 '명도소송'에 승소하였을 때 강제집행을 원활하게 하기 위하여 진행하는 절차이다.

---

2) 명도(明渡)란 토지·건물 또는 선박 등을 점유하고 있는 자가 그 점유를 타인의 지배하에 옮기는 것을 일반적으로 인도(引渡 : 점유의 이전)라고 하는데 여기서 그 전제로서 인도 의무자 및 그 동거인 등이 목적물에 살면 그를 퇴출시키고, 인도의무자 소유의 점유동산 등이 있다면 그 점유동산 등을 밖으로 반출한 다음 인도(점유이전)를 하게 되는데 이를 특히 '명도'라 한다. 즉, 명도는 '주거인을 퇴거시키고 동산을 철거한 뒤에 인도하는 것'이다. 따라서 명도는 인도의 한 형태이다[대검찰청 법률용어사전(www.spo.go.kr)].

'부동산점유이전금지가처분'이란 부동산에 대한 인도·명도청구권을 보전하기 위한 가처분으로 목적물의 인적(주관적)·물적(객관적) 현상을 본집행 시까지 그대로 유지하게 하는 가처분을 말한다. 예를 들면, 소유자가 명도소송을 제기한 후에 점유자가 변경된 경우에는 소유자가 승소판결을 받는다 하더라도 그 판결의 효력은 소장상에 명시된 점유자에게만 미치게 되어 판결의 효력이 상실될 가능성이 있다. 그래서 명도소송을 할 예정이니 위장 세입자나 다른 사람에게 해당 부동산을 넘기지 말고 채권자에게 부동산을 넘기라는 것이다. 만약, 현재 점유자가 소송 중이나 직후에 원고 몰래 다른 사람이 들어와 점유하게 되면 소송에서 원고가 승소하여도 새로운 불법점유자를 상대로 다시 명도소송을 제기해야 하기 때문에 점유자가 현 점유를 바꾸지 못하게 하기 위해 명도소송을 제기하기 전에 '점유이전금지가처분' 신청을 하는 것이 좋다.

동 신청을 하면 법원은 민사소송법 제718조의 규정에 의거 당사자 간의 필요적 변론을 거쳐 결정을 하게 된다. 이러한 점유이전금지가처분 신청 및 본안 명도소송은 부동산이 소재하는 지방법원에 소송을 제기하고, 소송 및 신청서에는 계약서, 개별공시지가확인서, 재산관계공부, 명도대상 건물도면 등의 입증서류를 첨부하여야 한다.

이에 첨부되는 서류는 등기부등본, 부동산목록, 건축물대장, 개별공시지가확인원, 소가산정표, 점유자가 점유한 현황도면이 필요하며 소가사정표는 건물과세표준액을 참조하여 소가계산서 작성방법을 보고 작성하면 된다.

점유이전금지가처분신청 때는 판사가 정하는 공탁금을 걸어야 한다. 공탁금은 보통 감정가의 5% 정도이며 통상적으로 보증보험증권으로 공탁하게 된다. 판사의 결정이 나오면 집행관에게 신청하여 가처분결정을 실행하면 된다. 이때 점유자가 집에 없을 경우에는 입회인 2명을 대동하여 가처분의 실행을 하면 된다.

▷부동산점유이전금지가처분의 요건(법원행정처, 법원실무제요 민사집행 Ⅳ)

임대차계약의 해지에 따른 건물명도청구권, 낙찰허가결정에 의한 건물명도청구권, 소유권에 의한 명도청구권 등 채무자에게 대항할 수 있는 한 물권이든 채권이든 상관없이 피보전권리가 될 수 있다.

부동산점유이전금지가처분은 목적물의 본 집행까지 채무자(임차인 또는 점유자)가

목적물의 현재의 상태를 그대로 유지하고 점유명의를 변경하거나 점유를 이전할 우려가 있어 이를 미리 가처분을 해두지 않으면 현재 상태의 변경으로 집행권원을 얻더라도 실행하지 못하거나 이를 실행하는 것이 매우 곤란한 염려가 있는 경우에 인정된다.

> **Q & A 사례**
>
> Q. A의 소유인 아파트를 B에게 임대하였으나, B가 월세를 계속해서 미납하여 B에게 임대차계약 해지를 통보하고 명도를 요구하였습니다. 그러나 B는 이에 불응하고 있는데, 이 경우 A가 취할 수 있는 법적 수단은?
>
> A. A는 B를 상대로 건물명도 등 청구의 본안 소송을 제기하기에 앞서 채무자가 점유하고 있는 아파트를 타인에게 전대 또는 그 밖의 방법으로 점유 이전시키지 못하도록 하는 부동산점유이전금지가처분을 신청할 수 있다.

▷가처분의 목적물가(법원행정처, 법원실무제요 민사집행IV)

신청 시 목적 부동산을 명백하게 특정해야 하므로 부동산의 일부가 목적물인 때에는 도면, 사진 등으로 계쟁(係爭)부분을 특정해야 한다.

부동산점유이전금지가처분은 집행 시 등기를 요하지 않으므로 미등기부동산도 그 목적물이 될 수 있다.

건물퇴거, 토지인도청구권을 피보전권리로 하는 경우 건물점유자에게는 건물에 대하여만 점유이전금지가처분을 하면 충분하고 토지에 대하여는 가처분신청을 할 필요가 없다.

▣ 부동산점유이전금지가처분 신청 절차 개요

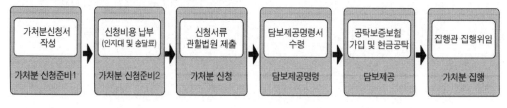

▷가처분 비용

● **인지 첩부**

부동산점유이전금지가처분을 신청하려는 자는 10,000원의 인지를 붙여야 한다[「민사소송 등 인지법」 제9조제2항, 제10조, 「민사접수서류에 붙일 인지액 및 그 편철방법 등에 관한 예규」(대법원 재판예규 제1692호, 2018.6.7. 발령, 2018.7.1. 시행) 제3조 및 별표].

● **송달료 납부**

부동산점유이전금지가처분을 신청하려는 자는 3회분의 송달료(당사자 수 × 3회분)를 미리 내야 한다 [「민사소송법」 제116조제1항, 「민사소송규칙」 제19조제1항제1호, 「송달료규칙」 제2조, 「송달료규칙의 시행에 따른 업무처리요령」(대법원 재판예규 제1712호, 2019.1.31. 발령 2019.3.1. 시행) 제7조제1항 및 별표 1]

※ 부동산점유이전금지가처분을 신청하는 경우 집행 시 등기를 요하지 않으므로, 등록세·교육세 납부 및 증지 첩부는 하지 않는다.

※ 부동산처분금지가처분 신청에 따른 비용 납부에 관한 보다 자세한 내용은 〈가처분 신청준비 – 신청 비용 납부〉 이하 해당 부분에서 확인할 수 있다.

▷제출 서류

부동산점유이전금지가처분을 신청하려는 자는 다음의 서류를 관할법원 민사신청 담당부서(종합민원실)에 제출해야 합니다(「민사소송법」 제273조, 제275조 및 「민사집행규칙」 제203조).[3]

- 부동산점유이전금지가처분 신청서 1부
- 부동산 목록 4부 이상(결정정본 및 등기촉탁서 작성에 필요한 수만큼 준비)
- 별지목록에 대한 목적물가액 산출내역 및 그 근거 자료(과세대장등본 등) 1부
- 부동산등기부등본 1부
- 그 밖에 소명방법으로 권리증서(임대차계약서, 낙찰대금완납증명원 등) 사본 1부
- 법인등기부등본(당사자가 법인인 경우에 한함)

---

3) 관할법원 : 부동산점유이전금지가처분 사건은 원칙적으로 본안의 관할법원 또는 다툼의 대상이 있는 곳을 관할하는 법원이 관할한다(「민사집행법」 제303조). 따라서 부동산의 소재지 또는 채무자 주소지 관할법원 중에서 제출 가능한 법원을 선택하여 신청할 수 있다(「민사소송법」 제3조 및 제20조). 관할법원에 관한 보다 자세한 내용은 〈가처분 개관-가처분의 관할-가처분의 관할〉 부분에서 확인할 수 있다.

▷ 가처분 신청 접수 후 절차

사건번호 부여 및 담보제공명령서 수령

신청서를 법원에 제출하면 사건번호를 부여받게 되고, 접수 후 2~4일 후 해당 법원을 방문하여 담보제공명령서를 수령하거나, 우편(7~10일 소요)으로 명령서를 수령한다.

채권자는 법원에 비치된 민원인용 컴퓨터 단말기를 통하여 사건번호를 입력하면, 담보제공명령, 가처분 인용결정 여부 등을 알 수 있다.

※ 가처분 결정 후 14일 경과 후에는 법원에 가지 않고 대법원 홈페이지(http ://www.scourt.go.kr)에서도 확인할 수 있다.

▷가처분 신청서 작성

● 신청서 작성

부동산점유이전금지가처분 신청서를 작성하려는 자는 신청서에 ① 당사자(대리인이 있는 경우 대리인 포함), ② 목적물의 가액, 피보전권리 및 목적물의 표시 ③ 신청의 취지, ④ 신청의 이유, ⑤ 관할법원, ⑥ 소명방법 및 ⑦ 작성한 날짜를 기재하고, 당사자 또는 대리인의 기명날인 또는 서명을 해야 한다(「민사집행법」 제23조제1항, 제301조, 제279조,「민사집행규칙」 제203조제2항,「민사소송법」 제249조 및 제274조).

※ 그 밖에 신청서 작성 일반에 관한 자세한 내용은 〈가처분 신청준비-가처분 신청서 작성-가처분 신청서 작성 요령〉 부분에서 확인할 수 있다.

◎ 신청취지 및 신청이유

소장의 청구취지에 상응하는 것으로 가처분에 의해 구하려는 보전처분의 내용을 말하며, 권리의 보전을 위해 필요한 내용을 적는다(「민사집행규칙」 제203조제2항).

<기재례>

신 청 취 지

1. 채무자는 별지목록 기재 부동산에 대한 점유를 풀고 채권자가 위임하는 집행관에게 인도하여야 한다.

2. 위 집행관은 현상을 변경하지 아니하는 것을 조건으로 하여 채무자에게 이를 사용하게 하여야 한다.

3. 채무자는 그 점유를 타인에게 이전하거나 또는 점유명의를 변경하여서는 아니 된다.

4. 집행관은 위 명령의 취지를 적당한 방법으로 공시하여야 한다.

라는 재판을 구합니다.

신청이유

신청취지를 구하는 근거로 피보전권리의 존재와 보전의 필요성을 구체적으로 적어야 한다(「민사집행규칙」 제203조제2항).

그 밖에 지급보증위탁계약증서에 의한 담보제공을 하는 경우 이를 허가해 달라는 취지를 적는다.

※ 개별 사안에 따른 부동산점유이전금지가처분신청서 및 그 작성례는 대한법률구조공단 홈페이지에서 확인할 수 있다.

● 목적물 가액, 피보전권리 및 목적 부동산 표시

목적물의 표시 · 가액 및 피보전권리는 다음의 예시와 같이 표시되나, 간결 · 명료하게 표시하기 어렵거나 그 내용이 길어 별지를 인용할 경우에는 "별지 기재 내용과 같음"으로 표시하고 별지를 붙인다(「민사집행법」 제301조 및 제279조제1항). 부동산의 일부가 목적물인 경우에는 도면, 사진 등의 그 목적물 부분을 특정해야 한다. 또한 부동산목록의 표시에 부동산의 실제 현황과 등기부상의 표기가 다를 경우 실제 부동산의 현황을 표시해야 한다.

<기재례>

목적물의 표시 : 별지목록 기재와 같다.

목적물가액의 표시 : 금 7,500,000원

피보전권리의 요지 : 2000. 0. 0. 소유권에 기한 건물명도청구권

[별지] 부동산의 표시

1동의 건물의 표시 ○○시 ○○구 ○○동 ○○ 제4동

철근콘크리트조 및 벽돌조 슬래브지붕 4층 다세대주택

1층   152.75㎡   2층   152.75㎡

3층   152.75㎡   4층   152.75㎡

대지권의 목적인 토지의 표시 ○○시 ○○구 ○○동 ○○ 대 747㎡

전유부분의 건물의 표시 철근콘크리트조 및 벽돌조 1층 411호 72.80㎡

대지권의 표시 소유권 7470분의 377 대지권. 끝.

부동산 가액 산정방법

◇ 토지의 가액은 「부동산 가격공시에 관한 법률」에 따른 개별공시지가(개별공시지가가 없는 경우에는 시장·군수 또는 구청장이 「부동산 가격공시에 관한 법률」 제9조에 따라 국토교통부장관이 제공한 토지가격비준표를 사용하여 산정한 가액)에 100분의 50을 곱하여 산정한 금액이 목적물의 가액이다(「민사소송 등 인지규칙」 제9조제1항).

토지의 가액 = 개별공시지가 × 면적(㎡) × 50/100

◇ 건물의 가액은 「지방세법 시행령」 제4조제1항제1호의 방식에 따라 산정한 시가표준액(이 경우 건축물을 건물로 함)에 100분의 50을 곱한 금액이 목적물의 가액이다(「민사소송 등 인지규칙」 제9조제2항).

건물의 가액 = 시가표준액 × 면적(㎡) × 50/100

※ **시가표준액 산정 방법**

신축건물기준가액 × 적용지수[구조지수 × 용도지수 × 위치지수] × 경과연수별잔가율 × 면적(㎡) × 가감산특례 = 시가표준액

※ 건물신축가격기준액 : 730,000원/㎡(「국세청 건물 기준시가 산정방법 고시」 제6조)

※ 그 밖에 건물의 구조별·용도별·위치별 지수 및 건물의 경과연수별 잔존가치율은 「국세청 건물 기준시가 산정방법 고시」에 따른다.

※ 개별공시지가는 해당 부동산 소재지 시·군·구청 등록면허세과 또는 국토교통부 부동산공시가격 알리미 사이트(http://www.realtyprice.kr/)에서 확인할 수 있다.

※ 대한법률구조공단 생활법률 자동계산 코너의 〈기타사건 비용계산-건물소가산정〉에서 자동계산 기능을 이용하면 쉽게 건물시가표준액을 구할 수 있다.

(2) 명도소송

명도소송은 부동산 등을 점유할 권원이 없는 자가 해당 부동산이나 선박을 점유한 채 점유할 권원이 있는 소유자나 임대인에게 반환하지 않을 때 제기되는 소송이다.

▷ **명도소송 신청자**

1. 낙찰자
2. 차순위 매수신고에 의해 결정된 낙찰자
3. 잉여 가망이 없는 경우의 경매 물건에 대한 매수를 신청한 채권자인 낙찰자
4. 낙찰자의 상속자
5. 법인의 낙찰자(일반 낙찰승계자)

▷ **명도소송 대상**

점유자가 '인도명령'의 대상이 아니라면 '명도소송'의 대상이 될 수밖에 없다.

법정지상권을 주장하는 자, 유치권 신고인, 대항력의 유무를 다투는 임차인, 위장(僞裝) 임차인, 경매기일등기 이전의 무단점유자, 권원에 의해 점유를 하고 있는 경우 등 아

래의 경우에 해당하여 '인도명령' 방법으로 퇴거 및 동산 반출을 시키지 못했다면, '명도소송'에 의한 방법으로 해결할 수밖에 없다.

명도소송은 민사소송의 하나로서 사실과 증거에 의해 소송의 승패가 좌우된다. 이와 같이 아무리 현명한 소송이더라도 겸손한 자세로 점유자의 어려움에 동감하면서 임하는 협상에 의한 해결이 더 경제적이고 효과적일 수도 있다.

① 확정일자를 갖춘 임대차이지만 선순위 권리가 설정되어 있고 자신의 과실로 인하여 법원에 배당요구 신청을 하지 못하여 배당 절차에 참여하지 못한 임차인

② 확정일자를 갖춘 임대차이면서 법원에 배당요구 신청을 하였으나 선순위 채권액이 너무 많아 배당 절차에서 배당을 받지 못한 자

③ 경매 개시 등기일 이전에 전입한 임대차이나 이미 임대차의 전입일 전에 타 채권자에 의한 가압류 혹은 근저당 등의 채권액이 낙찰대금보다 과다하게 설정되어 있고 소액 임대차에도 해당되지 않아 배당 절차에서 배당받지 못한 임차인

④ 상가건물의 세입자로서 전세권을 설정해 놓고도 선순위 채권이 과다하여 배당받지 못한 자

⑤ 상가건물의 세입자로서 경매 개시 결정등기일 이전에 주민등록을 전입한 자

⑥ 기타 정당한 사유 없이 점유를 계속하고 있는 자[4]

---

① 법정지상권이 성립하는 건물의 인차인

② 유치권신고인

③ 낙찰자가 인도명령의 대상인 소유자, 채무자에게 소유권을 양도한 경우

④ 재침입한 임차인

⑤ 배당을 받지 못한 확정일자를 갖춘 선순위 임차인(대항력 있는 임차인)

⑥ 매각대금을 납부 후 6개월 이내에 매수자가 인도명령신청을 하지 않은 경우의 점유자

⑦ 낙찰자로부터 새로 임차하거나 부동산을 매수한 자

⑧ 채무자이며 대항력 있는 임차인

---

4) board/html.asp?board=guide&wr_id=9&cate=1

말소기준권리보다 이전에 점유한 대항력 있는 점유자로서 인도명령 대상이 아닌 경우

▷ **명도소송 절차도**

점유이전금지 가처분신청 → 가처분결정/실행 → 명도소장접수 → 사건번호 및 담당판사 배정 → 심리 → 선고 → 승소판결 → 강제집행 신청

최소한 3개월 이상 소요되지만 보통은 배당 전에 심리가 연기되므로 4~5개월을 계산해야 한다.

만약 심리과정에서 지연되고 항소(1심 판결 불복), 상소(항소심 판결에 불복) 등을 하는 경우에는 보통 6~7개월까지 걸리는 때도 있다. 변호사수임 수수료는 대략 2~5백만 원선이다.

① 소장의 접수

명도소송의 소장은 법무사에 의뢰하거나 직접 작성한다.

인지대는 소송물 가액(과세시가 표준액)×1/2×0.005로 인지를 표지에 붙이고, 송달료(1,760원×10회×명도 대상자 수)와 함께 법원 민사 신청과에 소장을 접수시킨다.

- 명도소송 접수 시 필요서류

  - 소장
  - 낙찰 허가 결정 정본
  - 부동산 등기부등본
  - 별지 목록(건물 도면)
  - 낙찰 대금 납부서
  - 권리 신고 및 부동산 현황조사서 사본
  - 제출된 피고 주민등록등본

② 사건번호 및 담당판사의 배정

소장을 제출하면 사건번호와 담당판사가 배정된다. 사건의 진행 등에 관해 확인할 사항이 있으면 해당 민사부의 서기에게 문의한다.

③ 심리

재판에서는 원고의 주장을 소장에 적힌 것으로 대신하거나 준비된 서면으로 변론기일 3~4일 전에 제출하면 된다.

상대방의 주장에 대해서는 인정 또는 반박하는 진술을 할 수 있으며 후에 그 사항은 서면으로 제출한다.

④ 선고

판사는 원고와 피고의 진술 후 증거서류를 제출하거나 증인을 세우게 하고 최종적으로 선고를 내린다.

⑤ 승소 판결

명도소송 판결이 내려지고 집행문이 부여되면 별도의 채무명의 없이 명도소송 판결문만으로 강제집행을 실행하여 점유 이전을 받을 수 있다. 실제 소송과정에서 조정으로 이어지는 경우가 있는바, 이때 조정을 거부하고 명도판결을 받아낸다.

⑥ 명도소송에 의한 강제집행 신청

명도소송 판결정본, 즉 집행문과 송달증명을 첨부하여 부동산 소재지 관할 집행관 사무소에 강제집행을 신청한다.

- 명도소송 집행 시 접수서류
  - 집행력 있는 정본(승소 판결 채무명의 정본+집행문 부여)
  - 송달증명원
  - 도장
  - 강제집행 예납금
  - 인감증명서(위임할 경우)
  - 위임장(위임할 경우)

---

(1) 점유이전금지 가처분신청

점유이전금지 가처분신청 → 가처분 결정 → 실행

▼

(2) 명도소송(본안소송) 소장 제출

- 명도소송 접수 시 필요서류
  - 소장
  - 부동산등기부등본
  - 낙찰대금납부서
  - 제출된 피고 주민등록등본
  - 낙찰허가 결정 정본
  - 별지 목록(건물 도면)
  - 권리신고 및 부동산현황조사서 사본

원고로부터 명도소송 소장이 접수되면, 법원은 피고에게 송달하여 받으면(공시송달 포함) 본격적으로 소송이 시작된다. 피고는 송달받을 날로부터 30일 내에 법원에 답변서를 제출하게 되는데, 이 과정에서 피고가 변호사를 선임했다면 대항하겠다는 의사가 있다고 보면 된다. 이 경우 유리한 법리와 증거에 대하여 철저히 검토하여 수 개월 내에 본안소송에서 승소판결을 받도록 한다.

▼

1차 변론기일
(소장제출일로부터 4~5주 후로 지정)

▼

2차 변론기일
(1차 변론기일로부터 4~5주 후로 지정)

▼

명도 판결 선고

◆ **강제집행비용**

대략 평당 5~10만 원 정도로 통상 150~250만 원 정도 소요. 단, 강제집행 대상 평수에 따라 달라짐

1. 강제집행 접수비 : 약 40,000원 *명도접수건

2. 집행관 수수료 : 집무 2시간 미만 - 15,000원

    집무 2시간 초과 - 1시간마다 1,500원 가산

3. 노무자 수

    - 5평 미만 : 2~4명

    - 5평 이상 10평 미만 : 5~7명

    - 10평 이상 20평 미만 : 8~10명

　　- 20평 이상 30평 미만 : 11~13명

　　- 30평 이상 40평 미만 : 14~16명

　　- 40평 이상 50평 미만 : 17~19명

　　- 50평 이상 : 매 10평 증가 시 2명 추가

　4. 노무임금

　　- 노무자 1인당 70,000원

　　- 야간집행 - 노무자 1인당 비용 + 20% 정도 가산

　　- 측량, 목수 등 특수인력 및 포클레인 등 장비동원은 별도비용으로 계산

◈ 명도집행 방법

위 판결문 정본에 '집행문'을 부여받아 집행관 사무실에 찾아가 강제집행을 위임한다.

집행관은 강제집행 하기 전에 예고서를 실내 또는 실외에 붙여 통지한다. 실제로 법령 및 집행관 지침에 강제집행 시 예고해야 한다는 규정은 없다. 그럼에도 불구하고 점유자가 부재 중일 때는 강제집행 예고서를 실내에 붙이는 경우, 현관에 끼워두는 경우, 우편함에 넣는 경우 등 법원마다 처리 방법이 다르다. 낙찰자에게 가장 유리한 것은 집행관이 실내에 예고장을 붙이고 오는 것이다. 이렇게 하면 점유자에게 상당한 심리적 압박이 되어 점유와 관련한 문제들이 빨리 해결되는 경향이 있다.

낙찰 대상 부동산에 점유자가 있음에도 불구하고 집행 방해를 목적으로 개문하지 않거나 부재중이어서 2회 이상 집행 불능이 되면 성인 2인 또는 국가공무원(시, 구, 읍, 면, 동사무소 직원), 경찰공무원 1인 입회하에 강제집행 할 수 있다. 이때 반출되는 유체동산에 대해서는 집행관이 목록을 작성하여 채무자 비용으로 채권자에게 보관시킨다.

야간과 휴일에는 법원의 허가부터 받아 허가 명령을 제시하여야 집행할 수 있다.

점유자가 퇴거한 것으로 추정되고, 관리업체를 통해 명도 대상 부동산이 공가임이 입증되는 경우에는, 강제집행할 필요가 없고 관리 또는 경비실에 신고하고 잠금장치를 해제하여 인수하는 간단한 방법도 가능하다.

◈ 손해배상 청구

임차인을 상대로 명도소송을 하여 승소했을 경우, 손해배상금은 임대차계약상의 월

차임 상당액을 경과일자를 기준으로 산출하여 청구한다. 지연이자는 연 12%이다. 즉, 금전채무의 이행을 명하는 판결 등은 대개 주문에서 지급 원금에 대하여 소장(또는 이에 준하는 서면) 부본의 송달일 또는 판결 선고일 다음날부터 다 갚는 날까지 연 15%의 이율로 계산한 금액을 지급할 것을 명하는데, 위 연 15%의 이율 부분(금전채무 불이행으로 인한 손해배상액 산정의 기준이 되는 소송촉진 등에 관한 특례법상의 법정이율)이 2019.6.1.부터 연 12%의 이율로 인하되었다.

변경된 법정이율이 적용되는 사건은 다음과 같다.

- 2019.6.1. 현재 법원에 소송계속 중인 사건 중 제1심 변론이 종결되지 아니한 사건 (2019.5.31.까지는 연 15%, 2019.6.1.부터는 연 12%의 법정이율 적용)
- 2019.6.1. 이후 접수되는 사건 등

[참고] 지연이자 및 지연손해금

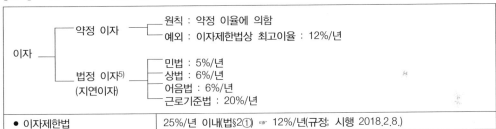

● 이자제한법	25%/년 이내(법§2①) ☞ 12%/년(규정; 시행 2018.2.8.)
제2조(이자의 최고한도) ① 금전대차에 관한 계약상의 최고이자율은 연 25퍼센트를 초과하지 아니하는 범위 안에서 대통령령(이자제한법 제2조제1항의 최고이자율에 관한 규정)으로 정한다. ② 제1항에 따른 최고이자율은 약정한 때의 이자율을 말한다. ③ 계약상의 이자로서 제1항에서 정한 최고이자율을 초과하는 부분은 무효로 한다. ④ 채무자가 최고이자율을 초과하는 이자를 임의로 지급한 경우에는 초과 지급된 이자 상당금액은 원본에 충당되고, 원본이 소멸한 때에는 그 반환을 청구할 수 있다. ⑤ 대차금이 10만 원 미만인 대차의 이자에 관하여는 제1항을 적용하지 아니한다.	
● 소송촉진 등에 관한 특례법	40%/년 이내(법§3①) ☞ 12%/년(규정; 시행 2019.6.1.)
동법 제3조(법정이율) ① 금전채무의 전부 또는 일부의 이행을 명하는 판결(심판을 포함한다.)을 선고할 경우, 금전채무 불이행으로 인한 손해배상액 산정의 기준이 되는 법정이율은 그 금전채무의 이행을 구하는 소장(訴狀) 또는 이에 준하는 서면(書面)이 채무자에게 송달된 날의 다음 날부터는 연 40/100 이내의 범위에서「은행법」에 따른 은행이 적용하는 연체금리 등 경제 여건을 고려하여 대통령령(소송촉진 등에 관한 특례법 제3조제1항 본문의 법정이율에 관한 규정)으로 정하는 이율에 따른다. 다만,「민사소송법」제251조⁶)에 규정된 소(訴)에 해당하는 경우에는 그러하지 아니하다. ② 채무자에게 그 이행의무가 있음을 선언하는 사실심(事實審) 판결이 선고되기 전까지 채무자가 그 이행의무의 존재 여부나 범위에 관하여 항쟁(抗爭)하는 것이 타당하다고 인정되는 경우에는 그 타당한 범위에서 제1항을 적용하지 아니한다.	

---

5) 소비대차에서 이자에 대한 약정이 없는 경우

6) '장래이행의 소'는, 변론종결 시를 표준으로 하여 이행기가 장래에 도래하는 이행청구권을 주장하는 소를 말하는바,「민사소송법」제251조는 장래의 이행을 청구하는 소는 미리 청구할 필요가 있는 경우에 한하여 제기할 수 있도록 규정하고 있다. 그러나 그 입법 취지는 가령 현재(즉 사실심의 변론종결 당시에) 조건부 또

다만, 임금채권에 대하여 당사자 간 별도의 약정이 없을 경우 「상법」 제54조에 따라 연 6%의 이자가 부과되고, 근로자가 임금채권 확보를 위하여 민사소송을 제기할 경우 「소송촉진 등에 관한 특례법」 제3조에 따라 소송제기 시점 또는 확정판결 시점부터 변제일까지 연 20%의 이자가 부과된다. 「근로기준법」 제36조의2 조항이 상법 제54조 및 「소송촉진 등에 관한 특례법」 제3조의 특별법적 성격을 가지므로 임금, 퇴직금에 대하여는 근로기준법이 먼저 적용되고 상법이나 소송촉진법이 나중에 적용된다. 이러한 지연이자제도는 평상시 임금체불에 대응하는 제도가 아니라 근로자가 퇴직하는 경우를 그 대상으로 한다. 따라서 "사망 또는 퇴직으로 근로관계가 종료된 근로자"에게 적용되며 월급여가 밀린 근로자 모두에게 적용되는 것은 아니다. 즉 재직 중인 근로자에 대해서는 적용되지 않는다.

또한, 지연이자는 민사상의 채권만 발생시킬 뿐, 지연이자 미지급에 대한 처벌규정은 별도로 없으므로 근로기준법의 체불금품에 포함되지 않는다고 보는 것이 일반적인 법해석이다(노동OK - 체불임금에 대한 지연이자제도 - 임금 - 노동OK -http://www. no dong.or.kr/?mid=imgum&document_srl=402804).

는 기한부 권리관계 등이 존재하고 단지 그 이행기가 도래 않고 있는 데 불과한 때에 만일 그 채무의 이행기가 도래하였다 하여도 채무자가 그 채무를 자진하여 이행하지 않을 것이 명백히 예상되는 경우에도 채권자는 속수무책 격으로 아무 대책도 강구 못 하고 그 이행기가 도래하였을 때까지 기다렸다가 비로소 그 이행기가 도래한 부분에 한하여 현재 급부의 소만을 제기하여야 한다면 채권자의 보호가 충분치 못하므로(특히 원금과 그 지급완료 시까지의 이식, 손해금의 지급청구 및 월부금의 지급 본건과 같은 부동산명도완료 시까지의 임료 또는 손해금 등 계속적으로 발생하는 채무의 경우를 상기하여 보면) 그 이행기 도래 전에 미리 장래에 이행할 채무의 이행에 있어서의 이행을 청구하는 확정판결을 얻어서 두었다가 그 이행기가 도래하면 즉시 강제집행을 할 수 있게 하기 위하여 이행기에 즉시 이행을 기대할 수 없다고 인정할 때에는 언제나 소위 위 규정에 의한 장래의 이행의 소를 청구할 수 있는 방도를 법제적으로 규정하여 두자는 데 있다. 그러므로 이 규정은 이와 같은 의미의 필요성이 인정되는 한 모든 장래의 이행청구권에 널리 이용할 수 있도록 특별한 제한을 두고 있지 않은 것이다(https://m.blog.naver.com/startlrah/221751142842 참조).

▼

판결정본 송달

(선고일로부터 2주 이내에 원고 · 피고에게 송달)

▼

상소기간 도과 시 판결확정

판결문 송달일로부터 항소기간 도과(2주 내에 항소가 없으면) 시 확정

판결 미확정 상태에서 가집행할 수 있으나, 판결이 뒤집어지면 손해배상을 해야 하는 부담이 있음에 유의할 필요가 있다.

▼

상소(1심 → 2심 → 3심)

(판결문 송달일로부터 2주 내에 원심법원에 항소장 제출, 항소심 진행)

(판결문 송달일로부터 2주 이내에 항소심 법원에 상고장 제출, 상소심 진행)

▼

판결확정

▼

명도집행(강제인도)

(판결문에 대한 집행문 및 송달증명을 교부받아 → 관할법원집행관사무소에 신청)

명도소송 판결이 내려지고 집행문이 부여되면 그 자체 '집행권원'이 되므로 별도의 서류(종전: 채무명의) 없이도 명도소송 판결문만으로 강제집행을 실행하여 명도(점유 이전)를 받을 수 있다.

• 명도소송 접수서류

 - 집행력 있는 정본(승소 판결 채무명의 정본 + 집행문 부여)

 - 송달증명원　　　　　　　　　　　　　- 도장

 - 강제집행 예납금　　　　　　　　　　- 위임의 경우(인감증명서, 위임장)

소송비용 확정 및 소송비용 회수

불법점유자로 인하여 시간과 비용을 낭비한 원고는, 그로부터 비용회수가 가능한바, 법원(출석 없음)으로부터 소송비용액 확정, 집행비용액 확정절차를 거쳐, 이 판결문을 집행권원으로 하여 상대방 재산에 강제집행 할 수 있다.

3. 강제집행

명도소송에서 받은 판결문을 가지고 강제집행하거나 처음부터 인도명령대상인 경우에 인도명령을 신청하면 통상 2주 정도 내에 인도명령결정정본을 송달받게 된다.

점유자에게 송달되면 송달받을 시점에 신청자에게도 송달된다(이때 점유자에게 송달되지 않으면 주소보정하라는 통보가 온다). 만약 폐문부재중이거나 낮시간에는 송달받을 사람이 없다면 야간송달, 집행관송달, 공시송달 등을 신청하여 신속히 송달할 수 있게 조치를 취해야 한다.

인도명령은 신청인에게 결정정본이 발송된다고 해서 송달이 완료된 것이 아니라 피신청인에게 송달이 돼야 완료된 것으로 본다. 또 법원에 따라 장기간 부재중이거나 고의로 회피하는 경우에는 직권으로 송달을 증명해 주기도 한다.

(1) 강제집행 접수

① 강제집행을 신청하려면 법원으로부터 송달받은 부동산인도명령결정정본(○○○○ 타경 ○○○○)과 송달증명원(법원에 따라 집행문부여)을 제출해야 한다.
- 송달증명원과 집행문부여를 발급받으려면 법원에 비치된 신청서
  - 집행문부여
  - 송달증명원
  - 확정증명원을 작성하여 발급받으려는 사항 수대로 인지를 첨부하고 2부를 작성하여 경매계에 제출한다.

    송달증명원, 집행문부여를 발급받으면 신청서에 인지를 붙이고 2부를 작성하여 제출하면 경매계에서 인지가 첨부되지 않은 서류는 송달일자와 집행문부여를 첨부하여 신청자에게 돌려준다.
② 인도명령결정정본과 발급받은 송달증명원과 집행문부여를 가지고 법원 집행관 사무소에 가서 강제집행신청서를 작성하여 제출한다.
③ 강제집행을 신청하면 집행비용을 산정한다. 그 비용은 철거인부 노무비용, 집행관의 여비, 수수료 등이다.

④ 집행비용을 납부하고 담당 집행관과 협의하여 예고집행(예고장 부착 및 경고성 집행)을 한 후 강제집행의 절차를 계획한다. 강제집행이라는 절차는 최후의 방법이기 때문에 신중을 기해야 한다.

(2) 집행방법

① 부재중 및 폐문부재 시의 명도방법

경매진행 중인 건물에 점유자가 있어 폐문되어 있을 때 명도집행을 쉽게 생각하다가 곤경에 처할 수 있다. 폐문부재 시에 소유권자라고 함부로 점유자의 짐을 철거할 수 없다. 민주주의 국가에서는 사적 강제(힘에 의한 해결)는 허용되지 않고 모든 것은 인도명령 등의 절차를 거쳐 공권력에 의한 국가구제만이 허용된다.

이런 경우 법적인 절차는 먼저 전 소유자나 점유자에게 특별송달과 야간특별송달, 공시송달을 거쳐 낙찰자가 보관장소를 지정한 다음 집행관에게 명도신청을 해야 한다. 보관된 동산은 일정 기간이 지난 후 압류절차를 거쳐 유체동산경매를 통해 처리하는 게 순서이다. 그러나 이 모든 과정대로 처리하다 보면 시간과 비용이 과다하게 소요된다. 따라서 이 물건의 등기상의 채권자에게 연락, 동산 압류를 종용하고 그 채권자로 하여금 유체동산경매를 신청하게 하여 명도처리하면 빠르고 안전하다.

- 빈집의 경우

  관리실 등 관리업체를 통해 낙찰 대상 부동산이 공가임이 입증되는 경우에는 강제집행할 필요가 없고 관리 또는 경비실에 신고하고 잠금장치를 해제하여 인도하는 방법도 가능하다. 그러나 장기간 방치된 유체동산이 있는 경우에는 국가공무원, 경찰공무원 또는 20세 이상의 일반인, 관리사무소 직원 등의 입회하에 일정한 곳에 보관하여야 한다.

② 부득이한 경우

- 집행관 입회하에 물건목록을 작성
- 경찰관이나 동직원 1인을 입회시킨 후 철거

  이 경우에도 목록작성은 물론 카메라로 방의 상황이나 물건의 상태 등을 촬영해 두는 것도 방법이다.

■ 성인 2명 이상의 입회나, 이웃주민의 입회하에 1)항의 방법으로 할 수 있다.

폐문부재 시 강제집행

▼

집행관, 동직원이나 경찰관 1명, 성인 2명 대동

▼

열쇠 기술자 사용 열쇠쇄정해제

▼

점유자 짐 철거

▼

집행관이 채무자의 부동산 점유해제 후 채권자에 인도

③ 강제집행 시 집행관이 떠난 후 짐을 다시 들여놓은 경우

집행을 한 뒤에는 열쇠를 재빨리 교체해야 한다. 집행이 끝난 후에 다시 짐을 들여놓으면 처음부터 다시 해야 하는 상황에 놓이기 때문이다.

일단 우선 세입자를 잘 설득하여서 내보내는 방법이 최선이고 최악의 경우 형법 제140조의2(부동산강제집행효용침해죄)에 해당되므로 고소를 할 수 있다. 이 경우 고소의 취하는 이사를 완전히 한 후에 해야 한다. 이는 고소를 취하하면 다시 고소를 할 수 없기 때문이다(일사부재리원칙 적용).

강제집행으로 명도 또는 인도된 부동산에 침입하거나 기타 방법으로 강제집행의 효용을 해한 자는 5년 이하의 징역 또는 700만 원 이하의 벌금에 처한다(형법 제140조의2). 본죄는 판결의 집행력과 강제집행의 효력을 보호하기 위하여 신설한 것이다. 즉 승소판결에 의한 집행관의 명도집행 후에는 이미 채무명의의 집행력이 소멸되었기 때문에 다시 채무자가 부동산에 침입하여도 공무상 비밀표시무효죄는 성립하지 않는다. 본죄는 이에 대처하기 위하여 신설된 것으로 볼 수 있다(대판 1985.7.23, 85도1092).

◘ **강제집행효용침해죄에 대한 고소장 양식**

고 소 장

고소인(피해자)   ○○○
서울특별시 ○○○구 ○○동 ***
전화번호 02)***-****
피고소인(가해자)   ▷▷▷
서울특별시 ○○구 ○○동 ***
전화번호 02)****-****

고소의 취지

고소인은 피고소인을 부동산강제집행의 효용을 침해한 혐의로 고소하오니 철저히 조사하여 엄중히 처벌하여 주시기 바랍니다.

고소사실

1. 고소인은 2020타경****호 임의경매사건에서 낙찰받은 고소인 소유의 서울시 ○○구 ○○동 *** 소재 건물을 피고소인이 점유하고 명도를 거부하여 명도청구소송을 제기하여 확정판결을 받은 바 있습니다.

2. 2019. 12. 28. 10:00부터 같은 날 15:00경까지 사이에 ○○지방법원 소속 집행관의 지휘 아래 위 피고소인이 점유하고 있던 부동산에 대하여 확정판결에 의한 명도집행이 행해진 직후 피고소인은 명도당한 위 부동산에 재진입을 시도하여 저지하던 고소인을 강제로 제압하고 폭력적인 방법으로 위 부동산에 진입함으로써 위 부동산 강제집행의 효용을 침해하였습니다.

3. 피고소인이 이 사건 부동산에 재진입한 것은 집행관이 임차인인 피고소인의 위 부동산에 대한 점유를 해제하고 이를 소유자인 고소인에게 인도하여 강제집행이 완결된 후의 행위로서 '부동산강제집행효용침해죄'에 해당한다 할 것입니다.

4. 피고소인의 이러한 행위는 형법 제140조의2(부동산강제집행효용침해) 강제집행으로 명도 또는 인도된 부동산에 침입하거나 기타 방법으로 강제집행의 효용을 해한 행위에 해당된다고 사료됩니다.

5. 따라서 피고소인을 철저히 조사하여 이와 같은 행위가 재발하지 않도록 법에 따라 엄벌하여 주시기 바랍니다.

소명방법

1. 등기부등본
1. 판결문사본
1. 기타 미비된 내용과 서류는 조사 시 자세히 보정과 진술을 하겠습니다.

2020년 1월 17일

위 고소인   김 ○ ○ (인)

○○ 경찰서장(또는 서울지방검찰청 ○○지청 검사장) 귀중

4. 명도확인서 작성과 실무

(1) 명도확인서의 용도

배당대상 점유자가 배당금을 수령하기 위해서는 매수자의 인감과 인감이 날인된 명도확인서가 필요하다. 명도확인서 교부와 임차인의 점유부동산명도(이사)는 동시이행의 관계이다. 따라서 점유부동산 명도 없이 낙찰자에게 아래 명도확인서를 요구하는 것은 일반 임대차에서 임차인이 보증금 반환을 먼저 받은 후 이사를 하겠다고 하는 것과 같은 무리한 요구이다. 따라서 역지사지(易地思之)의 자세로 지혜롭게 대처하여 서로 간의 분쟁을 미연에 방지하는 것이 좋다. 이것은 배당을 받고도 비워주지 않는 임차인이 있기 때문이다.

(2) 서식

명도확인서

사건번호 : 0000타경2222호 부동산임의(강제)경매
임차인 : ○○○ ******~111111

위 사건 부동산에 관하여 임차인 이미정은 0000년 3월 5일 그 점유 부동산을 낙찰자 ○○○에게 명도하였으므로 이에 확인합니다.

첨부
1. 낙찰자 인감증명 1통

0000년 3월 5일

낙찰자 성명 : ○○○ (인감도장으로 날인)
서울시 서초구 서초3동 1714

○○○○법원경매○계 귀중

---

(3) 매수자의 명도확인서 발급거부와 대책

이번에는 위의 사례와는 반대로 임차인이 비워주었는데도 매수자가 명도확인서를 해주지 않거나 금원을 요구하는 경우도 있다. 이럴 때 매수자 인감증명서 및 명도확인서를 받지 않으면 배당금을 수령하지 못하는 것은 아니다.

이때에는 다음 방법을 이용하면 가능하다.

> ⊃ 매수자가 명도확인서를 해주지 않을 때 배당받는 방법
> 1. 불거주 확인세[통장이 발행]
> 2. 주민등록등 · 초본[전입한 새 주소지]
> 3. 비워준 부동산의 내부사진
> 위 증빙서류를 제출하여 현재 사건 건물에 살고 있지 않으며 비워주었다는 것을 증명하고 이를 근거로 배당기일에 배당금을 찾을 수 있다.

5. 위장전입자 처리

(1) 위장전입자의 목적

① 집주인이 돈을 빌려 쓰고 경매를 당하면서 방 한 칸마다 소액배당금을 받아가게 하기 위하여 경매기입등기 전에 위장전입자를 전입시킴

② 대항력 있는 허위의 임차인을 미리 준비해 놓은 상태에서 돈을 빌림. 즉 선순위 보증금은 경락 인수되어 그만큼 담보가치가 하락되는 것을 잘 모르는 채권자에게 돈을 빌림

③ 건물소유자와 친척 · 친분 관계에 있는 사람이 그냥 신세지고 살고 있다가 돌연 경매가 진행되자 소유자와 정당하게 임대차(전세)계약을 맺고 살고 있는 것으로 가장함. 따라서 허위로 작성한 전세계약서를 제출하고 대항력 있는 임차인임을 주장하면서 경락인에게 보증금의 반환을 요구함

④ 한편 이사비용을 받기 위하여 위장전입자를 세워 놓은 경우도 있다. 즉 매수자가 명도소송을 제기하는 경우에 드는 비용과 시간 그리고 마음고생을 고려하여 이사비를 주고 해결하는 경우가 많은 것을 악용함

(2) 진행절차

① 위장전입자 때문에 배당이 적어지거나 못 받아가는 채권자의 경우에는 배당이
의의 소를 제기한 후 위장전입자임을 재판절차를 통하여 밝히면 된다.

② 경락인수를 주장하는 경우 추가비용(채권인수의 관계)이 들어가게 생긴 최고가
매수자의 경우에는 명도소송을 제기하면서 위장전입자임을, 즉 임차관계가 존재
하지 않음을 밝히면 된다.

(3) 최선의 증거확보

재판에서 승소하는 첩경은 확실한 증거의 확보이다. 따라서 다음과 같은 증거를 확
보할 필요가 있다.

① 소유자와 위장임차인의 가족증명을 떼어보아 이들이 친 · 인척 관계에 있는지의
여부를 살펴본다.

② 채권자 측에 임차인이 아니라는 확인서를 제출한 경우의 확인서 입수(이는 금융
권에서 저당설정해 준 물건에서 많이 나타남)
매수자는 저당권을 설정한 금융기관에 가서 이를 확인할 수 있음

③ 통장이나 반장이 해준 불거주사실확인서(이러한 서류는 통 · 반장의 의무사항이
아니어서 입수하기가 쉽지는 않음)

④ 전화요금고지서, 우편물 수취, 자녀의 학교, 이웃사람들의 불거주(위장주소지 또는
거주 실재 주소지)사실확인서 및 증언 등을 확보하면 유리한 재판을 진행할 수 있다.

⑤ 명도소송에 전세금이 오간 자료를 제출해 달라고 법원에 석명(釋明)을 구한다.
즉 온라인 송금 영수증이나 은행에서 입출금된 통장사본 등의 제출을 요구한다.

⑥ 중개인으로 기재된 자 등을 증인으로 신청하여 계약서 작성 당시의 상황, 경위,
보증금지급여부 등을 추궁하면 쉽게 위장임차인임을 알 수 있기도 하다.

(4) 가장 좋은 방법은 대화로 명도하는 것

병법의 대가 '손자'는 '싸우지 않고 이기는 전쟁이 최고의 전쟁이라고 하였다. 확실한 증
거를 확보하였다면 곧바로 재판을 할 수도 있으나 한편으로는 '회유'도 필요하다. 싸워보아
야 진다는 사실을 설득시켜 알맞은 선에서 스스로 물러나게 하는 것도 좋은 방법이다.

(5) 위장임차인이 확실한 물건이면 실익이 큼

전세보증금을 인수할 예정으로 그만큼 저렴하게 구입한 경락자가 임차인이 위장임차인임을 밝혀내면 그만큼 이득을 볼 수 있다. 따라서 입찰참가 시 위장임차인으로 심증이 가는 물건은 과감하게 낙찰받아 볼 가치가 있다.

〈사례〉 선순위전입자 사건의 진실

0000타경10494 (임의)		매각기일 : 0000-12-27 10 : 00~11 : 00		담당 경매1계 (02-530-1813)
소 재 지	서울특별시 강남구 논현동 000 B동 102호			
물건종별	다세대(빌라)	채권자	한빛은행	36,000,000
대 지 권	36.42㎡	채무자	박영주	최저가격 70,400,000
건물면적	45.75㎡ 토지·건물 일괄매각	소유자	박영란	(10%) 7,400,000
물건현황/토지이용	면적(평방미터)	경매진행/감정평가	임차인현황/ 대항여부	등기부현황/ 소멸여부
슬래브(평) 7호선 논현역 1번 출구 동측 인근 버스정류장 및 논현역 도보 1~2분 교통 무난, 정비된 주택지대 도시가스 개별, 장방형 평탄지 동측 4m 포장도로 접함 일반주거지역	토지면적 36.42㎡(11.02평) 건물면적 45.75㎡(13.84평) 3층 중 1층 방 2, 화장실 거실 등 (보존등기일 : 90.02.08.)	유찰 0000.10.18. 80% 88,000,000 유찰 0000.11.22. 64% 70,400,000 낙찰 0000.12.27. 74,100,000 (67.36%) 응찰 4명 ▶ 종국결과 배당 2003.03.14. 대지감정 44,000,000 건물감정 66,000,000 감정기관정일감정	▶ 법원임차조사 이상원 인수 전입 0000.5.7. 남경애 소멸 전입 0000.10.11. ▶ 관할주민센터 논현1동 주민센터 논현1동133-13 ☎ 02-3443-6564 대항력 있는 임차인 이상원은 인수대상임	소유권 이전 박영란 0000.04.07 전 소유자 : 한원희 근저 한빛은행 (한남동) 0000.04.07. 3600만 가압 대우캐피탈 0000.01.03. 2176만 가압 국민은행 (평촌남) 2001.03.22. 1054만 가압 삼성카드 0000.04.23. 1044만 임의 한빛은행 0000.05.17. 청구액 32,779,798 가압 삼성캐피탈 0000.06.05. 628만 채권합 85,020,000 열람일 0000.10.02.

위 사건의 말소기준권리는 00.4.7. 설정된 근저당이고 그 후에 설정된 모든 권리는 소멸된다. 그러나 말소기준권리보다 빠른 전입자가 있다. 선순위 전입자 때문에 응찰자들이 꺼려서 1억 1천만 원에 감정되어 2회 유찰된 후 3차에 매각되었다. 그러나 선순위 임차인이 있는데도 은행에서 대출해 준 내용도 납득이 가지 않고 권리신고하지 않은 점 등이 이상하여 임장활동 중 선순위 전입자는 세입자가 아니고 소유자의 남편이라는 사실을 알게 되어 미심쩍어 배팅을 하지 못하는 다른 응찰자들을 따돌리고 저렴한 금액으로 저자가 강남에 장남의 신혼주택을 마련해 주는 결과를 가져왔다. 이 부동산은 현재 3억 이상을 호가하고 있다.

〈사례〉 위장임차인을 파악하여 성공한 사례

0000타경0000 (임의)		매각기일 : 0000-04-0210 : 00~ (목)		경매5계 02-3271-1325
소 재 지	서울특별시 은평구 불광동 000 00아파트 101동 7층 905호			
물건종별	아파트	채권자	국민은행	감정가격 380,000,000
대 지 권		채무자	조○○	최저가격(64%) 243,200,000
건물토지	토지건물일괄매각	소유자	조○○	보증금(10%) 24,320,000원
물건현황/토지이용	면적(평방미터)	경매진행/감정평가	임차인현황/ 대항여부	등기부현황/ 소멸여부
구산초등학교 남측 인 근에 위치 부근은 공동주택 및 단 독주택 등이 혼재한 주 택지대 차량 출입이 용이 인근에 버스정류장이 소재 대중교통 이용편의도는 보통 단지 내 도로와 접 단지 는 북측(노폭 약 8미터 내외) 서측(노폭 12미터 내외) 및 동측(노폭 약 8미터 내외) 포장도로 와 각각 접해 있음 제1종 일반주거지역 이용상태(방 3 주방 거실 드레스룸 욕실 겸 화장실 2 발코니 등) 승강기설비 옥내소화전 설비 위생설비 및 도시 가스에 의한 개별난방 설비 철근콘크리트구조	[대지궨 구산동 159-10 8,763.3㎡분의 44.92㎡ 대지권 44.92㎡ (13.59평) [건물] 아파트 7층 705호 전용 84.89㎡ (25.68평) 15층 건 중 7층 보존등기일 2006-05-26	신건 2008-11-27 380,000,000원 유찰 2차 2008-12-26 304,000,000원 변경 2차 2009-02-26 304,000,000원 유찰 3차 2009-04-02 243,200,000원 매각 000남/입찰 1명 매각 243,210,000원 (64%)	이중태 전입 : 2005-9-22 보증금 1억 확정 : 없음 배당 : 없음 보증 : 미상 점유 : 미상 현황조사 권리내역	현)소유권 이전 2006-09-05 000 매매 (근)저당 2006-09-08 하나은행 207,000,000원 (근)저당 2007-03-15 국민은행 180,000,000원 임의경매 2008-08-22 국민은행 청구액 : 180,000,000원 2008타경13056

이 사건의 말소기준권리는 2003. 9. 9. 설정된 하나은행의 근저당이고 그보다 늦은 권리는 다 소멸된다. 그러나 말소기준권리보다 빠른 임차인이 있다. 보증금이 얼마인지 알 수 없는 임차인이 무서워 유찰된 물건이다. 그러나 이 아파트를 낙찰받은 사람은 임차인이 소유자의 아버지라는 것을 알고 저렴하게 낙찰받은 물건이다(이해관계인의 실명과 사건번호를 생략했음).

▶ 위장임차인 대상자에게 법원에서 보내는 보정명령

서울○○지방법원
보 정 명 령

○○○ 귀하

사 건　0000타경0000 부동산강제경매
채권자　○○○ 은행
채무자　***
소유자　***

임차인은 이 보정명령을 받은 날부터 5일 안에 다음 사항을 보정하시기 바랍니다.

-보정할 사항-

1. 임차인의 가족증명과 최근 5년간 주소변동을 확인할 수 있는 주민등록표 초본을 제출
2. 이 사건 부동산의 소유자 이미정과 친·인척관계 여부
3. 임대인에게 임대차보증금 8,000만 원을 지급하였음을 확인할 수 있는 객관적인 증빙 8,000만 원 (예) 임차보증금을 인출한 예금통장 사본, 무통장입금증 사본, 수표로 지급한 경우에는 수표 사본 또는 수표번호 등)
4. 임차인이 이 사건 주택을 임차하게 된 경위
   임차인이 전입신고를 하기 이전에 이미 이 사건 매각목적물에는 2건의 근저당권이 설정되어 있고(채권최고액의 합계 : 3억 5,000만 원, 감정가격 3억 원) 선순위 임차인이 5가구나 전입되어 있는데도 무리하게 계약을 한 점
5. 만일 임차인에게 가족이 있다면 임차인만 이 사건 아파트로 전입신고한 이유
6. 임차인에게 가족이 있다면 가족의 주민등록표 등본도 제출
7. 임차인에게 학생자녀가 있다면 그 학교의 명칭과 소재지도 소명
8. 임차인의 직업과 근무처를 소명(자영업자인 경우에도 동일함)
9. 이 사건 임대차보증금을 제외하고 임대인과 채권·채무관계에 있는지 여부, 있다면 구체적인 채권·채무관계의 내역(내용)
10. 임차인의 동거인 나팔순의 진술에 의하면(집행관이 작성한 부동산 현황조사보고서 참조), 임차인 포함 6가구의 임차인만 이 사건 매각목적물을 전부 사용하고 있고 소유자는 이 사건 매각목적물에 거주하지 않는다고 진술하고 있음에도 소유자가 이 사건 부동산에서 경매개시결정을 수령한 연유를 밝혀주시기 바람
11. 임차인이름으로 된 전화요금고지서 및 최근 3개월간의 통화기록 제출
12. 현재 이 사건 부동산에 거주하는 사람은 모두 몇 명인지 구체적으로 이름을 밝혀주시기 바라고, 임차인이 점유부분을 특정하여 주시기 바람(평면도 첨부)

0000. 11. 27.

사법보좌관 법원서기관 ○○○

6. 매수자의 권리구제 방법

(1) 권리구제가 되는 권리하자에 대한 담보책임의 사유

물건 자체의 하자에 대한 담보책임은 없으므로 예컨대 보일러가 파손되었다든지, 창문이 일부 없다든지 하는 건물 자체의 흠에 대해서는 매수자가 책임져야 한다.

경매가 매도인인 채무자, 소유자 대신 매각의 모든 절차를 법원이 대행하고 있어, 담보책임이 있는 권리의 하자도 범위가 축소된다.

(2) 담보책임이 있는 권리의 하자

① 법원의 경매물건명세서상 임대차 현황조사 오류 및 누락

입찰 기록의 임대차 현황이, 없음, 확인 안 됨 등으로 되어 있었으나 입찰 후 임차인이 나타나 보증금을 인수해야 할 경우

② 입찰기록서상의 임대 보증금과 실제 보증금의 차이

보증금의 차이로 낙찰자가 추가 부담을 하게 되는 경우

③ 후순위 권리자의 대위변제로 보증금을 인수해야 할 경우

④ 가등기권리자가 추후 가등기담보가 아닌 것으로 판명되어, 소유권 상실 가능성이 있는 경우

⑤ 인수한 가등기에 따라 본등기가 되어 소유권을 상실한 경우

(3) 권리구제를 위한 대처방법

최고가 매수자는 매각 이후 연락이 오기만을 기다리고 있을 것이 아니라 우선 매각결정기일 이전에 불허가신청을 하는 것이 가장 유리하며, 매각결정기일이 지났으면 그 이후 적절한 조치를 취해야 한다.

▶ 경·공매 매각부동산 점유자에 대한 내용증명양식 1(배당대상 점유자의 경우)

통 고 서

현점유 씨 귀하

귀댁의 무궁한 발전을 기원합니다.

저는 이번에 0000. 0. 00일자로 소유권을 취득한 주인입니다.

소유권을 취득한 날로부터 임대료가 발생되고 있음을 알려드립니다.

임대료는 전세금을 기준으로 한 주변월세를 기준으로 하겠습니다.

임대료 거부 및 체납 시에는 귀하께서 법원에서 수령하실 배당금에서 청구하겠습니다.

참고로 귀하께서는 배당금 수령을 하시려면 저에게 주택을 비워주시고 명도확인서를 받아 법원에 제출해야 수령할 수 있음을 알려드립니다.

저는 현재 매각대금 및 제 비용을 포함하여 수천만원의 금전을 지출하고도 재산권을 행사하지 못하고 있어 그 손해가 많이 발생되고 있습니다.

귀하께서 0000년 0월 00일까지 주택을 비워줄 것을 다시 한 번 요청하는 바입니다.

만약 위 기일 내에 비워주지 않을 경우에는 저는 ... 집행을 하겠습니다.

이 경우 강제집행에 소요되는 모든 비용은 귀하의 부담이 될 것임을 통고합니다.

저는

1. 매각대금을 납부한 이후로부터의 월세(인근 월세기준)

2. 손해배상청구

3. 임차보증금(가)압류

4. 자동차(가)압류

5. 유체동산, 월급통장, 예적금통장 (가)압류를 통한 강제집행 등을 할 수가 있으며, 경우에 따라서는 불법행위로 인한 민·형사상 책임을 질 수도 있음을 통고하오니 속히 주택을 비워주시기를 바랍니다.

0000. 0. 00.

김 취 득 드림
부산 ○○구 ○○동 31
전화번호 010-****-****

첨부 : 1. 등기부등본 1

　　　 2. 서울○○지방법원 인도명령결정문

　　　 3. 주변월세 기준표(○○신문, 부동산○○회사 제공 자료)

　　　 4. 손해배상계산서

▶ 경·공매 낙찰부동산 점유자에 대한 내용증명양식 2 (대항력 없고 배당액도 없는 점유자의 경우)

통 고 서

현미안 씨 귀하

귀댁의 무궁한 발전을 기원합니다.

다름이 아니오라 저는 귀하께서 점유하고 계신 부동산을 법원경매로부터 낙찰을 받아 0000년 0월 00일 매각대금을 납부하여 소유권을 취득하였습니다(첨부된 등기부 참조).

저는 귀하께 찾아뵙고 집을 비워주실 것을 말씀드린 바 있습니다. 그러나 귀하께서 아무 연락이 없어 전화로 이사 가실 것을 말씀드렸으나 귀하께서는 확실한 대답을 하여 주지 않으시고 아무 연락이 없었기 때문에 ○○법원에 0000년 0월 00일자로 "매각부동산인도명령"을 결정받은 바 있습니다(첨부물 참조).

저는 현재 매각대금 및 제 비용을 포함하여 00000000원의 금전을 지출하고도 재산권을 행사하지 못하고 있어 그 손해가 많이 발생되고 있습니다.

귀하께서 0000년 0월 0일까지 집을 비워줄 것을 다시 한 번 요청하는 바입니다.

만약 위 기일 내에 비워주지 않을 경우에는 저는 … 강제집행을 하겠습니다.

이 경우 강제집행에 소요되는 모든 비용은 귀하의 부담이 된다는 것을 알려드립니다.

저는

1. 매각대금을 납부한 이후로부터의 월세(인근 월세기준)
2. 손해배상청구
3. 임차보증금가압류
4. 자동차가압류
5. 유체동산, 월급통장, 예적금통장 (가)압류를 통한 강제집행을 할 수 있으며 경우에 따라서는 불법행위로 인한 민·형사상 책임을 물을 수도 있고 귀하의 유고 시에는 귀하의 귀여운 자녀들에게 위의 청구액이 복리이자까지 계산되어 유산으로 상속됨을 통고하오니 위 명시한 기일 내에 집을 비워주시기를 바랍니다.

0000. 0. 00.

김 취 득 드림

부산 ○○구 ○○동 31

전화번호 010-****-****

첨부 : 1. 등기부등본 1
　　　 2. 서울○○지방법원 인도명령결정문
　　　 3. 주변월세 기준표(○○신문, 부동산○○회사 제공 자료)
　　　 4. 손해배상계산서

절세방법(節稅方法)

12 절세방법

Ⅰ 부동산 절세방법

1. 일시적 1가구 2주택 비과세 요건

일시적 1가구 2주택은 1가구 1주택으로 취급하여 비과세혜택을 받을 수 있다, 일시적 1가구 2주택 비과세특례는 1세대가 1주택을 보유하면서, 주택을 양도하기 전에 다른 주택을 대체취득하는 경우 아래의 3가지 요건을 충족하게 되면 양도소득세 비과세혜택을 받을 수 있다.

① 先주택과 後주택의 매수간격(최소 1년 이상)

새로 취득하는 後주택은 보유주택인 先주택 매수 후 최소 1년이 경과한 후 취득해야 한다.

② 先주택 매도시기(後주택 취득 후 3년 내 매도/2년 내 매도/1년 내 매도 & 1년 내 입주) 일반지역의 경우와 조정대상지역의 주택을 매수하는 경우가 다르며, 조정대상지역의 주택을 매수하는 경우는 後주택 매수시점에 따라 조건이 달라진다.

• 後주택 취득 후 3년 내 先주택 매도

• 두 주택이 모두 조정대상지역일 경우

  - 2018.9.14. 이후 새로 취득한 주택이라면 2년 내 先주택 매도

- 2019.12.17.부터 새로 취득하는 주택에 대해서는 매수 후 1년 이내 先주택 매도하고 1년 이내 전입을 해야 한다(매수한 後주택에 임차인이 있는 경우 는 임대차계약 종료 시까지 연장).
- 先주택은 비과세 요건 갖출 것

여기서 주의할 것은, 先주택의 경우 비과세조건에 해당되어야 한다.

先주택은 2년 보유조건을 만족해야 한다.

조정대상지역 주택이라면 2년 거주 조건까지 만족해야 비과세 가능하다.

③ 기타 일시적 1가구 2주택 비과세

• 결혼

각각 주택을 가진 사람이 결혼함으로써 1세대가 1주택을 보유하는 경우, 두 주택 중 2년 이상 보유한 주택을 혼인신고일로부터 5년 이내 매도 시에 비과세 적용된다.

• 상속

상속으로 2주택이 된 경우, 2년 이상 보유한 기존 주택 매도 시 비과세 적용된다.

• 증여

증여로부터 2주택이 된 경우는, 매매와 동일하게 3년 이내에 기존에 보유한 주 택을 처분해야 비과세 혜택을 받을 수 있다. 이때 보유주택은 2년 이상 보유해 야 하며, 매도가격은 9억 원 이하여야 한다.

• 부모봉양합가

60세 이상 노부모 봉양으로 인한 합가의 경우는 10년 내 주택을 매도하면 비 과세한다.

2. 2020년 장기보유특별공제 적용기준

장기보유특별공제는 부동산을 장기간 보유하면 양도소득세에서 특별히 공제해 주 는 제도이다. 3년 이상 보유 시 적용받을 수 있으며, 양도세에서 세금을 줄일 수 있는 가장 확실한 수단이다. 그러나 정부의 부동산정책에 따라 1세대 1주택 고가주택에 대 한 장기보유특별공제 혜택도 줄어들었으며, 다주택자의 경우는 조정대상지역 내 규제 가 강화되었다.

① 적용기준
- 1세대 1주택자 고가주택
  - 2년 이상 거주한 경우(※ 2021년 이후 변경)
  - 2년 거주 조건을 못 채운 경우
- 조정대상지역 외 지역의 다주택자
- 조정대상지역의 다주택자(※ 2020년 6월 말 매도 시 한시적 규정)

② 1세대 1주택자 고가주택
- 2년 이상 거주한 경우

  해당 주택에 2년 이상 거주한 경우 9억 초과분에 대해 매년 8%씩 최대 80%까지 장기보유특별공제를 적용받을 수 있다.

▶ *1세대 1주택 장기보유특별공제요율표

보유기간	3~4년	4~5년	5~6년	6~7년	7~8년	8~9년	9~10년	10년 이상
1주택	24%	32%	40%	48%	56%	64%	72%	80%

※ 2021년 1월 1일 이후부터 거주기간별 연 4%, 보유기간별 연 4%로 분리적용된다.

▶ *2021년 1월 1일 1세대 1주택 장기보유특별공제요율표

보유기간		3~4년	4~5년	5~6년	6~7년	7~8년	8~9년	9~10년	10년 이상
1주택	합계	24%	32%	40%	48%	56%	64%	72%	80%
	보유	12%	16%	20%	24%	28%	32%	36%	40%
	거주	12%	16%	20%	24%	28%	32%	36%	40%

- 거주기간 2년을 못 채운 경우

  1세대 1주택이나 2년 거주기간을 못 채운 경우는 장기보유특별공제 연 2%, 최대 30%만 공제받을 수 있다.

▶ *2년 미거주 1세대 1주택 장기보유특별공제요율표

보유기간	3~4년	4~5년	5~6년	6~7년	7~8년	8~9년	9~10년	10년 이상
1주택	6%	8%	10%	12%	14%	16%	18%	20~30%

- 조정대상지역 외 지역의 다주택자

  조정대상지역 내 다주택자는 양도세가 중과되며, 장기보유특별공제가 적용되지 않는다.

▶ ***조정대상지역 내 다주택자 한시적 장기보유특별공제표**

보유기간	3~4년	4~5년	5~6년	6~7년	7~8년	8~9년	9~10년	10년 이상
다주택	6%	8%	10%	12%	14%	16%	18%	20~30%

◎ **조정대상지역 현황(별도 참조) 및 조정대상지역 내 규제내역**

▼ **다주택자 양도소득세 중과**

  2주택자의 경우 기본세율＋10%p, 3주택자 이상 기본세율＋20% 가산적용

▼ **다주택자 장기보유특별공제 적용 배제**

  주택을 3년 이상 보유시 보유기간에 따라 양도차익의 10~30%가 공제되었으나, 2주택 이상 다주택자가 조정지역 내 주택매도 시 장기보유특별공제 적용이 배제됨

▼ **1세대 1주택 양도세비과세 요건 강화**

  조정지역 내 1세대 1주택은 9억 이하 주택의 경우 2년 이상 거주해야 비과세 가능 단, 양도가액 9억 초과 시 9억을 초과하는 양도차익에 대해서는 과세

▼ **분양권 전매 시 양도소득세 강화**

  조정대상지역에서 분양권 전매 시, 보유기간과 관계없이 양도소득세율은 50%가 적용됨

▼ **강화된 LTV, DTI 규제비율 적용**

  - "투기과열지구, 투기지역이 아닌 조정대상지역"의 경우 서민실수요자는 LTV 70%, DTI 60%, 주택담보대출 미보유자 LTV 60%, DTI 50%, 주택담보대출 1건 이상 보유 시 LTV 50%, DTI 40% 적용
  - 조정지역 여부 상관없이 9억 초과분에 대해서는 LTV 20% 적용되며, 15억 초과 아파트는 주택담보대출 금지
  - 이주금, 중도금 대출에는 DTI적용이 배제됨

▼ 청약제도 개편

- 청약 1순위 자격요건이 청약통장 가입 후 2년, 납입횟수 24회 이상으로 강화
- 민영집공급 시 무집실수요자에게 우선공급되는 집의 가점제 비율 향상(85㎡ 이하는 75%, 85㎡ 초과는 30% 적용)으로 가점제 적용 확대
- 가점제 당첨된 자, 가점제 당첨된 세대에 속하는 자는 2년간 가점제 적용 배제
- 미계약분에 대한 예비입주자 선정 시에 가점제 우선 적용

▼ 지방민간택지 전매제한기간 설정

기존에는 수도권 민간택지에만 전매제한기간 설정 근거 있었으나, 지방까지 확대

▼ 오피스텔 전매제한기간을 강화하고 청약자 보호제도 개선 추진

오피스텔 전매제한기간을 소유권이전 등기 시까지 적용하며, 거주자 우선분양을 20% 적용

부동산 절세방법은 이상의 두 가지 외에도 다양한바, 자세한 내용은 경공매 물건 검토 시 전문가와 추가자료를 참조하여야 한다.[1]

---

1) 이주현, 충무로 태양공인중개사사무소, 공인중개사(010-5100-5190). 홈페이지 : https://www.goldpond.kr/

부동산 검토보고서 작성

13 부동산 검토보고서 작성

I 부동산 검토보고서 작성

1. 부동산 검토보고의 정의

경·공매와 관련한 직업의 분야가 다양하다. 종전의 '컨설팅'이란 용어는 본서에서는 가급적 사용하지 않고, '검토보고(용역)'라는 용어로 대체한다. 용역사업을 할 수 있고, 법무법인, 부동산관련 법인, 중개법인, 금융권 등에 취업할 수 있다. 부동산 '검토보고'의 정의는 부동산의 매매, 임대차, 관리, 기획, 재무, 감정평가, 법정진술 등과 같은 광범위한 부동산 업무에 관련되는 제반 문제점에 대한 전문적인 지도 및 이해관계에 얽매이지 않는 편견 없는 조언을 제공하는 것이다. 즉 '부동산 검토보고'란 의뢰인이 요구하는 전반적인 부동산정보를 조언 또는 권고의 형식으로 제공하는 것이다. 조언은 즉흥적이고 직관적이며 근거 없는 충동적인 것이 아니라, 원칙이 포함된 법리 및 논리와 협의를 거친 부동산 가치 상승을 위한 신중한 조언을 의미한다.

2. 부동산 검토자료의 정비

다양한 형태의 부동산 검토보고 업무를 접해본 이론가나 실무자에게는 충실한 자료가 필요하다.

부동산 검토보고업에 대한 사회의 신뢰성은 분석논리에 상응하는 자료의 뒷받침에 있다. 광범위한 자료 외에 분석대상이 되는 특정지역의 소득이나 인구자료, 그리고 검토 대상 부동산에 대한 임대료나 공실의 추이, 신규 공급물량 등 해당 지역의 구체적인 통계자료가 필요하다. 이러한 자료 중 기본적이며 공동으로 이용 가능한 자료의 축적방법과 이용의 의견이 모아져야 한다.

3. 법적 제도

금전적인 보수를 목적으로 경공매 매수대리를 하는 경우에는 변호사와 법무사, 경매매수대리 교육을 받은 공인중개사만 가능하다는 것은 주지의 사실이다. 하지만 금전적인 대가를 받지 않고 경공매를 대리하는 경우에는 아무런 제약 없이 누구나 가능하다. 물론 미성년자와 제한능력자(종전의 금치산자(피성년후견인), 한정치산자(피한정후견인))인 경우는 제외된다.

경매의 경우, 의뢰자의 인감증명서와 인감도장을 지참하고 경매 당일 경매법정에서 입찰표를 받아 그 뒷면의 위임장에 인감날인하고 매수(입찰)보증금을 입찰봉투에 넣어 경매에 참가하면 된다.

(1) 본인이 입찰에 직접 참가할 경우

① 신분증(주민등록증, 여권, 운전면허증 등)
② 도장(신분증으로 본인 확인이 가능하므로 인감도장 아닌 일반도장도 가능)
③ 매수보증금
④ 매수보증금은 최저매각가격의 10%(특별매각조건의 경우에는 20~30%)에 해당하는 현금, 자기앞수표 또는 보증보험증권

(2) 대리인이 입찰에 참가할 경우

① 본인의 인감도장을 날인한 위임장('기일입찰표' 뒷면에 인쇄)
② 본인 인감증명서 1부
③ 대리인 신분증

④ 대리인 도장(대리인 신분증으로 대리인 확인이 가능하므로 일반도장도 가능)

⑤ 매수보증금

(3) 법인이 입찰에 참가할 경우(회사 대표이사가 직접 참여할 경우)

① 대표이사 인감도장

② 법인등기부등본 1부

③ 대표이사 신분증

④ 매수보증금

(4) 회사 임직원 등이 회사의 대리인 자격으로 참가할 경우

① 법인등기부등본 1부

② 법인인감증명 1부

③ 법인인감이 날인된 위임장

④ 수인한 대리인의 신분증

⑤ 대리인 도장(대리인 신분증으로 대리인 확인이 가능하므로 일반도장도 가능)

⑥ 매수보증금

(5) 공동명의 입찰의 경우

한 물건을 여러 사람이 공동입찰하는 경우 집행관에게 경매 시작 전 공동입찰허가원을 제출해야 한다. 공동입찰은 원칙적으로 친자, 부부 등 친족 관계자 또는 부동산의 공동점유사용자, 1필지의 대지 위에 수개의 건물이 있는 경우의 각 건물소유자, 1동 건물의 임차인, 공동저당권자, 공동채권자 등과 같이 특수한 신분관계나 공동입찰의 필요성이 인정되는 경우에 한하여 허가된다.

① 공동입찰신고서

② 공동입찰자목록(상호 간의 지분 표시)

③ 불참자의 인감이 날인된 위임장

④ 공유자 중 1인이 올 경우에는 불참자의 인감증명 1부

⑤ 제출공유자의 신분증 및 도장(일반도장도 가능)

⑥ 매수보증금

공동입찰의 경우에는 경매법정에 비치된 공동입찰신고서를 작성하여 입찰표와 함께 집행관에게 제출하면 된다. 입찰표와 공동입찰신고서 사이는 공동입찰자 전원이 간인(間印)을 하여야 한다.

(6) 공인중개사(CPB)[1]가 입찰을 대리하는 경우

① 본인의 인감증명서 1통
② 본인의 인감도장이 날인된 위임장
③ 대리인등록증 사본

4. 고객의 인식

아직은 '부동산 검토보고'업에 대한 고객의 인식이 매우 낮은 편이다. 이는 '부동산 검토보고' 목적의 컨설턴트의 자질과 능력도 문제이지만, 부동산 '부동산 검토보고'의 기능에 대한 긍정적인 인식이 낮아 '부동산 검토'의 필요성 문제는 인식하고 있으면서도 수수료 등 비용지불의 경우에는 인색하다. 건설업 등 대규모 부동산 업체조차도 부동산 개발사업 전반에 대한 타당성을 의뢰하는 경우에도 '부동산 검토보고' 용역의 이용이 원활하게 이루어지지 않는 것도 같은 맥락으로 볼 수 있다.

앞으로 '부동산 검토보고'업이 성장하는 데 고객 내지 수요자의 인식변화도 매우 중요한바, 부동산 가격의 안정과 거래 및 금융의 관행이 변화될 것으로 보이는 환경에서 수요자의 서비스 활용 측면이 강하게 대두될 것이며, COVID-19 사태를 거치면서 산업경제적 측면에서도 자연스럽게 변화될 것으로 본다. 또한 부동산업계를 조직화하고 다양한 수단을 통한 '부동산 검토'의 기능과 역할의 중요성을 홍보할 필요성도 느끼게 된다.

---

1) 'Certified Public Broker'라는 것을 저자는 정식 명칭으로 판단한다.

5. '부동산 검토보고'의 특성

(1) 전문적 자문

'부동산 검토보고'란 의뢰인의 청구에 의해 이루어지므로 매우 광범위하여 부동산에 관련된 모든 문제와 측면에 걸칠 수 있으며, 의뢰인의 요구에 따라 적절한 자문을 제공하는 것을 의미한다. 전문용어로서의 자문은 일반적으로 흔히 말하는 통상적인 조언과는 그 의미를 달리한다. 통상적인 조언은 직관적이고 충동적이고 즉흥적인 성향이 있다. 컨설턴트가 제공하는 자문은 주어진 부동산문제에 대해 사전에 합의된 보수를 근거로 철저한 조사와 논의를 걸쳐 심사숙고 끝에 도달하는 사려 깊은 판단을 의미한다.

(2) 독립된 영역

'부동산 검토보고' 업무는 부동산 거래과정에서 중개사가 제공하는 기능 등 다른 부동산 서비스와는 구별되는 독립된 영역을 가지고 있다. 따라서 업무수행자는 중개의뢰인의 대리인으로서의 역할을 수행하지 않는다. 그들은 자신의 지적 창조물을 자문 형식으로 제공한다. 그 전문적 자문은 경험과 지식이 축적된 것이며 스스로의 판단에 의해 조정되고 조율된 것이다. 또한 객관적인 자료에 의해 그 법적·경제적 타당성을 검증받는다.

(3) 적용의 개별성과 구체성

검토보고 대상 부동산은 일반적으로 과제의 수행목적에 따라 각각 별개의 차원에서 접근하므로, 검토자가 도출하는 결론은 특정 Project나 대상 부동산을 특정 의뢰인 위주로 작성하고 적용할 수밖에 없다.

(4) 검토보고 결과의 활용

'검토보고' 결과 적용의 성공 여부는 제공된 내용을 의뢰인이 얼마나 시의적절하게 활용하느냐에 달려 있다. 아무리 법적·경제적 타당성 있는 검토보고 내용일지라도 의뢰인이 적극적으로 활용하지 않는다면, 그 고급 서비스는 사장될 수밖에 없기 때문이다.

6. 부동산 검토보고의 필요성

'부동산의 개발'은 법률적·경제적·기술적 분야의 다양한 전문가들이 필요한 종합 산업이다. 부동산관련 정보도 축적되어야 하고, 심층 분석이 필요한 거대한 사업이 대부분이다. 부동산의 특성상 한번 개발되면 되돌리기 어렵다는 점에서 비가역적(非可逆的) 성격을 띠고 있다는 점에서 사업의 타당성 분석은 필수적이다. 즉, 신도시개발이나 건축물의 건설, 또는 사회기반시설(도시계획시설) 등 건설에서 시행착오 시 이의 시정이나 원상회복이 어렵다는 것을 의미한다. 부동산 개발 시 '최유효이용'이 되도록 각각의 개발단계에서 전문가들의 집약적인 분석과 검토를 하는 부동산 검토보고가 필수적이다.

부동산 검토보고가 필요한 이유로 다음을 들 수 있다.

① 부동산은 '소유의 시대'에서 '이용의 시대'로 바뀌었는바, 이용되지 못하는 부동산은 공급자 우위의 시장에서 수요자 우위의 시장으로 바뀌어, 보다 경쟁력 있는 개발 방안이 마련되지 않으면 안 되는 상황이 되었다.

② 현재도 그렇듯이, 부동산 관련 법규 및 제도가 매우 다양하고 복잡하여 광범위한 제도의 내용을 파악하기에 매우 어렵게 되어 있다.

③ 부동산 개발 및 이용과 관련한 "최유효이용" 방법의 판단이 어렵다.

④ 부동산 개발계획의 수립권자가 관련 참여자들을 조정할 수 있는 전문적 능력이 부족하여 수립권자를 대신할 전문가가 필요하다.

⑤ 부동산 개발 관련 사업성 분석은 객관적이고 정확한 근거가 과학적으로 제시되어야 한다.

II 부동산 검토보고서 내용

1. 부동산의 현황

- 위치도 및 현황사진 : 도상위치, 지번도, 사진 촬영, 조감도 제작 등
- 대상 물건 개요
  - 각종 공부 서류와 현장 조사를 통한 현황 파악
  - 대상 물건의 현황 : 대지, 건물 현황, 임차인 현황 등
- 시세 분석 : 공시지가 확인, 인근 중개업소 및 거래사례 비교 등을 통한 정확한 시세파악으로 향후 입찰가 산정 시 반영
- 채권, 채무자 분석
  - 채권자와 채무자의 관계 및 보증인의 관계 등 사건의 개요 파악

2. 권리 분석

(1) 권리 분석

- 등기부상 권리관계
  - 말소기준권리보다 앞서는 낙찰자가 인수하는 선순위 권리의 유무
  - 대위변제의 가능성, 예고등기의 유무
  - 토지별도등기가 있는 경우 : 토지등기부등본 검토
- 실제 권리관계
  - 등기부에 나타나지 않는 실제의 권리관계는 파악하기 어려우나 법원기록이나 현장조사를 통해 파악

(2) 임차인 분석

'임차인 분석'이란 임차인의 보증금을 최고가매수인이 인수하여야 하는가 여부를 확인하는 권리분석이다. 이 문제 또한 매각물건명세서를 활용해서 해결해야 한다.

- 최고가매수인이 인수하여야 하는 선순위 임차인의 존재 유무
- 임차인 성향 분석
  - 현장탐문조사를 통해 임차인의 성향을 파악하여 낙찰 후 임차인의 행동패턴과 그에 따른 대응방안 강구
- 임차인의 전입일자, 확정일자, 배당신청일 확인
  - 해당 주민센터 확인, 법원기록 조사

3. 입찰가 분석/수익률 분석

- 시세 분석 : 매매가, 급매가, 공시지가 등 가용한 모든 수단을 동원하여 정확한 시세 파악 → 대상 물건의 정확한 시세 파악이 입찰가 분석의 가장 중요한 요소
- 낙찰사례 비교 : 과거 동일한 물건의 낙찰사례 비교
- 자금조달계획 : 의뢰인의 재정상태를 고려하여 입찰가 산정
- 의뢰인의 입찰목적에 의한 입찰가 조정
  - 거주용, 투자용, 임대수익 등 의뢰인의 목적에 따라 입찰가는 달라질 수 있으며, 해당 목적에 맞는 각각의 수익률을 분석하여야 한다.

경·공매 정보

14 경·공매 정보

I 매각물건 명세서

부산지방법원 동부지원

매각물건명세서

2018타경105618

사건	2018타경105618 부동산임의경매	매각 물건번호	1	작성 일자	2020.03.12.	담임법관 (사법보좌관)	오태영
부동산 및 감정평가액 최저매각가격의 표시	별지기재와 같음	최선순위 설정		2018.05.23. 근저당권		배당요구종기	2019.02.14.

부동산의 점유자와 점유의 권원, 점유할 수 있는 기간, 차임 또는 보증금에 관한 관계인의 진술 및 임차인이 있는 경우 배당요구 여부와 그 일자, 전입신고일자 또는 사업자등록신청일자와 확정일자의 유무와 그 일자

점유자의 성명	점유부분	정보출처 구분	점유의 권원	임대차기간 (점유기간)	보증금	차임	전입신고일자, 사업자등록 신청일자	확정 일자	배당요구여부 (배당요구일자)
옥규철		현황조사	주거 임차인				2012.01.13.		

※ 최선순위 설정일자보다 대항요건을 먼저 갖춘 주택·상가건물 임차인의 임차보증금은 매수인에게 인수되는 경우가 발생할 수 있고, 대항력과 우선변제권이 있는 주택·상가건물 임차인이 배당요구를 하였으나 보증금 전액에 관하여 배당을 받지 아니한 경우에는 배당받지 못한 잔액이 매수인에게 인수되게 됨을 주의하시기 바랍니다.

등기된 부동산에 관한 권리 또는 가처분 매각으로 그 효력이 소멸되지 아니하는 것

매각에 따라 설정된 것으로 보는 지상권의 개요

비고란

주 1) 매각목적물에서 제외되는 미등기건물 등이 있을 경우에는 그 취지를 명확히 기재한다.
　　2) 매각으로 소멸되는 가등기담보권, 가압류, 전세권의 등기일자가 최선순위 저당권등기일자보다 빠른 경우에는 그 등기일자를 기재한다.

II 대법원법원경매정보

대법원법원경매정보(https://www.courtauction.go.kr/)

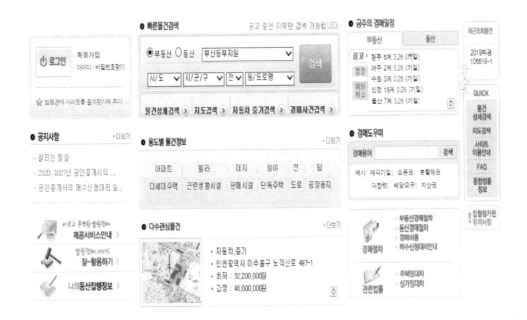

☐	사건번호▲	물건번호 용도	소재지 및 내역	비고	감정평가액▲ 최저매각가격▲ (단위:원)	담당계 매각기일▲ (입찰기간) 진행상태▲
☐	부산동부지원 2018타경105618	1 기타	부산광역시 남구 유엔평화로41번길 36, 5층501호 (대연동,새한빌리지) [집합건물 철근콘크리트조 75.69㎡]		205,000,000 131,200,000 (64%)	경매2계 2020.03.26 유찰 2회
☐	부산동부지원 2019타경659	1 기타	부산광역시 기장군 장안읍 정관로 1142, 에이동 지1층비107-6호 (힐탑프리미엄아울렛) [집합건물 철근콘크리트구조 114.9㎡]	오픈 상가 : 인접호수(비107호~비107-5호)와 일단으로 판매점으로 이용중	974,000,000 398,950,000 (40%)	경매2계 2020.03.26 유찰 4회
☐	부산동부지원 2019타경758	1 자동차	사용본거지 : 부산광역시 남구 신선대 산복로 0098 [S500 C GI 4Matic L 2012년식 승용차]		55,000,000 22,528,000 (40%)	경매5계 2020.04.01 유찰 4회
☐	부산동부지원 2019타경1300	1 기타	부산광역시 해운대구 해운대로 564, 2층206호 (우동,해운대한솔솔파크) [집합건물 철근콘크리트구조 100.118㎡]	2층 201호~ 208호 부분은 호별 칸막이가 없는 오픈형 상가로 바닥에 호별 위치 및 호실의 표시가 되어 있음	287,000,000 229,600,000 (80%)	경매2계 2020.03.26 유찰 1회
☐	부산동부지원 2019타경1300	2 기타	부산광역시 해운대구 해운대로 564, 2층208호 (우동,해운대한솔솔파크) [집합건물 철근콘크리트구조 134.886 1㎡]	2층 201호~ 208호 부분은 호별 칸막이가 없는 오픈형 상가로 바닥에 호별 위치 및 호실의 표시가 되어 있음	387,000,000 309,600,000 (80%)	경매2계 2020.03.26 유찰 1회
☐	부산동부지원 2019타경1676	1 기타	부산광역시 남구 우암동 123-16 [토지 대 49㎡] 부산광역시 남구 우암동 127-98 [토지 대 4㎡] 부산광역시 남구 동항로 118 [건물 85특-3038내 제85특-3038호 벽돌조 콘크리트스라브지붕 2층 단독주택 1층 30.82㎡ 2층 32.58㎡]	일괄매각, 목록1,2 공부상 '대' 이나 일부 현황 '도로'로 이용중	81,494,400 81,494,400 (100%)	경매2계 2020.03.26 신건
☐	부산동부지원 2019타경1829	1 기타	부산광역시 기장군 장안읍 정관로 1142, 비동 지4층비403호 (힐탑프리미엄아울렛) [집합건물 철근콘크리트구조 75㎡]		751,000,000 384,512,000 (51%)	경매2계 2020.03.26 유찰 3회
☐	부산동부지원 2019타경2358	1 오피스텔	부산광역시 해운대구 마린시티3로 39, 8층804호 (우동,카이저빌) [집합건물 철근콘크리트조 80.97㎡ 업무시설(오피스텔)]		302,000,000 241,600,000 (80%)	경매2계 2020.03.26 유찰 1회

부산동부지원
2018타경 105618 검색

물건상세검색

▶ **검색조건** 법원 : 부산동부지원 | 사건번호 : 2018타경 105618

사건내역	기일내역	문건/송달내역	🖨 인쇄	〈 이전

▣ 사건기본내역

사건번호	2018타경105618 [전자]	사건명	부동산임의경매
접수일자	2018.11.27	개시결정일자	2018.11.28
담당계	경매 2계 전화 : 780-1422(구내:1422) (민사집행법 제90조, 제268조 및 부동산등에 대한 경매절차 처리지침 제53조제1항에 따라, 경매절차의 이해관계인이 아닌 일반인에게는 법원경매정보 홈페이지에 기재된 내용 외에는 정보의 제공이 제한될 수 있습니다.)		
청구금액	106,447,500원	사건항고/정지여부	
종국결과	미종국	종국일자	

🖨 현황조사서	📄 감정평가서	관심사건등록

▣ 배당요구종기내역

목록번호	소재지	배당요구종기일
1	부산광역시 남구 유엔평화로41번길 36, 5층501호 (대연동,새한빌리지)	2019.02.14

▣ 항고내역

물건번호	항고제기자	항고접수일자	항고		재항고		확정여부
		접수결과	사건번호	항고결과	사건번호	재항고결과	
			검색결과가 없습니다.				

▣ 물건내역

물건번호	1	› 물건상세조회 › 매각기일공고 › 매각물건명세서	물건용도	기타	감정평가액 (최저매각가격)	205,000,000원 (131,200,000원)		
물건비고								
목록1	부산광역시 남구 유엔평화로41번길 36, 5층501호 (대연동, 새한빌리지) 🖼		목록구분	집합건물	비고	미종국		
물건상태	매각준비 -> 매각공고							
기일정보	2020.03.26				최근입찰결과	2019.10.04 유찰		

🖼 : 등기기록 열람

물건상세검색

▶ 검색조건 법원 : 부산동부지원 | 사건번호 : 2018타경 105618

물건기본정보

🖨 인쇄 ‹ 이전

사건번호	2018타경 105618 [전자]	물건번호	1	물건종류	기타
감정평가액	205,000,000원	최저매각가격	131,200,000원	입찰방법	기일입찰
매각기일	2020, 03, 26 10:00 203호 법정				
물건비고					
목록1 소재지	(다세대주택) 부산광역시 남구 유엔평화로41번길 36, 5층501호 (대연동,새한빌리지) 🖼 🧰 🏢				
담당	부산지방법원 동부지원	경매2계				

사건접수	2018, 11, 27	경매개시일	2018, 11, 28
배당요구종기	2019, 02, 14	청구금액	108,447,500원

개황도<1> 전경도<1> 관련사진<1> 위치도<2>	‹						›

📄 매각물건명세서 📄 현황조사서 📄 감정평가서 사건상세조회 관심물건등록

🖼 : 등기기록 열람 🧰 : 전자지도 보기 🏢 : 씨:리얼(토지이용계획)

※ 등기기록 열람 아이콘(아이콘모양)이 나오지 않는 소재지번은 부동산목록 입력 시 등기고유번호가 입력되지 않은 경우입니다.
  (등기기록 열람은 인터넷등기소와 연계한 유료서비스 입니다)
※ 전자지도 보기 정보는 입찰자를 위해 제공되는 참고자료로서 지도제공업체의 사정에 따라 부정확한 정보가 제공될 수 있습니다.
  입찰시에는 반드시 현장조사 등으로 물건소재를 확인하신 후 응찰하시기 바랍니다.
※ 씨:리얼(토지이용계획) 정보는 현행 행정구역율 기준으로 제공되는 정보이므로 물건의 등기 사항전부증명서 상의 소재지가
  과거의 것인 경우 제공되지 않을 수 있습니다.

III 공매공고

한국자산관리공사(https://www.kamco.or.kr/)

한국자산관리공사가 운영하는 온비드에서 다루는 주요 업무는 다음과 같다.

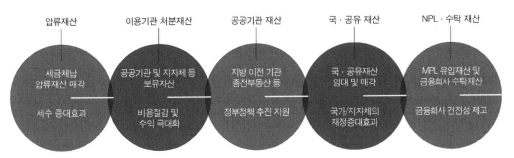

출처 : https://www.youtube.com/watch?v=BUIh3iEqKSE&feature=youtu.be

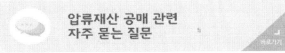

참고문헌

공인중개사 부동산공법, 경록, 2019.

공인중개사 부동학개론, 경록, 2019.

부동산공법(공인중개사 2차 기본서), 권문찬, 교보문고, 2018.

부동산권리분석사 종합예상문제, 범론사, 2020.

부동산조세(제3판), 강정규 · 김종민 · 이우도, 부연사, 2015.

나만 따라오면 부자되는 공매, 감찬우 · 이택준 · 김지원, 박영사, 2017.

경공매 수첩, 이우도, 대성부동산연구원, 2006.

부동산경매 무작정따라하기, 이현정, 길벗, 2019.

부동산경매백과, 김창식, 가디언, 2017.

부동산경매이론과 실무(1)(2), 한국공인중개사협회, 2006.

재테크를 위한 현장 실전경매, 권오현, 범론사, 2016.

중개실무백과, 한국공인중개사협회, 2020.

한권으로 끝내는 공매투자의 정석, 김동희, 채움과사람들, 2018.

저자약력

이우도

경영학박사, 법학박사(Ph.D.)
국가공무원 원호처 근무, 납세자보호위원, 국세심사위원
제1회 권리분석사, 제1회/제12회~16회 공인중개사, 제8회 주택관리사보
부경대학교 및 동 대학원 졸업
현) 한국자산관리표준연구소장, ISO 55001(자산경영시스템) 인증심사원, (사)한국자산관리학회
　　이사장, 주간인물 부동산전문기자

설훈구

호텔경영학박사(Ph.D.), 교신저자
국토부 도시계획위원
Florida International University(FIU), Hospitality & Tourism Management 학사, 석사
Virginia Tech, Hospitality & Tourism Management
현) 부경대학교 교수, (사)한국자산관리학회 부회장, (사)한국자산관리학회 편집위원장

이진수

경영학박사(Ph.D.), 공인회계사
부산대학교 경영학과 학사, 석사, 박사
현) 부경대학교 교수, 국세심사위원, (사)한국자산관리학회 회장

부동산 공 · 사법과 명도

2024년 9월　5일 초판 1쇄 인쇄
2024년 9월 10일 초판 1쇄 발행

지은이 이우도 · 설훈구 · 이진수
펴낸이 진욱상
펴낸곳 (주)백산출판사
교　정 성인숙
본문디자인 오행복
표지디자인 오정은

등　록 2017년 5월 29일 제406-2017-000058호
주　소 경기도 파주시 회동길 370(백산빌딩 3층)
전　화 02-914-1621(代)
팩　스 031-955-9911
이메일 edit@ibaeksan.kr
홈페이지 www.ibaeksan.kr

ISBN 979-11-6567-911-8　93320
값 22,000원